·上海社会科学院城市与人口发展研究丛书·

集聚成城
城市科学的理论探索与实践

What Becomes Cities
Theoretical Progress and Cases of Urban Science

樊豪斌 著

上海交通大学出版社
SHANGHAI JIAO TONG UNIVERSITY PRESS

内容提要

本书研究了城市科学发展的历史脉络、理论进展和实践案例。具体内容涵盖城市与城市体系(如都市圈、城市群)的演变、城市间的协作、城市规划在城市科学中的作用与构成、随科技而兴的智慧城市建设、城市公共卫生安全与治理的思考等。

本书虽然属于专业书籍,但在写作上兼顾专业学术理论与通俗案例,适合从事城市研究的学者与对城市科学感兴趣的读者阅读和参考。

图书在版编目(CIP)数据

集聚成城:城市科学的理论探索与实践/樊豪斌著
.—上海:上海交通大学出版社,2023.9
ISBN 978-7-313-29609-2

Ⅰ.①集… Ⅱ.①樊… Ⅲ.①城市学—研究 Ⅳ.
①C912.81

中国国家版本馆 CIP 数据核字(2023)第 190562 号

集聚成城:城市科学的理论探索与实践
JIJU CHENG CHENG:CHENGSHI KEXUE DE LILUN TANSUO YU SHIJIAN

著　　者:樊豪斌
出版发行:上海交通大学出版社　　　　　地　　址:上海市番禺路 951 号
邮政编码:200030　　　　　　　　　　　电　　话:021-64071208
印　　制:上海万卷印刷股份有限公司　　经　　销:全国新华书店
开　　本:710mm×1000mm　1/16　　　印　　张:13.5
字　　数:219 千字
版　　次:2023 年 9 月第 1 版　　　　　印　　次:2023 年 9 月第 1 次印刷
书　　号:ISBN 978-7-313-29609-2
定　　价:68.00 元

前　言

　　作为一门以城市为研究对象的学科,城市科学跨越多个研究领域。基于不同学科,如历史学、经济学、社会学、建筑学、城市工程、景观建筑、环境工程、地理信息学等的研究成果,城市科学的目标是产生有助于理解和发展当代社会中城市问题的理论和实践知识。这也是本书写作的出发点,希望以城市作为集聚经济体的内核形式串联该学科的理论探讨与实践进展。

　　本书分为四个部分,共八个章节。第一部分为第一章内容,阐述了城市科学的内涵;第二部分为城市系统的研究,包括第二章、第四章、第五章;第三部分为城市规划的理论探索与实践(第三章);第四部分为近年来城市科学的热点研究内容,包括智慧城市(第六章)、城市公共卫生安全与治理(第七章)、美国商务航空企业行为与城市分类(第八章)。以下对四个部分进行具体的阐述。

　　第一章即第一部分,从城市科学的理论需求、历史溯源、社会科学与自然科学不同视角展开的研究,到统一研究视角进行论述。通过梳理驱动、塑造和维持城市化的基本进程以及城市化程度及规模的飞速发展,探索城市学研究及其知识体系的演变。本章理清城市科学的历史脉络,将历史思维融入研究,从而为城市科学提供前瞻性参考与反思,如探索古代城市也是一种为城市科学提供巨大研究价值的方式。此外,不同领域的城市研究如何有机结合是理解城市运作和发展的要义,更是城市研究的根本。

　　城市是人类文明发展的重要产物,也是人类重要的经济单元、居住之所和权力空间。随着经济全球化、工业化、信息化、网络化的发展,人类社会开始出现人口、经济规模巨大的特大城市、超大城市、巨型城市、全球城市、都市圈、城市群、全球城市—区域、跨洲大都市带等新形态。为此,第二部分(第二章、第四章、第五章)立足现今发达且复杂的城市系统,在第二章中系统梳理了21世纪以来全球都市圈、城市群发展的学术研究动态和跨界协同发展动向,剖析了城市系统发展的规律。第四章运用城市经济学中集聚经济的不同类别,即地方化经济和城市化经济所带来的相异影响拆解城市层级与劳动空间分工之间的关系。虽然聚集本身会产生厚实的劳动力市场,并为所有的企业雇主和寻找工作的雇员提升匹配概率,但是不同的集聚经济类型为劳动空间分工在从大城市到小城市的城市层级设定了专业化与多样化之间的差异。第五章从城市科学的视角出发,重新定义了城市间的关系,即竞争或合作,抑或是竞争与合作共存。实际上,城市间的关系是一种城市相互促进的过程,城市网络中的横向联系是一个城市与其他城市发生的合作;而竞争则对应着在纵向联系的等级制度上进行攀登,而且城市竞争现象的出现依赖特定情景,并非普遍可见。

第三部分即第三章内容涵盖城市规划的理论探索与实践。城市规划是城市科学的重要组成部分,其发展自古至今均在不断演变。从农业文明时期相对简单的城市格局到工业文明时期城市化进程不断加快,城市规划也从受限于建筑技术和星象方位(如秦的"相天法地")演变为应对复杂城市系统所面临的诸多挑战。如1854年,伦敦医生约翰·斯诺(John Snow)将伦敦霍乱发生地标注在伦敦城市地图上,利用规划思维解决伦敦面临的严重公共卫生问题。随着通信技术、交通技术的飞速发展,城市间的地理与功能联系更趋紧密,需要多个城市配合解决的难题突显,跨城市的规划需求也呼之欲出。

第四部分为近年来城市研究的热点问题,包括第六章智慧城市建设、第七章城市公共卫生安全与治理、第八章美国商务航空企业行为与城市分类。第六章涵盖了智慧城市的起源与概念、智慧城市的理论发展与政策发展、智慧城市的建设实践。通过梳理历史脉络与概念演变,为热门话题提供"冷"思考。作为结合技术应用(如城市管理与信息通信技术)和管理实践的复杂领域,需要克服一味强调技术能解决任何城市问题的论调,也要限制技术运用对于社会领域、个人领域的侵蚀。为此通过三个实践案例分析引发读者思考,分别是美国旧金山湾区的智慧交通生态圈、日本东京的智慧城市安全体系、中国上海的智慧城市与智慧治理建设。第七章讨论城市公共卫生安全与治理,内容涉及城市规模与传染病传播、疫情防控下的美国城市治理。在面对大流行病时,如何采用科学有效的政策和方式对人口高度集聚的城市进行治理是一个棘手的问题。城市的发展是多维的,也是短期冲击与长期愿景相结合的,在具体防控政策选择如城市社交距离上,需要寻找与经济发展的平衡点。以美国城市治理为例,疫情防控下的治理议题涵盖经济发展、基础设施建设、住房、能源与环境、公共安全、人口统计、财政预算和管理、健康与公共服务等。第八章从企业的角度探讨城市的分类以及这种分类与企业行为的交互作用。从传统意义上来说,城市的分类是基于城市的基本特征,如人口规模、经济体量、产业形态等,或是基于城市的功能,如综合型城市、交通枢纽型城市、工业型城市等,但这缺乏对于嵌入城市之中的市场主体(企业)的理解。因为企业视角下的城市更能揭示城市的多样性,以美国商务航空企业的枢纽—辐条式航空网络视角来看,城市可分为航空枢纽型城市和支线一般型城市。如果基于起飞地和降落地城市的消费者组成来看,可将城市分为主要由游客构成的休闲城市和由商务人士与游客共同组成的大城市。更进一步的是,这些分类会随着企业的市场化竞争行为而更趋复杂。

本书成稿主要基于笔者的前期研究积累,由于涉猎城市科学领域的时间有限而且经验不足,书中如有疏漏与错误,希望专家和读者不吝指正。

目　录

第一章
城市科学的理论探索

城市科学是以城市为研究对象，解释驱动、塑造和维持城市化基本进程的综合学科。这种跨学科的研究涉及社会、自然、工程、计算机科学以及人文社科等多个领域。城市化程度和城市规模的飞速发展为城市科学研究和相关知识体系演变提供了大量的现实素材。作为一门交叉学科，城市科学基于多学科的研究成果，致力于为不同的城市问题寻找答案，并运用跨学科方法将技术工具与城市政策的基本功能结合起来，创新战略和方案，解决现实世界的问题，由此产生巨大的社会影响。本章旨在梳理城市研究领域的历史脉络，阐述历史根植特性，并从社会科学和自然科学不同的研究角度，对过往多学科研究成果如何形成统一化视角进行概述。

第一节　城市科学的理论需求

一、理论的必要性

一直以来，学者们呼吁对城市进行全面分析，并开发具有背景性和特定性的通用科学，使用系统理论作为研究城市的统一框架（Berry，1964）。城市应当被看作由相互作用和互相依赖的部分组成的实体系统，该系统可以在不同的层次上加以研究，而且也可以被分成各种子系统，而任何城市环境最直接和最重要的相互关系由其他城市决定。我们正处于科学进程的某个阶段，总体而言，当下的工具和理论在很大程度上响应当今全球最迫切的现实，但这些工具和理论是分散且没有重点的。为了建立一门坚实的全球化的城市科学，需要对以往的城市研究进行重新整合,以便拼凑出一个更加现实且有凝聚力的体系,以满足从业者的需求并突出现有的城市发展盲点。但这并不意味着放弃对新知识和新方法的研究,而是强调平衡,跨越规模、地域、固有状态和不同的观点。

Ostrom(2009)指出,"没有统一的分析框架,不利于不同发现的整合,也不利于知识的积累",并回应了达尔文的论点——让理论指导观察。理论为可观察现象提供了可证伪的一般解释:一个理论的科学性标准并不取决于它的可证实性,而取决于它的可证伪性,不能被任何事件证伪的理论是非科学的。社会学、经济学和物理学等的理论是通过阐述如何创造系统对观察到的现象进行剖析,从而进一步厘清哪些系统的行为是重要的理论发展。这些重要的理论归纳能够帮助采用理论的分析人员明确其所采用的理论框架中的要素及其与特定问题的相关性,并注意到关于这些要素的一般性假设。可以说理论主要在于设立一个分析框架,为分析人员提供诊断现象、解释过程和预测结果的研究模式。

当城市大数据泛滥之际,理论的重要性更加凸显。用杰弗里·韦斯特(Geoffrey West)的话说,现今大数据的成功与否,将取决于它与概念思维以及理论发展的整合程度。在使用软件程序轻松实现复杂的统计建模技术时,也应当注意,如果缺乏理论支撑,再好的方法也于事无补(Smaldino, 2019)。

二、城市科学的评价标准

当今时代是发展系统性、整体性和跨学科的城市科学的最佳时机,因为网络模型、地理信息系统、统计与信息理论、人口动力学、动力系统、尺度分析和空间计量经济建模等方法是共享的。跨学科的研究方法是整合和交叉验证假设条件的理想方法。此外,城市模型不能建立在个体行为的简单加总之上,城市化的各个组成部分是复杂且相互关联的,超出了任何一门学科的解释能力。

一门理论性和实践性都很完善的城市科学是什么样子的?在其他领域,特别是生物学的进步,来自对过程而不是形式的关注。自然选择学说解释了生物进化的原因,而牛顿力学则基于物体的一般性质研究其如何运动。要解释生物多样性的起源,就需要建立对进化过程以及育种和自然选择的理解。公共卫生的提出需要基于对疾病传染过程的理解,而疫苗则需要基于对免疫系统运作的理解。经济增长和社会发展的理论依赖于不同程度的创新,通过学习、改变生产方式和适应性的制度安排可以创造经济价值、提高集体效率,并最终改善生计和人类福祉。

城市科学不仅涉及城市本身，还涉及城市化产生和维持的过程。以理论为基础的城市科学应当关注人类空间集聚这一核心过程，无论这些集聚是过去的还是现在的，农业的还是工业的，发达经济体的还是发展中国家的。就像进化论不仅适用于化石记录，也同样适用于现代发展一样，完善的城市科学应该对历史和当代城市同样适用。完善的城市科学应当解释城市系统中同级别城市的横向变化，以及城市和城市系统的发展过程。

城市的性质不是人类活动简单的加总求和，城市的许多特性是人群聚集后才形成的。因此，完善的城市科学应当专注于识别和解释这些新兴特性，即城市化产生的整体效用大于各组成部分之和。完善的城市科学应整合来自城市经济学、城市社会学、经济地理学、城市生态学、人类学、考古学和历史学等领域的多种思想。除此之外，还应该以数学模型为基础，解释各个领域中的成果。

第二节　城市科学根植于历史

一、历史根植的必要性

城市研究需要跨时间、跨地点研究城市化现象。越来越多的城市研究比较了城市发展的基本相似性和暂时性差异（Bairoch，1988；Fletcher，1995）。当前的许多城市有着悠久的历史，而特定的历史轨迹可以帮助解读城市的许多方面，例如墨西哥城（Tellman et al.，2018）。问题在于是否可以提出关于城市在不同情境下普遍发展过程的理论？

城市化理论是可能的，也是可取的。就像跨学科形成其他完善理论一样，城市理论应该起到预测的作用。Batty（2018）指出，"很难形成较为全面的证据基础来区分可预测的事物与不可预测的事物"。但他补充道："随着我们对预测的不断理解，我们开始收集可以进行常规预测的证据。"尽管存在历史偶然性和路径依赖性，但以定居规模研究为例，基本要素在古代和现代社会中是相似的。

二、历史根植的价值三论点

只有根植历史，才能确定城市化产生和发展的一般过程，以及技术和文化所起的巨大作用，从而诞生如下三个价值论点。

第一，经济学家 Rosenthal 和 Ross（2015）指出，"需要很长一段时间才能体会到地区的经济状况发生变化"。经济历史学家提出城市化和经济增长之间的关系在很大程度上由制度决定，而不是由地区局部特点决定。这一结论取决于增长率的变化幅度，由于短期内波动不大，需要基于长达 5～10 个世纪的数据进行分析。长期的历史数据也揭示了社区的持久性及其特征(Behar，2003)，而通过社区的这一特性能够阐明在历史长河中城市的持久性和可持续发展性，这些是当今城市研究方向无法企及的。在较短的时间内，路径依赖是过去的城市发展影响当今城市的重要渠道。用迈克尔·巴蒂(Michael Batty)的话来说，"更早时期的城市居住区结构在某种程度上是持久存在的"。

第二，样本量论证基于这样的观念：利用更为丰富的城市样本进行研究可以对城市现象进行更为可靠的概括。由于缺乏对城市历史记录的了解，许多学者对城市进行了错误的概括，比如所有城市都有街道，所有城市都有市场，所有城市都会扩张，甚至重要城市必须是永久定居点，等等。对过去城市的了解对于建立完善的城市系统概论是必要的。

第三，实验论点指出，对近代城市的研究可以检验当代城市科学的模型和假设，以区分城市产生和发展的普遍性和偶然性。例如，过去对齐普夫(Zipf)分布的分析表明，古代定居体系与现代城市系统具有相同的近似分布规律(Drennan and Peterson，2004；Eeckhout，2004)。基于定居规模的研究发现古代和现代城市系统之间存在广泛的相似性(Levin et al.，2019)。这一发现不仅使比例模型(Bettencourt，2013)可以扩展应用到过去的城市系统，而且还有助于确认这些模型的有效性和可推广性(Lobo et al.，2020)。这项研究反驳了一个普遍的误解，即考古和历史数据对经济发展的研究没有用，因为它们来自比近代更小、更简单的社会。

第三节　结合社会科学和自然科学的城市研究

一、应对挑战的核心区域

群体活动和社会过程以互为条件和结果的社会行动为基础，是人们对他人采取社会行动和对方做出反应性社会行动的过程。这就形成具有流动性和开放性的集体组织，通过合作的形式解决能源获取、冲突管理、物资交换以及信息处理等问题。这些组织通过维护群体利益，推动人类社会走向成熟，从而彰显人类与其他物种的区别。从进化的角度来看,城市是近期才出现的事物。由于人口、能源与资源的聚集,城市充满了为更美好世界奋斗的机遇与挑战。

城市已有近 6 000 年的发展历程,未来人们也将主要居住于城市之中。城市是多数社会变革和技术创新的最主要载体,但也面临不断增长的社会、环境和经济挑战。越来越多的人涌入城市,在促进城市经济增长和人类发展的同时,也对地方政府和其他利益攸关方造成压力,这些利益攸关方要应对就业、住房、基础设施供应的问题,还要提供社会和卫生服务。对于正在快速发展的非洲和亚洲城市,这些挑战更为棘手。

二、社会科学领域的城市研究

随着技术的不断创新和社会的持续发展,产生了大量的数据,涉及个人和组织在城市聚集所产生的各类行为。这场大数据革命与智能化城市联系在一起,提供更有效的城市管理。然而,即便数据量巨大,如果没有相应理论予以支持,也无法产生预测性的效果(West,2018)。当城市大数据受到城市学家和城市管理者关注时,城市科学作为新的思想运动登上舞台,作为多学科研究分析的集合(Batty,2013)。正如 Romer(2013)所说,城市本身就是一个重要的分析单元,城市涉及的因素有很多:生物、社会、建筑、市场、商业、政治等等。它们不仅存在于城市内部,同样也存在于城市和城市之间。对城市的理解需要借鉴现有各个学科,这一新专业也将塑造一个独特的知识领域。

城市化是人类发展的主要动力之一,这一点可以从多个层面进行理解。Jacobs(1961)将城市视为"组织化复杂体",体现社会关系网络在人类社会中的核心地位,以及跨时间、跨地点对城市进行系统比较研究的可行性。Batty(2019)对城市科学与其他传统研究的区别做了解释,城市科技通常被称为"城市科学",城市系统应当理解为网络和流组成的系统,但不能简单地理解为物理空间中存在的能量和信息流。城市科学涉及城市的结构、功能以及一般发展规律,城市科学并不代表建设城市的技术,也不代表影响功能的物质和能量流动,而代表城市中的人类行为科学,城市科学并不是有关城市建筑或城市能量流动的科学,而是涉及人群流、货物流、信息流以及思想流的科学。

三、自然科学领域的城市研究

迈克尔·巴蒂(Michael Batty)的假说从城市空间地理学演变而来,而马克·巴特勒米(Marc Barthelemy)由物理学的衍生提出了城市科学理论:一门由统计物理学、无序系统理论、数量地理学和空间经济学构成的跨学科策略分析范式。该跨学科策略分析范式的核心是从城市历史及地理层面提取高度概括的数据,通过数据加工构建模型,描述集体行为,检验诸多观念和模式,并建立起一套机制,比如确定在城市进化过程中扮演不同功能角色的种种机制,并排列它们的重要程度。最终希望去除所有塑造城市的不同因素,试着去理解共同且主要的"自然"系统机制所在。

地理学家和物理学家提出的不同视角凸显了社会科学和自然科学领域对城市研究存在的矛盾(Solecki et al.,2013)。大多数社会科学家不愿意使用物理学家提出的模型进行定量推理(West,2018)。即便如此,社会科学层面对于城市的研究还是无法避免地基于定量方法和科学认识论(Batty,2013;Glaeser,2011;Massey and Denton,1989;Sampson,2012)。同样的,现在大多数进行城市研究的物理科学家已经不局限于早期工作成果,他们认为如果不依托社会、经济、政治等社会科学研究,无法系统地理解城市化。

四、社会科学与自然科学的结合

将社会科学与自然科学对城市的研究相结合的时机已经成熟。在这项工作中,理论的规范至关重要。城市科学将城市视为人类多种聚集行为与行为空间的有机结合体,聚居区的大小和密度各有不同。城市科学不是"城市分析"或"城市信息学",也不是构建"智能化城市"。城市分析一般用以描述和分析城市大数据,这与地理信息系统和空间统计密切相关,是对城市科学涉及数据的分析和应用(Tukey,1962)。

自从美国国家科学基金会于1998年举办关于城市可持续发展的研讨会以来,研究工作在许多方面有待新的突破。地理学家及其他学者在一定程度上因有关"城市可持续性"辩论的政治喧嚣而停滞不前,缺乏对社会过程、经济过程、政治过程和环境过程之间的相互关系的解释。学术界知识分布的不均衡加剧了这种影响,第一世界城市的城市学者很少与第三世界城市的学者互动。涉及第三世界城市化进程的理论很少为当前第一世界城市的理论提供信息。除此之外,两个群体均未关注城市的环境或生态问题。城市学者的研究主要集中于经济领域,而忽略了环境影响和生态可持续性问题;而关注环境的学者,包括研究全球环境变化的学者和政治生态学家,几乎完全忽视了城市化这一概念。不同的研究领域之间形成了十分牢固的障碍（Hanson and Lake，2000）。

城市科学已经成为一个定义明确的领域，目前要做的是通过研究不同学科领域中的共同现象，突破彼此之间存在的障碍，同时对社会、经济、政治和环境之间的相互关系形成概念。在城市化理论、原则和分析方法层面已取得重大进展，但仍然存在很多不足。我们试图分析不同领域的见解是如何结合起来的，以理解城市运作和发展的过程。

第四节　统一研究视角

一、城市研究的多样性

早在 19 世纪末，不同学科就已经独立对城市进行研究。但由于学科间缺乏联动，在综合分析各种城市现象方面进展甚微。例如，考古学家和历史学家专注于历史长河中城市和社会变革的研究；地理学家、人口学家和区域科学家专注于城市系统的空间结构和城市规模统计数据方面的研究；城市经济学家专注于城市的经济生产力的研究；土木工程师专注于城市基础设施建设方面的研究；城市规划师专注于土地利用方面的研究；社会学家历来研究社会关系、种族隔离及犯罪活动；而社会心理学家则更关注社会心理和社会行为。尽管都归属城市研究体系，相互之间也偶有关联，但由于缺乏制衡机制，难以建立完善的城市化知识体系。

城市研究的多样性还体现在跨地区、跨时间的研究结构。在城市研究的早期阶段，可以将欧洲和北美的城市群作为充足的实验数据。而如今，则可以通过定量比较的方法研究世界各地的城市。新的考古学方法通过城市的历史数据来增加可追溯性，高精度遥感方法，特别是激光雷达，与新的测量方法相结合，大大增加了可供研究的城市数量（Canuto et al.，2018）。对大量的城市数据进行比较研究，需要对原理框架进行统一化和外推。现有的模型大多从原始文献中移植并应用于一般情况，并没有深入地研究它们是否适用。对城市的理解必须在基本层面上解释一些现象，如社区的存在和发展、集聚和规模效应，以及城市等级制度，而不仅是特定情景下的相关模型。

二、城市研究的分异与普遍性

到目前为止，已经有大量科学研究涉及人类从游牧狩猎到定居生活，再聚集形成城市的原因和过程，为建立城市科学提供了理论和实践基础。这些研究共同为城市科学的发展提供了坚实的基础。

城市科学首先会面临如何定义城市这一基本问题。定义必须基于城市的外观和运行规则，即它们应该是功能性的定义（Bettencourt and Lobo，2016）。功能性城市中的功能是指个体和组织在集聚过程中能够履行和完成的各种功能（Mumford，1937 & 1961）。

城市社会学的创始人路易斯·沃思（Louis Wirth）提出，城市是众多异质的个人组成的相对稳定的聚居地中出现的组织（Wirth，1938）。他在著名的《作为一种生活方式的都市生活》一文中指出，彼此异质的众多人口是形成城市人才专业化的后盾。这个概念从大城市延伸到小城镇，只要它们融入一个共同的城市体系。Sennett（1987）提出"城市是由熟人和陌生人构成的公共领域"。建筑历史学家 Kostof（1991）观察到，"城市是一个充满活力的人群聚集的地方"。城市经济学家 Glaeser（2011）将城市描述为人与公司之间的物理空间。对 Batty 和 Ferguson（2011）来说，城市是密集的集聚区，从历史上看，人们聚集在一起进行贸易并形成各种社会关系；以抽象思维概括，城市被认为是空间中的点，最大限度地缩短人们之间的距离。极简主义定义代表人物 O'Sullivan（1996）认为，城市是地理区域，个人和活动的集中度相比周围地区更高。城市的这些特征都说明了一个普遍概念，即城市主义的本质并不是物理空间，而是每个空间中所嵌入的个人和组织之间频繁且激烈的社会互动。

人类学中有一种说法已经被广泛接受：人类的聚集程度既是技术进步和文化发展的原因，也是其必然结果（Feinman，2011）。人类创造的复杂文化和技术系统不仅源于个体认知，而且源于社会网络中广泛分布的知识储备，知识储备随着人群规模的增长而积累（Henrich，2015）。长期以来，在经济学、社会学和人类学中，人们认识到，人口规模是很多社会经济特征的决定因素（Carneiro，2000；Johnson and Earle，2000；Nordbeck，1971）。

社会学观点认为，个体的行为和表现会受到与之互动的人的重要影响（Granovetter，1973；Watts，2004）。经济学也提出，经济行为受到社会互动交流的明确影响和调节（Easley and Kleinberg，2010；Jackson，2014）。Storper

和 Venables(2004)提出了邻近空间的社会互动交流的四个特征：城市提供有效的沟通、在人际关系中产生信任和激励、有助于筛选和社交、城市涉及个人激励和动力，这些特征促进了人类的利益增进。

知识的非竞争性鼓励将现有知识进行组合产生新的想法，这是一个由较大群体推动的过程，从而使规模成为创新和产出的决定因素（Jones and Romer，2010；Lee，1988；Simon，1986）。城市在创新产生过程中所起的关键作用，在知识和物质、文化和政治、体制和组织方面都有充分的体现（Bairoch，1988）。经济增长取决于思想流动和文化交流，这一认知使人们认识到城市在促进思想流动和文化交流方面的社会作用（Lucas，1988）。有一种强烈的趋势是发明创新更频繁地从大城市中产生。

城市集中并产生创造性职业，即需要高水平培训、创造性思维、信息操纵和知识创造的职业，包括科学、工程、艺术、文化、娱乐、管理、金融、法律、医疗、教育等（Florida，2002）。为了理解城市经济发展，需要区分教育程度和职业之间的不同（Florida et al.，2008）。

世界各地的城市在规模、形式以及经济和政治背景方面差异巨大，但是城市普遍性存在大量的经验和规律。城市普遍性包括：社区组织（Christaller，1966；Mumford，1954；Smith，2010）、社会不平等性（Kohler and Smith，2018；Massey and Denton，1989；Piketty，2014）、非线性聚集效应（Marshall，1890）、知识和劳动分工中的相互依存（Smith，1778）、城市规模和其他地理规律的相对分布规律性（Auerbach，1913；Gibrat，1931；Stewart，1947）。

从古代到当代，城市被划分为社区和辖区是城市生活中为数不多的普遍特征之一（Kearns and Parkinson，2001；Park，1915；Park and Burgess，2019；Smith，2010）。社区是城市居民体验其风土人情的内在结构，存在密集的社交网络和面对面的相遇。许多城市生活都是由这些社区构成，因而受到了城市社会学家的广泛关注（Chaskin，1997；Hoyt，1939；Sampson，2012；Small，2009；Wilson，2012）。社区是居民之间进行社交互动的场所，不仅限于家庭成员或亲密朋友（Brower，2011；Mellander et al.，2017；Suttles，1972）。邻里特征会影响居民的活动和生活历程，而这些邻里效应对于理解城市至关重要。社区的基本性质凸显了这样一个事实：如果社区不是由政府或开发商创建的，那么它们不可避免地会通过当地居民自发建立（Smith et al.，2015）。

在城市经济学、经济地理学和区域科学中，定量模型有着悠久的历史，在计算相关成本后，可以将人口聚集的开始和持续归因于人口集中所产生的巨大优势(Isard, 1956)。这些有时被称为集聚效应，它们构成了解释世界各地城市的形成和持久性的基本概念(Duranton and Puga, 2004；Storper, 2013)。

在当代城市研究中，对城市区域或功能性城市的普遍解释是一个空间物体，包含一个或多个相邻居住中心内的人、物和信息的日常流动。一天可以覆盖多远的距离，主要取决于可用的技术和基础设施以及燃料的可用性及成本。

城市可以被视为个人、家庭和企业之间存在的物理空间，简而言之，城市最终是为了促进人与人之间的互动。因此，运输成本，更普遍地说是在物理空间中的运输成本(很大程度上受技术影响)，是决定城市形态和规模的最重要因素之一(Glaeser, 2011)。20世纪显著下降的运输成本对城市产生了两大影响。首先，一旦邻近自然资源或地理便利的交通路线不再占主导地位，城市地理位置就可以改变；其次，交通成本的降低影响了城市形态，如内燃机(汽车和公共汽车)和公共交通系统使城市扩张成为可能，消除了对单一城市中心的需求，并创造了郊区(Glaeser and Kohlhase, 2004)。

空间和城市经济学、区域科学和经济地理学的大量研究证明，城市经济学的五项公理是正确的，这为城市位置选择的经济学模型奠定了基础(O'Sullivan, 2011)：①通过调整价格(如地租)实现区位平衡；②自我强化效应产生极致后果(城市集聚效应)；③外部性导致无效率；④生产受规模经济的影响；⑤竞争导致零经济利润，这意味着总收入与包括机会成本在内的总经济成本持平。虽然这些公理看似为现代市场经济量身定制，但它们可以被高度概括为公认的微观基础，对古代和前现代的城市同样适用。

将各个城市连接到城市系统的分层网络极大地影响了各个城市的发展和绩效。货物、人员和信息通过这些网络实现流动。中心区位理论是城市地理学中最早的分析框架之一，旨在解释系统中定居点(城市)的数量、大小和位置。这一理论由瓦尔特·克里斯塔勒(Walter Christaller)于1933年提出，由埃德加·胡佛(Edgar Hoover)和艾兰·普瑞德(Allan Pred)进一步发展。中心区位理论认为，较大的定居点为较小的定居点提供商品和服务，较大的定居点专门开展较小定居点中没有的活动。最近对该框架的阐述突出了大城市作为发明和创新源泉的作用，然后在整个城市系统中传播。

第二章
城市系统的理论探索

　　城市是人类文明发展的重要产物,也是人类重要的经济单元、居住之所和权力空间。随着经济全球化、工业化、信息化、网络化的发展,人类社会开始不断出现人口、经济规模巨大的特大城市、超大城市、巨型城市、全球城市、都市圈、城市群、全球城市—区域、跨洲大都市带等新形态。这些空间新形态在为人类社会发展提供强劲动力的同时,也带来了诸如行政阻隔、环境污染、社会不平等、风险积聚等诸多新问题、新挑战,对国家和城市的跨区域治理体系重组和治理能力提出了新的要求。21世纪以来,中国城市化进程持续推进,截至2018年达到60%的水平,都市圈、城市群建设成为国家促进区域经济发展的重要战略选择。本章立足中国发展实践,放眼全球,系统梳理21世纪以来全球都市圈、城市群发展的学术研究动态和跨界协同发展动向。

第一节　从城市到都市圈、城市群

一、超越城市的城市系统概念

　　学术理论研究始终是社会经济实践发展的产物。实际上关于都市圈、城市群的学术研究,自20世纪50年代琼·戈特曼(Jean Gottmann)提出都市带概念以来从未停止过,随着世界城市化的不断发展,更引起了学术界的持续关注。就世界城市发展趋势而言,联合国发布的《世界城市化展望(2018年修订版)》指出,2018年全球55%的人口生活在城市,同时特大城市越来越成为城市化发展的主导趋势。据统计,全球大约1/8的人口居住在33个拥有超过1000万居民的特大城市,至 2030 年,全世界预计将有 43 个特大城市,超越城市边界的超大城市、巨型城市区域、全球城市—区域、全球城市走廊等新形态日渐成为人类政治、经济、生活的重要空间单元,也成为学术界不断探索的新领域。

在大都市研究中,普遍性概念有都市圈、都市区、城市群、都市带等,相关文献数不胜数。21 世纪以来,西方学术界对城市区域提出了多重概念,目前有关城市区域这一概念甚至存在多种不同的称谓,主要有世界城市(Hall, 2001)、全球城市(Sassen, 2001)、功能性城市区域(Cheshire, 1990)、区域经济体(Storper, 1995)、区域国家(Ohmae, 1995)等,也存在诸多争论。值得一提的是,Scott(2019)在《城市区域的重新思考》一文中对与城市区域相关的概念和问题进行了历史性回顾和展望性研究,认为相关的概念表达有全球城市—区域(Davoudi, 2008;Scott et al. , 2001)、后现代大都市(Dear, 2001)、巨型城市区域(Laquian, 2005)、区域化城市化(Soja, 2011)、多中心大都市(Hall and Pain, 2012)等。本节旨在分析几个与都市圈、城市群关系较为紧密的新概念,并试图发现新思想。其中,功能空间(功能性城市区域)作为本节讨论的重点和超越城市发展的未来方向,主要指城市之间地理位置虽然分散,但是围绕着一个或多个大的中心城市,密集的人流和信息流通过高速公路、高速铁路和电信网络在城市之间形成流动空间,从而形成功能性城市区域(Pain, 2016)。

超大城市区域也被称为多中心超大城市区域或特大城市区域(Lüth and Goebel, 2007,2008),是超大城市概念的延伸,这是一个主要伴随着东南亚城市人口的迅速扩张和全球南方城市的不断扩张而产生的城市形态概念。在彼得·霍尔(Peter Hall)看来,东南亚的一些城市区域属于典型的超级城市区域,是一个功能上相互联系的空间,在这里,研发、高科技和其他城市功能分布在一个巨大的多集群区域。众所周知的例子就是中国的珠江三角洲和长江三角洲城市区域,其中商业、商务和行政服务功能主要集中在广州和上海,并与数千平方千米的城市中心相联系。这一概念在本质上类似于戈特曼提出的美国东北沿海地区的大都市带,但是更加强调区域经济发展在国际层面上的互联互通。

多中心城市区域认为当今某个大城市的经济发展活动,不是唯一的城市经济活动单个集群,而是属于更大更广城市区域空间范围内、新的劳动分工下多个集群的一部分,除了中心城区集群外,在郊区附近重要高速公路的交汇处也会形成新的集聚中心,城市发展逐步形成多中心的演化格局(Kloosterman and Musterd, 2001)。这一发展趋势,不仅体现在单个城市层面,也体现在城市和郊区之间以及多个城市之间，最终形成了一个突破城市行政区划边界的多中心城市区域。这一发展趋势也在欧洲的城市发展中得到了显著体现。多中心城市区域的发展态势，势必增加了大都市发展的复杂性，对城市之间政策的协调、规划的开展等带来一定的挑战，需要在区域层面加以改革创新。

最早提出全球城市—区域这一概念的是西方学者艾伦·斯科特（Allan Scott），根据他的研究，所谓的全球城市—区域就是大城市区域，或大城市区域与其周围的卫星城连接而成的区域。区域内政治事务和经济事务繁荣，并呈现出经济与政治活动集聚的特征。全球城市—区域是在全球化高度发展的前提下，以经济联系为基础，由全球城市及其腹地内经济实力较为雄厚的二级大中城市联合而成的一种独特的空间现象（Scott，2001）。这一空间呈现出新的特点：①全球城市—区域强调"大都市区—腹地"系统，是全球城市—区域的节点，单纯的城市概念已经不再适合作为社会—经济组织单元；②城市—区域的表述关注生产体系本身的完整性，即涵盖了管理控制、研发、生产三个维度劳动过程的空间内涵，而不是仅仅强调生产服务业的控制功能；③由于着眼于完整的生产链，从发达国家到欠发达国家的大都市区都因为分享不同价值区段而从中获益（石崧，2007）。

可见，对超越城市边界的各类城市区域新空间，学术界有不同的称谓，研究视角和内涵界定也各不相同。通过梳理有关城市发展的研究，即超越城市形态的内涵关系演变（见图 2.1），可以发现以下规律和特点：一是大都市普遍出现超出各自的行政区范围，开始走向城市区域化的新趋势，因此各类新的大都市空间形态不是一个行政空间的概念，而是一个功能性空间概念；二是从不同的视角出发，将会产生不同的区域界定类型，如超大城市区域侧重从国家发展、区域发展和城市发展出发，全球城市—区域更多的是全球视野下的观察和研究；三是城市规模大、区域经济体量大、经济地位重要、权力增加，城市之间、城市与腹地之间乃至与全球之间存在紧密的生产要素大联通、大流动，进而城市功能具有紧密的联系，成为这些新兴空间单元的基本特点。

图 2.1 展示了对于大都市圈的两种认识思路：左侧为超越行政边界的城市形态复制与腹地扩张，具体功能边界识别多倾向于监测均质性的空间拓展范围，如达到一定比例的向心通勤人口，其本质上为均质取向；右侧为概念集群，以全球城市—区域为代表，主要强调城市生命体成长发育的动态演化，将活力之基拓展到更大空间并联系更广泛的世界，为此并不特别关注全球城市—区域

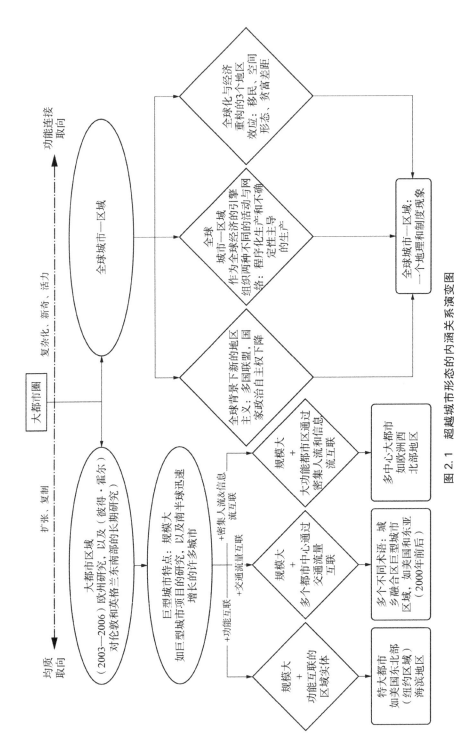

图 2.1 超越城市形态的内涵关系演变图

的地理界线识别问题,不刻意强调空间均质性,反而鼓励保持全球城市—区域范围内的多样性与复杂化,有利于激发创新,其本质上是功能连接取向。

二、都市圈、城市群的理论与政策界定

当今,学术界对大都市及其与周边地区相互联系而形成的新空间形态存在上述多种概念界定,各自的理论基础和结论也不尽相同。为了满足我国都市圈、城市群发展的战略需要,2013 年中央把城市群作为推进国家新型城镇化的主体形态,2019 年开始将培育都市圈作为区域协调发展的主导方向。

2010 年以来,国家城市发展政策演进和超大城市的中央政策变化脉络清晰。国务院于 2014 年 10 月 29 日印发《国务院关于调整城市规模划分标准的通知》,对原有城市规模划分标准进行了调整,明确了新的城市规模划分标准以城区常住人口为统计口径,将城市划分为五类七档。①城区常住人口 50 万以下的城市为小城市,其中 20 万以上 50 万以下的城市为 Ⅰ 型小城市,20 万以下的城市为 Ⅱ 型小城市;②城区常住人口 50 万以上 100 万以下的城市为中等城市;③城区常住人口 100 万以上 500 万以下的城市为大城市,其中 300 万以上 500 万以下的城市为 Ⅰ 型大城市,100 万以上 300 万以下的城市为 Ⅱ 型大城市;④城区常住人口 500 万以上 1 000 万以下的城市为特大城市;⑤城区常住人口 1 000 万以上的城市为超大城市。中央对城市等级划分进行调整,新分级超大城市,以及特大城市细分为 Ⅰ 型和 Ⅱ 型。这意味着在政策上适度放松了特大城市的管制,同时严控超大城市,提出超大城市非核心功能疏解。但同时地方还是认为体量是重要的,为此,针对超大城市如北京、上海等施行实质性疏解。

2016 年 5 月 11 日,国务院常务会议通过《长江三角洲城市群发展规划》,提出培育更高水平的经济增长极。到 2030 年,全面建成具有全球影响力的世界级城市群。规划中提出发挥上海中心城市作用,推进南京都市圈、杭州都市圈、合肥都市圈、苏锡常都市圈、宁波都市圈等都市圈同城化发展;在扩大开放方面,要大力吸引外资,扩大服务业对外开放,探索建立自由贸易港区,推进贸易便利化。该城市群规划明确提出以上海为中心城市带动都市圈发展的策略。

2017 年 12 月 25 日,国务院批复同意了《上海市城市总体规划(2017—2035 年)》,明确了要将上海大都市圈打造为世界级城市群。"上海大都市圈"概念的提出对超大城市从行政空间拓展到功能空间予以了肯定。

2018 年 11 月 18 日发布的《中共中央 国务院关于建立更加有效的区域

协调发展新机制的意见》提出，中心城市引领城市群、城市群带动区域发展的新模式。中央正式提出区域政策是与货币政策、财政政策、投资政策同样地位的宏观政策工具。

在借鉴西方一些最新城市区域空间形态概念的基础上，从综合的视角出发，结合国内城市区域化发展的实践，本书对都市圈、城市群试图作出具有中国特点的相关界定。

城市群是在经济全球化和地方化的双重作用下，在城市化发展的较高级发展阶段，由若干大中小城市经济社会发展不断突破各自行政区划界限，逐步走向融合互动发展的一种城市区域化新空间，是一个典型的城市集群、产业集群、功能集群。城市群具有四个显著特点：①由若干个大中型城市和广大的小城镇共同组成，城镇分布具有较高密集度，同时也存在一个或多个国际性大都市来带动城镇群的发展；②各大中小城市之间具有一定的产业职能分工关系，多个城市或城镇之间存在较高程度的生产要素跨界流动和互动行为，经济社会演变初步呈现一体化发展态势；③基础设施具有较高的关联度，并具有和外部联系的重要港口、机场等外部连接通道，与国际经济具有较高的连接性，初步具有内外兼具的超级链接关系；④具有一定规模的人口数量和较多的社会服务需求，更具有包括更大农村地区的地域范围。

从城市群和都市圈的关系看，相对于松散型的城市群而言，都市圈是一种嵌套在城市群之中，由某个核心城市以及与其经济社会联系最紧密的若干相邻城市共同组成的一种连接功能更加明显，经济密度更高，人口承载力更大，中心—外围产业分工关系更加明确，城际联系更加紧密，经济社会更具复杂性、活力和创新性的全球城市—区域形态。一般而言，具有如下几个特点：①必须拥有一个具有国际化水准的特大城市或超大城市作为都市圈的核心城市，在资源配置、服务供给、产业创新等领域具有显著的全球城市功能；②核心城市与周边城市之间具有高度便捷、网络化的基础设施体系，全体成员城市（城镇）之间具有高密度的人流、物流、资金流和信息流，并且不受行政区划边界的限制，呈现高度一体化的发展格局；③中心城市与外围城市之间在产业发展上具有明确的功能定位和分工合作关系，每个成员城市通过跨区域产业整合，集体参与全球经济的竞争和发展；④具有较为成熟的跨区域协同治理体制机制，在公共服务、城市管理、社会治理、环境保护等方面呈现高度的均等化、一体化、均质化，区域发展差距、贫富差距较小，社会空间极化微弱，经济发展高质量、人民生活高品质的特色鲜明。

三、21 世纪以来都市圈、城市群发展的新思维

Hu，Zhou 和 Gu(2000)通过对中国沿海集聚城市地带的空间集聚和扩展的研究,提出要区分城市集聚和城市群这两个概念。他们认为城市集聚强调的是都市与乡村的交互与综合一体化,而城市群更多的是城市间的联合。Portnov 和 Erell(2001)也认为城市群是指互相连接的城市,它们与一个或两个核心城市的距离在可通勤的范围内。这些核心城市属于人口密集和高度城市化的区域。Scott(2001)提出全球城市—区域的概念,探讨了全球城市—区域的发展趋势、理论和政策,并采用该概念研究美洲和亚洲城市经济动态发展的过程,发现全球城市—区域的概念非常类似于城市群,但其针对的是全球层面的经济和发展动态过程。Wang(2002)研究了不同城市形态的发展轨迹,认为都市空间形态常常遵循一条轨迹:单个城市→大都市区→城市集聚→城市群→巨大城市带,而这个过程可以被称为"都市化"。

从量化的角度,Fang 等(2005)为城市集聚的过程提供了新的解释,认为城市集聚形成城市群后,以至少三个都市圈或大城市为基础,以一个大城市为中心,通过高度发达的交通网络和电信基础设施,这些城市与城市间的区域紧密地联系在一起,从而形成了一个空间紧密、经济相关和区域互联的都市实体。在随后的研究中,Fang 等(2010,2011,2015)认为都市集聚有别于相似行政单元的简单集聚,是以聚集的产业和人口、高度连接的交通网络、增强型的中心城市和有利的区域激励政策为驱动力而形成的。Fang(2015)进一步发展了其对于城市集聚的理解,认为城市集聚促成了产业分布、基础设施建设、区域市场确立、城市乡村规划与建设、环境保护与生态建设、社会发展和社会保障系统的一体化整合。因此,一个都市集聚区域通常是经济与利益共同体,该共同体在空间尺度上与总体规划、产业链、城市乡村规划、交通网络、信息分享、金融集中、市场化、科技发展、环境保护与修复、生态建设等同步。

类似的,Ni(2008)定义了都市集聚是一个集中了人口和经济活动的区域,该区域内便捷的交通网络和其他基础设施使得整个区域紧密地联系在一起。Teaford(2006)探究了不同类型城市联系度越来越强的原因,认为高度发达的社会生产力与市场经济是主要原因。而且城市间密切的联系度模糊了城市和周围区域的边界,这也使得传统上由行政划定的城市边界显得过时。所以在城市集聚的区域内,描述城市间差异或城市中心的传统方法无法完全测度这种新

型的都市空间形态，需要更好的理解、更深入的研究及理论挖掘。

第二节　都市圈、城市群的发展脉络和概况

一、从城市到都市圈、城市群的发展脉络

在空间尺度上，从城市到都市圈，再到城市群，主要包括如图 2.2 所演示的四个阶段。经济全球化、信息化、新工业化、快速交通、政策支撑和知识经济作为当今六大主要的区域发展驱动力，使得城市的聚集演变理论上遵循一条时空路径：城市→城市组合→都市圈→大都市圈→城市群。这样一条路径比较清晰地展示了现今全球范围内都市圈和城市群的梯度进化和多层结构模式。每一次扩展让城市聚集能够不断地增强辐射效应，从一城与一城连接，到成为辐射区域、国家乃至国际的增长中心。

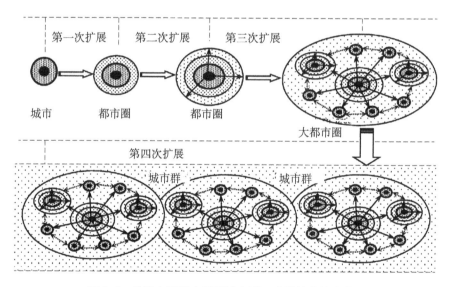

图 2.2　从城市到都市圈到城市群四阶段的发展演变

资料来源：FANG C, YU D. Urban agglomeration: an evolving concept of an emerging phenomenon [J]. Landscape and Urban Planning, 2017(162)：126 – 136.

表 2.1 列出了城市、都市圈和城市群三者的不同特征。从空间层面来看，由一个城市的小的市域范围，到跨区域的都市圈甚至跨越国家的城市群，包含

的城市数量从一个增加到三或三个核心城市与多个周边城市。人口数量也成倍增加,从500万~1000万人口的城市,到至少2000万人口的都市圈,再到至少3000万人口的城市群,空间结构不断向外辐射。先是一个城市,然后是三个核心城市及其周边城市,最后是至少两个大都市圈及其囊括的城市。三者的交通网络日渐复杂,由内城交通网络为主的弱城市间连接到完全的都市间连接,最后是都市圈内和都市圈之间大量的连接。这种由弱到强的城市间交通网络连接模式,一定程度上造就了产业集成的不同模式,即一个城市的极弱城内产业集成整合,都市圈的强城市间产业集成整合,城市群完整集成的产业系统。在区域结构上,一个城市为单核,都市圈则为单核或多核的轴—层网络结构,城市群为多核星云且相互高度连接的网络结构。这样的区域结构由不同扩张模式形成:一个城市的点状扩张,都市圈的轴—带扩张,城市群的网络辐射扩张。由此产生的功能也各不相同,城市主要是市域范围的增长中心,都市圈能够成为国家的增长中心,而城市群可作为国际增长中心。

表 2.1 城市、都市圈和城市群特征对比

特征	城市	都市圈	城市群
空间范围	市域	跨区域/亚国家	国家/国家与国际
包含城市数量	一个	三个或多个	三个核心城市和多个周边城市
人口(百万)	5~10	>20	>30
空间结构	一个城市	三个或多个城市及其周边城市	至少两个大都市圈及其囊括的城市
交通网络	内城交通网络,弱城市间的连接	完全的都市间连接	都市圈内和都市圈之间大量的连接
产业集成	极弱城内集成整合	强城市间集成整合	完全集成的产业系统
区域结构	单核	单核或多核,轴—层网络结构	多核星云,相互高度连接的网络结构
扩张模式	点状扩张	轴—带扩张	网络辐射扩张
功能	市域增长中心	国家增长中心	国际增长中心

资料来源:根据 FANG 和 YU(2017)整理。

二、都市圈和城市群的发展概况

本章第一节采用中国和全球城市发展相结合的视角,对具有中国特色的都市圈、城市群做了理论界定，但实际上，现有国内外研究普遍采用都市圈、城市群、大都市区、城市区域、超大城市区域、城市功能区等概念，没有统一标准。实际上，因国内外城市建制属性不同，对超越城市行政区域边界形成的"圈""群"等概念，在理解上存在质的区别。通常认为，全球范围内已形成美国东北部大西洋沿岸城市群、北美五大湖城市群、日本太平洋沿岸城市群、英伦城市群、欧洲西北部城市群、长江三角洲城市群六大城市群。然而，在实践中不容易精确地区分都市圈和城市群。以下借助联合国《2018 年世界城市展望》和《2018 年世界城市数据手册》（涵盖了拥有 30 万以上人口的 1860 个城市）中提出的城市群概念以及不同规模城市的全球空间分布格局，加以总体性分析。

从不同规模城市的空间分布来看，2018 年，全球整体城市化水平达到 55.3%，1000 万以上人口的城市有 33 个，500 万～1000 万人口的城市有 48 个，100 万～500 万人口的城市有 467 个，50 万～100 万人口的城市 598 个（见表 2.2）。从世界不同大洲的空间分布观察，每个大洲的城市群数量、人口分布等存在显著差异。一个很明显的趋势是，不同大洲的 1000 万以上人口的城市增长潜力存在巨大差异。如 1990 年，全球 1000 万以上人口的超大城市只有 10 个，2018 年增加到 33 个，全球超过 12% 的人口生活在这些超大城市中，而人口 1000 万以上的城市主要分布在亚洲、拉丁美洲等地区，如我国就占到了 6 个，班加罗尔、曼谷、雅加达、拉合尔和马德拉斯等相继成为新成员，欧美国家则分布较少。随着城市化进程的不断推进，在全球范围内，除了以纽约、伦敦、东京、巴黎等为核心城市的发达国家都市圈、城市群走向更加成熟外，在亚洲、拉丁美洲、非洲等欠发达地区，将会产生更多的 1000 万以上人口的城市，进而发展形成新的都市圈、城市群，成为推动世界城市化发展的重要力量。

表 2.2　2018 年世界不同规模城市的数量与人口结构

	城市类型（以人口数量划分）	城市（群）数量	城市人口总量（百万）	占世界人口的比重（%）
世界	总体		4 220	55.3
	1000 万以上	33	529	12.5
	500 万～1000 万	48	325	7.7
	100 万～500 万	467	926	21.9
	50 万～100 万	598	415	9.8
	30 万～50 万	714	275	6.5

续　表

	城市类型（以人口数量划分）	城市（群）数量	城市人口总量（百万）	占世界人口的比重（%）
非洲	1 000 万以上	3	47	8.5
	500 万～1 000 万	5	30	5.5
	100 万～500 万	55	122	22.2
	50 万～100 万	71	50	9.1
	30 万～50 万	87	34	6.2
亚洲	1 000 万以上	20	335	14.8
	500 万～1 000 万	28	201	8.9
	100 万～500 万	250	483	21.3
	50 万～100 万	333	230	10.2
	30 万～50 万	362	139	6.2
欧洲	1 000 万以上	2	23	4.2
	500 万～1 000 万	4	26	4.8
	100 万～500 万	52	87	15.8
	50 万～100 万	88	58	10.5
	30 万～50 万	114	43	7.8
拉丁美洲和加勒比地区	1 000 万以上	6	92	17.6
	500 万～1 000 万	3	18	3.4
	100 万～500 万	63	131	24.9
	50 万～100 万	57	41	7.8
	30 万～50 万	81	31	5.9
北美洲	1 000 万以上	2	31	10.5
	500 万～1 000 万	8	50	16.6
	100 万～500 万	41	87	29.2
	50 万～100 万	48	34	11.5
	30 万～50 万	62	24	8.0
大洋洲	1 000 万以上	—	—	—
	500 万～1 000 万	—	—	—
	100 万～500 万	6	17	59.6
	50 万～100 万	1	1	2.4
	30 万～50 万	8	3	10.8

资料来源：United Nations, Department of Economic and Social Affairs, Population Division. The World's Cities in 2018—Data Booklet（ST/ESA/SER. A/417）［EB/OL］.［2022 - 12 - 25］. https://www.un.org/en/events/citiesday/assets/pdf/the_worlds_cities_in_2018_data_booklet.pdf.

第三章
城市规划的理论探索与实践

　　城市规划是城市科学的重要组成部分。城市规划自古至今均在不断演变，起初农业文明时期城市格局相对简单，规划的主要依据是当时的建筑技术和星象方位等，如秦的"相天法地"。进入工业文明后，城市化进程加快，城市日趋复杂，面临的挑战越来越多，城市规划的重要性凸显。现代城市规划的理论基础可追溯到空想社会主义，目的是应对工业革命和资本主义发展引发的一系列城市问题，并将城市纳入社会经济的范畴，提出了各种设想以解决城市中出现的拥挤、污染等问题，突破了原先从建筑学（即美学和艺术）的角度看待城市规划的限制。标志性事件是伦敦医生约翰·斯诺（John Snow）于1854年通过在城市地图上标注伦敦霍乱发生地，从而利用规划思维解决伦敦面临的严重公共卫生问题。进一步的，超越城市（行政）边界的规划，如都市圈与城市群规划开始制定出台，这与超越单个城市本身的城市系统息息相关，城市间功能的密切连接引发新的挑战，由此，需要多个城市配合的更大地理范围的规划呼之欲出。

第一节　城市规划的发展历史

一、城市的起源

　　在第一次劳动大分工中，农业和畜牧业分化，居民点形成。在第二次劳动大分工中，商业和手工业从农业中分离，居民点分化成为农村（以农业为主）和城市（以商业和手工业为主）。也就是说，城市是第二次劳动大分工的产物，此后城市发展可大致分为三个阶段：农业社会（古代城市）、工业社会（近代城市）和后工业时代（信息社会）。

农业社会时期，由于受到不同政治和社会意识形态影响，各种文化在不同时期演变出了多样的城市形态，比如突出礼制，以"国中九经九纬，经涂九轨。左祖右社，面朝后市。市朝一夫"为纲的周代王城，为实现"筑城以卫君，造郭以守民"思想而形成的战国大小套城布局模式，以及古希腊时期为反映市民民主文化而建造的以广场为中心的米列都城。1784 年，瓦特发明蒸汽机标志着工业社会的开始，人口迅速向城市集中并膨胀，城镇化成为工业革命的重要特征，城市的发展也经历了不同的阶段。第二次世界大战结束后，欧亚大陆的城市面临着大规模的重建；在随后的 1980 年，由于私人交通的发展和城市中心居住环境的恶化，人口和就业向郊区大量转移，城市出现了衰败现象，亟待复兴，在这一时期城市集中和城市分散现象并存；到了 2008 年，世界城市人口占比超过50%，全球正式进入城市时代。中国的城镇化起步略晚于西方发达国家，起源于 19 世纪，改革开放后，城镇化进程加快，进入快速发展阶段。信息社会是在农业社会和工业社会后，以 20 世纪 80 年代互联网和个人电脑普及为代表的信息革命发生后进入的新的社会阶段，信息时代是正在进行时，对城市发展及城市规划提出了新要求。

二、城市规划的发展历史

自第二次劳动大分工产生城市以来，城市已有数千年的历史，城市规划也有较长的发展史。工业革命以前，由于城市的数量和规模都未成气候，未能形成系统的城市规划学科和理论。以工业革命为时间节点，城市规划可以分为古代和现代不同的两个部分。

（一）古代城市规划

虽然古代已有城市规划案例，但与现代城市规划存在较大差异，主要表现在以下几方面。①在思想观念上，中国古代城市规划多用于满足统治者的统治需求，以建立统治国家的空间秩序服务为核心，而西方古代城市规划则集中展现了包括市民民主主义、殖民主义等在内的多种意识形态，与现代城市规划为解决工业革命带来的"城市病"有着本质区别。②在建设形式上，古代城市规划更多考量的是建筑物的布局和设计，关注单个城市的具体设计，属于一种放大的建筑学，与现代可推广可复制的城市规划模式有着较大差异。③在功能作用上，现代城市规划被纳入国家治理体系范畴，对城市的发展起到战略引领和刚性约束的作用。

不同意识形态演变出不同的城市规划模式和多样的城市形态。理解古代中西方不同时期城市规划背后的逻辑差异能够对不同时代城市的形态和布局有更全面、更深层次的把握。

（二）中国古代城市规划

中国城市规划历史悠久，不同时期表现出不同的规划和建设特点，古代城市规划以为统治者建立统治国家的空间秩序服务为核心。尤其是古代都城的建设，集中展现了一个国家的经济、文化和政治实力，其选址与具体规划设计反映了当时社会的意识形态及文明的最高水平。

表 3.1 归纳总结了中国自夏朝开始各个时期城市规划的特点。夏朝开始形成集聚的居民点，但尚未形成真正意义上的城镇，居民点的布局多为较原始的状态。然而，夏朝已拥有一定的天文学、水利学和居民点建设技术，这些技术都为中国之后出现的城市规划奠定了基础。进入商朝后，城市的雏形出现，河南偃师商城、郑州商城和湖北盘龙城的考古证据表明商朝的城市空间形态和布局大量受到当时主流迷信和崇尚鬼神的影响。周朝是中国历史上第一次明确记载城市规划事件的朝代，《周礼·考工记》中出现了如"匠人营国，方九里，旁三门"等对于周王朝都城建设和布局的记述，反映了古代哲学思想对都城建设的影响，标志着中国古代哲学思想正式进入城市规划领域。之后，进入天下纷争的春秋战国时期，城市规划的格局开始丰富起来，都城出现大城套小城的布局模式，体现出"筑城以卫君，造郭以守民"的要求。秦王扫六合，统一天下后，依照"相天法地"的原则，以天体星象坐标为依据进行布局，重视方位，形式灵活多变。进入汉朝后，城市布局突破了周礼制布局，宫殿和居民区相互交织，呈现不规则分布。三国时期的城市功能分区开始变得明确，周礼制开始与自然结合。进入南北朝之后，随着佛教与道教的盛行，完全依照儒家礼制进行城市设计建设的方式开始发生变化，佛教与道教的思想开始融入城市规划，大量的宗庙和道观出现，城市布局开始注重人工和自然环境的整体和谐。在隋朝结束天下纷争后，城市建设的时序成为规划的重要维度。五代十国时期，为了对汴梁进行改造和扩建，周世宗发布的诏书系地分析了城市发展过程中的问题和矛盾，并对城市扩建进行了规划。宋朝作为古代城市扩建的一个典型代表时期，其商品经济的发展为城市规划带来了重大的变化，

开放的街巷制度取代了早先的里坊制度,和古代前期城市规划形成鲜明的区分。进入元朝后,城市规划的思想更趋成熟,一个主要标志是元大都的建立,该城完全按照城市规划建设,结合了儒家社会等级秩序和"天人合一"的思想。

表 3.1　中国古代城市规划特点

朝代	城市规划特点
夏	天文学、水利学和居民点建设技术为中国城市建设规划思想奠定了基础
商	城市雏形初现(迷信、崇尚鬼神)
周	中国历史上第一次明确记载的城市规划事件("如武王之意"修复建设洛邑城)
春秋战国	丰富了城市规划布局,城市设计多为大小套城
秦	"相天法地":强调方位,以天体星象坐标为依据,布局灵活;信神
汉	布局不规则,突破周礼制布局
三国	城市功能分区明确,周礼制与自然结合
南北朝	佛教和道教盛行,突破了儒教礼制,强调人工环境及自然环境的整体和谐
隋	规划了城市建设的时序
五代	系统分析了城市发展过程中的问题和矛盾,有规划地进行城市扩建
宋	商品经济发展,开放的街巷制度取代了里坊制度,与中国古代前期城市规划形成鲜明的区分
元	元大都——全部按照城市规划修建的都城,受儒家社会等级秩序和"天人合一"思想的影响。

资料来源:吴志强.李德华.城市规划原理[M].北京:中国建筑工业出版社.2010.

(三)西方古代城市规划

由于思想观念、文化等与中国存在较大差异,西方古代城市形态呈现出不同的特征。中国古代城市以统治者所在的宫殿为城市中心,呈现封闭内向型结构,而西方的城市则以广场、教堂、市政厅等作为城市中心,多为放射外向型。

1. 古希腊、古罗马时期

古希腊时期,以希波丹姆规划的米列都城(见图 3.1 左上)为代表的城市规划体现出古希腊的市民民主文化,城市以方格网道路系统为骨架,以城市广场为中心,同时追求几何图像与数之间的秩序之美。

希波丹姆米列都城

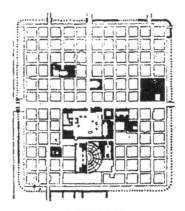

古罗马营寨城

帕尔马诺瓦镇规划

巴黎凯旋门

图 3.1　古代西方城市规划代表性城市

资料来源:希波丹姆米列都城图片和古罗马营寨城图片来自吴志强和李德华(2010);帕尔马诺瓦镇规划图片来自 https://tse4-mm. cn. bing. net/th/id/OIP-C. 8chAGvayj5PFqTt2S6XZ6gHaFl? pid＝ImgDet＆rs＝1;巴黎凯旋门图片来自 https://pic3. zhimg. com/156a31fe3fa8481a0684419aadde9-ad6_b. jpg。

到了古罗马帝国时期,四处征战的古罗马建立了大量的营寨城(见图 3.1右上)。奴隶制也在此时达到了繁荣阶段。城市中心展现出世俗化、军事化和君权化的特征,多为用以宣传君主功绩的斗兽场和官邸建筑群形成的中心广场或露天剧场,进一步强化了被占领区对于罗马的认同感。

2. 中世纪

西罗马帝国的灭亡宣告了中世纪的开始。中世纪初期,西罗马帝国分裂成多个小国,神权与王权分离导致原先的城市不断衰败,围绕教堂出现了市场,并进一步发展出以教堂为中心的城市,封建领主则在农村地区建立城堡以起到防御作用。中世纪的城市多为自发生长,以城市防御为核心,因此城市中围绕着教堂和公共广场发展的道路大多比较狭窄且呈现不规则形态。到了中世纪的中后期,商业和手工业复兴,城市出现自治现象,市政厅等公共建筑成为城市中心。

3. 文艺复兴时期

文艺复兴时期,资本主义萌芽,艺术和科技飞速发展,原有的城市布局不再能够满足人们的生活需求,亟须改造。这一阶段的城市改造多集中在广场建筑群等局部区域,创造出一批具有古典风格、构图严谨的广场和街道。图3.1左下是威尼斯人在1593年修建帕尔马诺瓦镇的规划图纸,集中展现了欧洲文艺复兴时期城市规划的特点。

4. 绝对君权时期

17世纪,资产阶级同国王联合,反对封建割据和教会势力,建立了一批中央集权的绝对君权国家,这一举动为形成现代国家奠定了基础。随后,这些拥有绝对君权的国家首都进行了大规模的扩建和改建,其设计思路属于古典建筑艺术,比较具有代表性的是法国巴黎,以香榭丽舍大街、协和广场和凡尔赛宫等为改建典型(见图3.1右下)。

(四)现代城市规划

现代城市规划理论可溯源于空想社会主义,目的是应对由工业革命和资本主义产生及发展而引发的一系列城市问题。空想社会主义将城市纳入社会经济的范畴,提出了各种设想以解决城市中出现的拥挤、污染等问题,突破了原先从建筑学(即美学和艺术)的角度看待城市规划的限制。但空想社会主义并没有特定的研究对象和范围,也未形成系统的现代城市规划学。直到1854年,英国由于最早开始进行工业革命且坚持市场自由主义,城市居住环境迅速恶化,贫富分化致使中产阶级以上的居民搬离城市,城市面临严重的健康和卫生问题,霍乱三度席卷英国。伦敦医生约翰·斯诺(John Snow)将调查数据标注在地图上并进行相关分析(见图3.2),确定被污染的水井是本次霍乱的传染源头,这一行为已经具备现代城市规划的部分关键特征且强调政府在市政建设中的重要作用,为之后现代城市规划的形成和发展奠定了基础。1989年,埃比尼泽·霍华德(Ebenezer Howard)提出田园城市理论,真正开启了现代城市规划的时代,并系统形成现代城市规划学。本节按照时间顺序梳理现代城市规划自1989年起的发展历程,分析不同阶段城市规划的指导思想和理论演变。

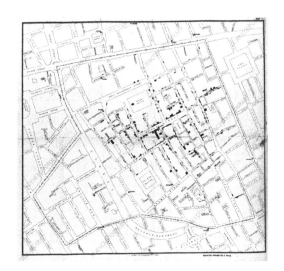

图3.2 约翰·斯诺描绘的伦敦霍乱点位图(1854年)

资料来源：https://www.sciencephoto.com/media/1290270/view.

(五) 现代城市规划思想理论

1. 田园城市

1898年，埃比尼泽·霍华德提出的田园城市被认为是现代城市规划的开端。为应对工业城市带来的污染和拥挤问题，霍华德提出可以在城郊区域建设一组通过铁路和运河相互关联并被永久绿地隔开的小型花园城市，以疏解中心城市的压力。花园城市能够提供工作机会、合理的房租和足够的公共开放空间，兼顾城市和郊区生活的优点。霍华德认为城市无限制发展和土地投机是资本主义城市灾难的根本原因，要将城市当作一个整体加以研究，并强调城乡接合，探讨城市空间布局和城市经济问题，指出要控制城市发展，当城市发展到规定人口时，应在距离不远的地方新建一个相同的城市。

2. 卫星城

20世纪初，如何控制及疏散大城市人口以应对大城市的恶性膨胀成为突出问题。1922年，霍华德的追随者雷蒙德·昂温(Raymond Unwin)提出建立卫星城以疏散城市人口并控制城市规模。卫星城发展经历了三个阶段，分别是卧城、半独立卫星城和独立卫星城，其规模由小到大，和大城市的距离也由短变长。

尽管霍华德和其追随者进行的两个田园城市试点，莱奇沃思(Letchworth)和韦林(Wellwyn)，并未达到预期效果，但通过建设规模合理、功能健全的新城来减弱城市由于人口过度集聚而产生负面效应的这一思想对城市规划产生了深远的影响。20 世纪 20 年代,田园城市的思想被美国区域规划协会采纳,通过在永久绿化带中规划社区来解决纽约地区的拥挤问题。1928 年,大伦敦规划方案提出建立外围卫星城应以大城市地区工业和人口分布规划为切入点,将建立卫星城和区域规划联系起来。

3. 新建筑运动和《雅典宪章》

20 世纪 30 年代,新建筑运动的范围扩及城市规划领域,以法国勒·柯布西耶(Le Corbusier)为代表,主张提高城市中心区建筑高度、增加人口密度,提出光辉城市(radiant city),对城市进行功能分区,对城市路网、天际线和城市空间分布也提出了具体的设计。光辉城市希望城市在有秩序的同时保证城市中的每个居民都能享受到充足的光照、清新的空气和开阔的公共空间。这一思想后来也被广泛运用到了美国清除贫民窟的行动中,尽管最后因为改造地区出现了经济孤立、缺乏投资等问题而宣告失败。

1933 年,柯布西耶还与国际现代建筑协会合作发布《雅典宪章》。《雅典宪章》集中反映了现代建筑学派的观点,指出城市的四大功能分别是居住、工作、游憩和交通,其中居住是主要功能,并强调城市规划是三度空间(长、宽、高)的科学,要以人为核心,以国家法律为保障,将城市规划向纵深空间拓展,并强调法律的作用。

4. 有机疏散

有机疏散理论由伊利尔·沙里宁(Eliel Saarinen)于 1934 年提出,并在1945—1960 年间进行广泛实践。有机疏散理论认为城市是一个不断成长、不断变化的有机体,其功能性集中点及其覆盖区域是城市中的一个个造血细胞,交通路网连接着各个细胞并进行源源不断的物质交流。因此,要从根本上解决城市发展过程中出现的各种问题,将无秩序的集中扭转成为有秩序的分散,针对造血细胞逐个击破并不现实,需要对城市这个有机体进行整体结构和形态改造。

5. 理性主义及心理地理学

20 世纪六七十年代,理性主义是城市规划的主导思想。理性主义以大型计算机作为技术基础,大规模地导入并使用系统工程和数理分析,强调规划方案是对城市问题系统地进行理性分析和推导后所产生的必然结果。但同时理性主义也招致了许多批判的声音,理性主义规划理论注重细节处理,拘泥于物质层面,缺乏对社会问题的关心,同时对规划师的能力提出了过高的要求,丧失对于城市发展大局观的把控。

50 年代，欧洲一群激进的学者、艺术家和建筑师组成了"构境国际"（Situationist International）并提出了心理地理学这一概念，指出城市不是仅由建筑师和规划师打造，而是由无数的个体体验、记忆和意义汇总而成，他们认为由理性主义主导的城市重建计划使得城市中古老的街区被大范围地拆除，致使真正的城市在逐渐消失，这种行为应当被制止。直到 21 世纪，这一想法才得到了迅速的认同，城市规划越来越重视公众的想法，对于建设自下而上的城市的热情空前高涨，城市规划制定过程中听取公众意见、向公众公示、战术都市主义等现象的出现表明由公众主导的干预性城市活动成为可能。

6. 大都市区

城市规划最初聚焦于思考中心城市及其与周边区域的联系，如昂温提出的卧城，到了 20 世纪初，从区域层面思考并解决城市问题成为城市规划的主流思想之一。1961 年，社会学家简·戈特曼（Jean Gottman）在《大都市》（*Megalopolis*）一书中描述了由波士顿、纽约、费城、巴尔的摩和华盛顿特区组成的在经济、地理和文化上呈现一体化的城市群，对区域的定义进行了更新，提出了一种新的居住空间组织秩序，即大都市区（megalopolis/megaregion/megapolitan region）。大都市区是空间上松散但又整合的城市群，已经成为全球化后日益普遍的空间组织形式，对从大都市区角度制定城市规划制度和政策框架提出了要求。

7. 城市设计研究

城市设计起初被单纯地看作是围绕艺术灵感进行的设计实践，1960 年以后，理性主义规划理论盛行，城市设计，尤其是城市空间景观设计，突破了传统的以艺术为核心进行创作，变得理性化。20 世纪 70 年代至 80 年代中期，社会经济动荡，城市设计被视作是规划师展示自我才华并挥霍财政资金的平台，因缺乏对于城市设计主体的思考和关心而广受非议。直到 1990 年后，城市设计才作为解决城市问题的新手段、新方法重返城市规划主流舞台。

8. 社会学批判和规划主体转变

20 世纪六七十年代，社会学问题在城市规划中的热度空前高涨。以简·雅各布斯（Jane Jacobs）所著的《美国大城市的死与生》一书为代表，对保留并增多城市绿地、城市更新等被视为城市规划理论准则的思想进行了思考，抨击了其对普通民众、社会弱势群体造成的负面影响，对传统规划理论产生了强烈的冲击，规划师对于城市规划的思考从如何做好规划转向为谁做好规划。1970

年后,新马克思主义成为城市学理论主流思想,对于规划公正这一问题从社会、经济和政治制度等多方面进行了深度思考和探究。1992 年后,妇女在城市规划中的地位、作用及其影响成为城市规划研究的一个新议题。

9. 马丘比丘宪章

1978 年发布的《马丘比丘宪章》对《雅典宪章》实施以来的表现进行了回顾与评估,对《雅典宪章》中的部分内容进行了修正和升级,主要有以下几点调整:①提出不应以小汽车作为制定交通政策的主要依据,应服从于公共交通系统发展;②城市规划应从机械的单功能分区转向多功能综合分区;③强调能源和资源环境的重要性。

10. 环境保护与可持续发展

可持续发展,也叫永续发展,这一概念最早可以追溯到 18 世纪托马斯·罗伯特·马尔萨斯牧师(Thomas Robert Malthus)所著的《人口原理》一书。随后在 1898 年,霍华德为应对由于工业化而不断恶化的城市环境提出的田园城市理论表明,对于环境的重视和保护被正式纳入城市规划的范畴。第二次世界大战后,世界范围内进行了大规模的、以破坏自然生态环境为代价的城市重建工程,直到 20 世纪 70 年代石油危机的出现才使得人们重新认识到保护环境的重要性,城市规划过程中对于环境影响评估等要求的引入表明保护环境正式成为城市规划的共识。1978 年,可持续发展在联合国环境与发展大会上被正式提出,此后 90 年代涌现出了大量的城市永续规划的模式和操作方法。进入 21 世纪后,全球变暖成为新的聚焦点,零碳城市等新的城市永续模式应运而生。

第二节　都市圈与城市群规划的概念与理论

都市圈、城市群作为超越单个城市行政边界的功能集合体,其发展规划是直到近现代才出现的议题。对于都市圈、城市群规划的概念与理论,更多是侧重实际制定的规划进行探讨研究。一个重要议题是,在现代社会,都市圈和城市群的发展正在不断走向成熟,如何加强城际统筹协调力度,改革跨区域管理体制,重塑跨越行政边界的功能地理新版图,打造均衡、公平、包容、可持续的新型城市经济增长区,是都市圈、城市群建设普遍面临的共同挑战,也是谋求进一步发展的重大战略任务。

对都市圈、城市群实施长期的战略规划,是解决城市行政区与城市功能区之间矛盾冲突的一种重要手段。结合属于都市圈规划的《日本首都圈广域地区计划2025》《第4次纽约—新泽西—康州都市区规划》《巴黎大区2030》《芝加哥大都市区迈向2050》《大悉尼区域发展2056》和属于城市群规划的《荷兰兰斯塔德城市群2040》《旧金山湾区2040规划》以及属于区域规划的《东英格兰规划2031》等8个国际主要都市圈、城市群规划实践，本节归纳总结都市圈、城市群跨界统筹与协调发展的最新趋势与经验。

一、规划体制

由于组成城市群或都市圈单元的多样性与权力分散化的特征，所以明确跨行政区的统一规划主体自然成为都市圈跨区域规划要解决的首要议题。实际上，因国家体制和政治制度的不同，全球主要城市群或都市圈在长期发展过程中都形成了一些各具特色的操作模式。既有以政府为主导的统筹规划模式，如巴黎都市圈、东京都市圈，也有以市场或第三部门为主导的统筹规划模式，以纽约都市圈为典型代表。但总的一个趋势表明，在普遍面临中心城市竞争力下降、空间不平等加剧、社会极化、交通拥堵、气候变化等共同挑战的当下，发挥各自的制度优势，从国情出发，努力构筑以中心城市为主导的跨界统筹规划体制，重塑多元化的新跨界统筹规划主体，成为新时期全球主要城市群或都市圈走向整合发展的首要战略选择。

具体而言，有如下几种整合路径：①实施行政区划的合并调整，为跨界整合规划创造条件。如荷兰兰斯塔德区域实施2040规划之前，就试图建立一个统一的兰斯塔德省，虽然实践中并没有成功，但这预示了一种未来的发展方向。再如大巴黎都市圈，2016年法国政府合并原本的巴黎市及近郊3省，设立新的巴黎大都市区，从国家层面提高整个地区的吸引力与竞争力。巴黎大区政府委托巴黎规划院牵头编制巴黎大区2030规划，支持巴黎发展成为更具竞争力的全球城市。对于远郊区的4个省，鼓励自治市镇联盟的扩大，推动多政区之间的整合发展（见图3.3）。②组建多元化跨界协同治理体制。如兰斯塔德2040规划实施过程中，在2002—2006年期间，荷兰政府把注意力集中在该地区较小尺度的城市和经济发展，围绕特定主题，建立了商业促进办公室、地区间关于基础设施和空间发展的定期会议等协同治理体制，并任命一名部长作为地区协调员，另外各省（城市）间制定了城市化契约合同，市政当局承诺开发住宅区以换取国家对绿地、土地建设、土壤卫生和区域交通的补贴。同时兰斯塔德的部分地区已经出现了一些治理联盟,例如阿姆斯特丹—鹿特丹港口联盟以及关于构建兰斯塔德公共交通管理局的设想等。再如日本首都圈组建有首都圈广域地方规划协议会和多种形式的广域联合体(苏黎馨和冯长春,2019),主要承担跨区域规划的主体角色。③充分发挥已有跨界协调机构的功能和作用。如旧金山湾区拥有两个主要的跨行政区域机构,一为都市区交通委员会,二为湾区联合政府。二者联合制定了湾区 2040 规划,减少对各郡县独立行动计划的支持,增加对 9 县统一行动的资助。

图 3.3 巴黎大都市区周边扩大了的自治市镇联盟示意图

资料来源:RSHP. 巴黎未来聚居区设计[EB/OL]. [2023 − 06 − 02]. https://rshp. com/assets/uploads/5500_GrandParis_JS_zh_1. pdf.

二、规划愿景

综观主要城市群或都市圈规划行动发现,让每个成员城市及居民清楚地认识到城市群或都市圈发展面临的各种困境,同时从全体市民的角度出发,提出让每个居民都过上高品质生活的美好愿景,努力建设一个经济繁荣、互联互通、机会均等、职住平衡、包容多元、公平公正、绿色清洁的人类居所,是城市群或都市圈统筹多元利益主体协同行动的最终目的,也是战略规划的重要组成部分。通过对 10 项规划的愿景进行词频统计分析,可以发现在区域规划的愿景中"可持续"被提及 6 次,"包容性"被提及 3 次,"有竞争力"被提及 2 次,"机会与选择"被提及 1 次,"全球的"被提及 2 次,"健康/有活力"被提及 2 次,"繁荣"被提及 2 次,"多元化"被提及 1 次,"公平"被提及 1 次。由此可见,无论是为抵御经济的荣枯循环,还是为防范气候变化和自然灾害，抑或是为了应对人口规模的持续增加带来的城市挑战，为维持一个都市圈的未来发展，"可持续"的重要性不言而喻。为维持城市的活力，"包容性""多元化""机会与选择""健康/有活力"则是最重要的几个条件，一个兼容并蓄、能为居住其中的各个阶层的人提供机会与选择的城市，方才是健康与有活力的。"有竞争力"与"全球的"这两个关键字彰显了在全球化时代，一个城市群或都市圈的愿景都包含接入全球网络并成为有竞争力的一角。此外，"繁荣"的城市，必须要"公平"，让各个群体能够获得平等发展的机会。

表 3.2 比较了主要城市群或都市圈规则的愿景和原则。

表 3.2　都市—区域规划的愿景、原则比较

规划	愿景	原则/方略/建议	代表图
巴黎大区空间计划	一个多元化的大区	连接—构建、极化—平衡、保护—发展	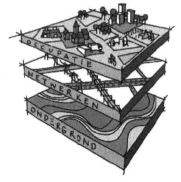
兰斯塔德(2040)	成为一个可持续和有竞争力的三角洲区域	国家空间策略：责任和发展规划的去中心化。三个关键任务：①确保安全和不受气候变化的影响；②可达到和市场动态；③满足空间质量需求	
日本第二次国土形成计划(2016)	对流促进	首都圈的未来：遏制一点集中化，构建对流型首都圈；将共生融入发展愿景，构建能够应对自然灾害的未来，引导双城生活方式	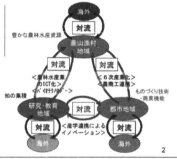

续　表

规划	愿景	原则/方略/建议	代表图
大悉尼区域规划:三城之都(2056)	匹配基础设施和增长以重构经济活动:成熟的东部海港城—发展中的中部河流城—新兴的西部绿地城	10个方向:基础设施支持之城,合作之城,人民之城,有房之城,美地之城,互联之城,工作与技能之城,风景之城,高效之城,弹性之城	
墨尔本规划(2017—2050)	充满机会与选择的全球城市	9个原则:独特墨尔本、全球连接与竞争之城、一座与维多利亚地区相连的中心城市、环境适应力与可持续性、本地生活——20分钟街区、社会和经济参与、强大和健康的社区、支持城市均衡发展的基础设施投资、领导和伙伴关系	
加州湾区规划(2040)	为适应预期的房屋和就业增长需求提供路线图,同时适配交通投资策略	①聚焦增长(200个优先开发区:有公共交通服务的已有社区,可进行附加紧凑开发;100个优先保护区域:区域重要开放空间,同时具备需要长期保护的广泛共识和短期开发压力);②激励更科学的土地使用决策	

35

续　表

规划	愿景	原则/方略/建议	代表图
芝加哥大都会迈向2050	全球商务中心，一个为所有人提供机会的大都会	原则：包容性增长、为快速变化而准备的城市适应力、优先投资	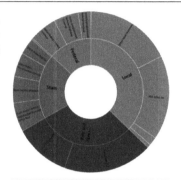
第四次纽约—新泽西—康涅狄格州都市区域规划	公平、繁荣、健康、可持续发展	主要建议（总共61个）：采用加州温室气体排放定价方案可以每年产生30亿美元的收益；迎接气候变化的挑战	
伦敦规划（2021）：大伦敦空间发展策略	良性增长	6个增长策略：①建设强大与包容的社区；②充分利用土地；③打造健康之城；④提供伦敦人所需的住宅；⑤发展良性经济；⑥提高效率和增加弹性	
东英格兰规划（2031）	经济潜力，提供高质量生活	9个空间策略：①实现可持续发展；②城市收缩（重新使用之前开发的土地）；③发展与变革的关键；④农村地区定居点；⑤优先更新区域；⑥城市和城镇中心；⑦绿化地带；⑧城市边缘；⑨海岸变化管理	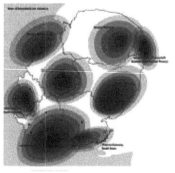

具体而言，如日本东京首都圈对未来提出的发展愿景是：在安全、安心的生活设施基础上形成面型对流，具备为世界解决问题的能力，成为先进领域、文化的创造性场所，亲近自然，具有高质、高效、精致、友好、高雅的特质。为建设这样的首都圈，要充分发挥全国计划所提及的各地区的自然、文化、产业等方面的独特优势，与时俱进地实现国土的均衡发展。纽约大都市区的第四个规划以"公平、繁荣、健康、可持续发展"四个核心价值观为导向，构成了解决跨领域问题的共同基础。

巴黎大区则是以人为基础，提出建设一个多元化的都市圈。具体包括：①更多的空间和便捷性；②丰富多样的出行活动；③一个具有吸引力和专注力的大区；④更高的平衡度和多元性；⑤宜人的环境；⑥更新且熟悉的社区。巴黎大区的愿景主要基于两个层次：第一个层次是提升居民的日常生活质量，注重多空间、出行便捷等。第二个层次是加强巴黎大区功能，提升都市区的吸引力和专注力。英格兰东部区域面向未来提出发展愿景：到 2031 年，英格兰东部将充分挖掘其经济潜力，为人民提供高质量的生活环境，包括满足可持续的包容性社区住房需求。与此同时，将继续适应并减少对气候变化和环境的影响，包括节约能源和水资源、加强环境资产储备。

三、规划思路

全球主要城市群或都市圈的新一轮战略规划，是在原有基础上，更好适应信息网络技术革命和产业革新，应对气候变化、空间失衡发展、社会极化等现实挑战，旨在进一步提升中心城市的全球竞争力、吸引力和生活魅力，从而推动整个都市圈转型升级发展的集体战略行动。

因此，打破行政区划的约束和阻隔，将核心城市置于更大的区域范围内，通过构筑强核心、多节点、多组团、多中心、密网络的新型增长空间，促进都市圈范围内各级城镇之间的平衡增长与有机联通，兼顾中心城区和郊区之间、多元城市成员之间的利益均衡、资源配置，寻求实现区域共同利益最大化，让更大区域范围内的城市居民共享都市圈经济发展的成果，成为当今世界城市群或都市圈规划的重点思路。

典型案例如日本东京首都圈提出了由东京一点集中化向对流型首都圈转型的发展路径，最大限度地利用新干线等铁路网以及高速公路网的面型交通网，在首都圈打造多个连接点，进而形成新的对流。连接点包括轴、圈域、地区群以及对流据点四种类型，其共同的建设逻辑是：整合地区的能源、机能以及基础设施，发掘每个地区的个性，每个个性相互合作产生新的价值，新价值产生新的人力、物力、信息的流动，新的流动产生新的聚集，最终形成一个连接点。首都圈内正在打造13个连接点，一是要强化作为世界都市圈的东京圈与这些连接点之间的交通网络，二是要增强连接点之间更加广泛的合作，创造更大的价值，以面型交通网实现产业和城乡之间的广域合作。

大悉尼则着力转型发展成为由三个城市组团形成的大都市圈，这三城包括西部绿地城、中部河流城与东部海港城，规划拟通过新的土地使用与交通模式，扩大发展的普惠性，促进大悉尼都市圈的宜居性、生产力以及可持续性。在这一都市圈中，绝大多数的居民能够在30分钟公共交通出行距离内获得就业、教育与健康等服务。为应对气候变化、能源、人口、经济和社会转型带来的挑战，巴黎大区选择高质量的密集化模式，鼓励高强度、紧凑型、多极化的发展方式。通过提供便捷的公共交通服务，在现有地域上实现包容城市的增长，以应对区域发展的挑战。基于此，巴黎大区计划实施三大规划策略：联结与组织、集聚与平衡、保护与增值。

四、规划内容

实现规划项目的精准设计并推动其利益在空间上的合理化分配，是城市群或都市圈跨界协同规划与共同发展的重要动力。但实际上，城市群或都市圈统筹规划中到底设计什么样的建设项目和规划内容，主要取决于都市圈经济社会发展阶段及其面临的主要问题。西方发达国家主要城市群或都市圈的战略规划表明，规划行动方案的设计主要围绕顺应时代做大做强核心城市功能，增强吸引力、竞争力和创新力，促进空间联系和均衡发展，改善居民生活质量，提高城市效率，增强城市应对气候变化的能力、增强城市文化魅力等重大议题。

可以说，从城市区域的视角出发，从满足居民生活、集聚扩散的需求出发，既注重各类交通设施的密度化、联通化、网络化、层次化建设，打造全域化链接、均衡化发展、城乡功能互补的对流型经济强劲增长新版图，又注重加强知识型就业机会、可负担住房配套、市政服务和文化娱乐设施、步行街区、公共空间、混合社区、城市绿色景观、文化遗迹保存等多元供给，旨在最大限度让居民拥有高品质的生活，共享公平的发展机会，实现人与社会之间的包容和谐、人与自然之间的良性平衡，保持文化和社会的多样性发展。

纽约都市圈第四次规划围绕"机构改革、气候变化、交通运输和可负担性住房"四个领域,共采取 61 项具体的行动计划,这也正是纽约大都市区当前面临重大挑战和机遇的领域。芝加哥大都会的行动计划涵盖五大主题:社区、繁荣、环境、治理和交通方式。东京圈最大的问题是社区老龄化严重,广域首都圈旨在团结起来,以广域交通网连接医疗、购物等功能,采用城市与农村相结合的办法应对多层次老龄化问题。

五、规划保障

跨域特别是跨越城市这类行政单元的规划需要保持足够的严肃性、权威性和科学性,这是确保城市群或都市圈战略规划在多成员城市中得到贯彻落实的前提和基础。对此,城市群或都市圈主要采取法律保障、规划检测更新、社会参与等方式,为战略规划实施提供必要的保障。

首先,强调政府法律的保障,如"日本首都圈广域地区计划 2025"的制定中,国家层面上取消了根据《国土综合开发法》编制的《全国综合开发规划》,改为《国土形成规划》,同时修订《国土综合开发法》并更名为《国土形成规划法》;首都圈层面上,在《国土形成规划法》的引导下 2008 年成立了首都圈广域地方规划协议会,依托"计划(plan)、实施(do)、评估(check)、反馈(act)"(即 PDCA 模式)的流程循环模式对规划执行情况实施评估检查,发现问题后及时采取应对措施(苏黎馨和冯长春,2019)。

其次,鼓励社会多元力量的参与,促进规划的公开透明和监督实施。如"湾区规划 2040"以"区域共同发展"为目标,广泛征集 9 个县、101 个城镇中官员、规划者、社区组织、商业组织、非营利组织和一般公众的意见,先后召开 190 多场公开会议,对规划草案举办公开听证会,并利用在线平台、领袖峰会、住房论坛等收集公众反馈,同时对 2 040 名湾区居民进行了电话民意调查。"芝加哥2040"采用协作式的规划模式,强调纳入区域内的各级政府、非政府组织、高校专家、企业家和普通市民共同参与,并建立互动联系,以达成理性共识(周岱霖和吴丽娟,2017)。

六、规划分异

图 3.4 基于屠启宇等(2022)的研究成果,在城市间功能关联性和地理邻近性两个指标构成的坐标系中,以 45 度对角线进行划分,标出城市、行政市、都市

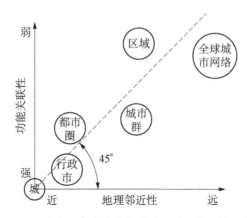

图 3.4 不同城市形态在功能关联性—地理邻近性上的分异

资料来源:屠启宇,余全明.长三角区域战略空间的内涵特征、运行逻辑与规划策略[J].城市规划学刊,2022(4):71-77.

圈、城市群、区域和全球城市网络在该坐标中的不同位置。

以行政意义上城市的地理邻近性和功能关联性为基准(位于 45 度虚线上方),都市圈在空间尺度上往往小于城市群,且都市圈的地理邻近性更为突出,城市群的功能关联性则较薄弱。对于空间尺度更大的区域单元,地理邻近性和功能关联性皆弱于都市圈、城市群。由于单元识别的侧重点不同,实践中对于都市圈、城市群以及区域的规划塑造也存在差异。都市圈基于地理邻近性会更侧重均质化发展的考虑(比如公共交通、公共服务、社会保障等),而城市群则更关注加强功能性关联,以及直接影响功能关联强度的流量基础设施配置优化(高速公路、城际铁路、信息高速公路及具体功能协同)。

在都市圈规划中,"芝加哥大都会迈向 2050"可作为一个强调均质化发展的典型例子。该规划包含五部分:指导原则、区域现状、主题篇章、资源和规划实施。其中,主题篇章包括五大板块:社区、繁荣、环境、治理、交通方式。这五大行动篇章为该综合规划的成功提供了建议和路线图。特别是在具体行动策略上,提出利用经济繁荣消除不平等,而且芝加哥迈向 2050 的繁荣目标是:依托强劲的经济增长减少不平等,具备迅速响应的战略性的劳动力。为适应不断变化的全球经济,芝加哥大都市必须解决其所面临的不平等问题,改善就业机会并打造强劲的经济产出,同时采取有针对性的措施确保所有人的发展。

在城市群规划中,"兰斯塔德区域 2040 规划"则可作为一个强调功能关联的典型例子。兰斯塔德区域的人口占荷兰总人口的 45％，土地面积占 26％。随着经济的增长，该地区对住房供应、交通运输等存在较高的空间增长需求，同时与空间规划问题并列的管理问题也是该地区发展需要关注的焦点。兰斯塔德的公共事务管理至少由五个部委、四个省、200 个市（含四个主要城市）分别负责。公共交通由市政、私有和国有运输企业、基础设施提供者等共同负责。这种管理结构存在复杂、低效、内耗等负面效果。针对这一问题，兰斯塔德区域进行了多方面的管理改革试点。一是通过区划调整改组政府管理机构，改组的主要方向是减少机构数量和设立区域一级的管理政府。小城市已经被大力推动合并，并且这一趋势还将继续。二是针对特定主题建立治理协同机制，例如商业促进办公室、地区间关于基础设施和空间发展的定期会议等。三是制定紧急项目计划推动重点任务，针对所有权缺失等原因造成的地区项目推进迟缓的顽疾，荷兰政府制定了"兰斯塔德紧急项目计划"，共有 35 个项目纳入其中。四是充分调动社会力量开展区域治理，由于荷兰政府具有不同的政党与派系，凝聚各方力量共同聚焦于项目的推动是推动区域治理的关键。每个重点项目设立一个所谓的"大使"职位，通常由受人尊敬的公民领袖担任，可以把政府内外的政党凝聚在一起。

第三节　规划实践

一、城市规划实践

本节梳理了三项最新的城市规划，分别为伦敦规划（2021）、多伦多市政规划（2016—2019）、温哥华市中心公共空间战略（2021）。其中，伦敦规划着眼于伦敦整个城市的规划，多伦多市政规划以多伦多市政府城市规划部门为监管城市规划而发布的《多伦多城市开发演进报告》为依据，温哥华市中心公共空间战略则针对城市内部的公共空间进行愿景规划。

（一）伦敦规划（2021）

1. 规划的背景与目标

2021 年 3 月 2 日，伦敦规划（2021）通过大伦敦地区议会审议并正式发布。此版规划从 2017 年开始筹备到 2021 年发布历经四年时间，是伦敦政府发布的第三版总体规划，由第三任市长萨迪克·汗（Sadiq Khan）牵头编制。

伦敦规划(2021)的出台背景主要有四点：①为伦敦的发展提供更高层次的空间发展框架，整合伦敦政府对伦敦未来发展的多个专项空间战略。②应对人口增长压力。预计到2041年，大伦敦的人口将会从现有890万增长到1 080万，巨大的人口流入将对伦敦的土地空间使用带来前所未有的压力。③解决住房问题。最近几十年来，伦敦的新房供应一直跟不上新增人口的需求，导致城市归属感缺乏以及广泛的民众安居困难。④缓解脱欧行动可能带来的不良影响。英国脱欧让伦敦全球第一商业城市的地位受到动摇，伦敦的城市发展面临着前所未有的不确定性，伦敦亟须给世界一个新的规划来展示其保持和提高全球竞争力的决心。

该版伦敦规划的核心逻辑是伦敦作为全球城市和英国国家经济的引擎，在未来数年将保持正向的人口增长水平，并预计到2041年达到1 080万。因此，为规划一个适合所有伦敦人生活的城市，需要思考经济增长的目标到底是什么。对于该问题的考虑，涉及多个方面，如伦敦房屋数量和多样化的增长需要与人口和工作机会的增长相匹配，不然导致租金和房价上涨，会使许多伦敦人被挤出市场；关注位于伦敦中心的大型跨国企业的发展并使其与伦敦其他地区的经济发展相匹配；伦敦经济增长的广泛影响和对汽车出行的过度依赖等。

为此，伦敦规划(2021)提出"良性增长"的总目标，其具体含义为"具有社会和经济包容性以及环境可持续性的增长"，强调此版伦敦规划对城市发展质量和生态环境保护的关注。在"良性增长"总目标的指引下，提出了六大分目标，并在各领域政策的制定过程中遵循这六个分目标，分别是：建设强大包容的社区、高效利用土地、创建健康城市、保障市民所需住房、发展良好的经济、提高效率和韧性。伦敦规划(2021)指出以上六个目标不仅是这版规划编制的指导思想，也是伦敦地区所有规划从业者、参与者和决策者在日常工作中应当遵循的工作原则。

在该新版伦敦规划之前，已有2004年由时任伦敦市长肯·利文斯顿(Ken Livingstone)主导的2004版伦敦规划和2011年由时任伦敦市长鲍里斯·约翰逊(Boris Johnson)主导的2011版伦敦规划，但是2021年新版伦敦规划在其规划介绍中宣称并非前两版的替代或更新方案，而是一个全新的规划。表3.3总结了三版伦敦规划的目标演变。从中可以看出，2021版的规划一定程度上摒弃了过去的宏大叙事，更加注重不同微观维度的可实现目标，回归到需要关切的社区、土地、健康、住房等具体问题。

表 3.3　伦敦规划目标的演变

目标	伦敦规划（2004）	伦敦规划（2011）	伦敦规划（2021）
目标 1	在不侵占开放空间的前提下，适应伦敦的发展	应对经济和人口增长的挑战	建设强大包容的社区
目标 2	宜居城市	具有国际竞争力的成功城市	高效利用土地
目标 3	创建繁荣、强大和多样化经济的城市	创建多元、强大、安全、无障碍社区的城市	创建健康城市
目标 4	促进社会包容、解决贫穷和不公平	有底蕴的城市	提供伦敦人需要的住房
目标 5	改善伦敦的可达性	环境改善领先世界的城市	发展良好的经济
目标 6	建设活力、绿色和良好设计的城市	一个可以便利、安全、容易获得就业、发展机会和设施的城市	提高弹性和韧性

2. 基于人口发展的核心逻辑设立的 6 个规划目标

（1）基于人口多元化和贫富差异提出目标 1——建设强大包容的社区。伦敦是世界上最多元化的城市之一。40% 的伦敦人出生在英国之外，有超过 300 种语言，100 万欧盟公民定居于此。在人口结构上，超过五分之一的伦敦人口在 16 岁以下，但在未来几十年，65 岁以上的人口数量预计将增加 90%。此外，伦敦是世界上最富有的城市之一，同时也是全英国最贫穷社区的所在地，财富在人口中的分布并不均衡。这种多样性对伦敦社区的成功至关重要，为保持活力，伦敦必须保持开放、包容，让每个人都能分享城市的成功并为其作出贡献。

（2）基于人口的空间利用压力提出目标 2——高效利用土地。伦敦的人口将从现有 890 万增长到 2041 年的 1080 万左右。在此过程中，预计就业岗位每年平均增加 4.9 万个，在同一时期达到 690 万。这种快速增长将带来许多机会，但也将导致空间利用方面的压力不断增加。为了在保护绿化带的同时适应增长，并使这种增长改善现有的和新伦敦人的生活方式，伦敦规划（2021）提出分目标 2——高效利用土地。

（3）基于解决人口缺乏运动危机提出目标 3——创建健康城市。该规划提出伦敦人的身心健康在很大程度上由他们的生活环境决定，而当下面临的主要问题是日常缺乏运动。交通、住房、教育、收入、工作条件、失业、空气质量、绿色空间、气候变化以及社会和社区网络对健康的影响可能比医疗服务或遗传学更大，而且这些健康决定因素很大程度上可以由规划系统塑造。目前只有34％的伦敦人表示每天进行20分钟的主动步行活动。为此，伦敦规划（2021）提出通过良好的规划来提升市民日常生活中运动的频率：一是增加不同地区市民对绿色开放空间的获得；二是引入健康街道的规划方法，将改善健康状况和减少健康不平等置于伦敦公共空间规划的核心地位，此举也可减少汽车对环境的影响，改善空气质量，并使得规划的街道网络提升对步行和骑行的友好度，让街道成为更好的公共空间。

（4）基于高额的租房成本提出目标4——提供伦敦人需要的住房。早在2016年，伦敦的平均房价就已经创历史性地拉开了与全国其他地区的差距，现今伦敦一居室房屋的私人租赁成本超过英国任何其他地区三居室房屋的平均租金。一个只对非常富有人群友好的住房市场对伦敦的未来非常不利。而且，伦敦的住房市场状况对城市的构成和多样性有重要影响。负担得起的住房能让不同经济能力和背景的伦敦人参与伦敦的未来发展。所以提供一系列高质量的、设计良好的、无障碍的住房，不仅能让人们愿意选择在这里居住，而且对城市实现良好发展非常重要，可以确保伦敦仍然是一个多元与包容的城市。

（5）基于预期就业人口增长提出目标5——发展良好的经济。伦敦作为英国经济的引擎，占国家经济产出的五分之一以上，其劳动力市场、住房市场和交通与大东南地区紧密关联，而大东南地区则决定了整个英国的未来发展。如果将伦敦和大东南地区的经济总量加总，二者贡献了全英国一半的产出。此外，伦敦在金融、商业服务、技术、创意产业和法律等专业领域具有独特的优势，同时也吸引了来自世界各地的游客，提供了一个通往英国其他地区的门户，由此创造的财富对维持整个国家的运行至关重要。

宽容的城市态度、丰富的文化和历史资产、高质量的街道和公共场所、强大的创造力和创业精神不仅使伦敦经济发展强劲，也使其成为一个有吸引力和令人兴奋的生活、工作和旅游的地方。这些品格吸引着各种规模的企业，使它们得以发展和繁荣。这些企业所雇用的人需要强大的社区、良好的公共交通连接、有益健康的宜人环境、获得便捷服务的机会，以及高质量、可负担得起的房屋。总之伦敦经济的持续成功有赖于使这个城市为每个人提供更好的服务。

预计到 2041 年,伦敦将增加 690 万个工作岗位,这为塑造伦敦经济的未来提供了机会,而要实现这一点,就必须增加就业多样化。中央活动区和狗岛北部对伦敦的经济成功仍然至关重要,同时各城镇中心的增长也同样重要。需要对有潜力的地区进行投资,使人们能够获得广泛的就业机会。为了实现这一目标,整个伦敦需要更多价格合理、质量上乘的就业空间。

(6) 基于建设一个让市民感到安全的城市提出目标 6——提高效率和韧性。一个成功的城市必须适应不断变化的世界,实现良好增长需要城市变得更加高效和有弹性。一个负责任的城市必须限制其对气候变化的影响,同时适应人类行为已经造成环境变化的后果。当然全球城市还面临着其他威胁,伦敦必须通过适当的战略规划,成为一个更安全的地方,以保护其居民和游客。

伦敦规划(2021)要求开发项目为实现伦敦在 2050 年成为"零碳城市"的宏伟目标作出贡献。一是通过提高能源效率,包括使用智能技术和利用低碳能源;二是创建一个低碳的循环经济,在资源成为废物之前,尽可能地从其中提取最大的价值。除了气候变化,洪水与火灾、恐怖主义等均是伦敦这样一个国际大都市需要规划预防与面对的威胁。

(二) 多伦多市政规划(2016—2019)

多伦多市政府城市规划部门为了更好地监管城市开发项目,每五年发布一次"多伦多城市开发演进报告"。最新发布的《2020 多伦多城市开发演进报告》涵盖了 2016—2019 年多伦多城市开发中所有竣工、在建、在审项目,是多伦多城市未来住房和非住房供应情况的参考依据。

1. 规划的主要目标

市政规划的核心理念是将城市边界的扩张引导到合理的地区,并实现这些区域内基础设施、交通和社区服务的全面覆盖,形成稳定的城市副中心。在官方规划中以下几个地区被规划为居住和就业的目标增长区域:城市走廊、核心区、就业区、市中心和滨水区(见图 3.5)。

2. 规划的城市开发战略:目标增长区开发

市政规划是多伦多城市未来开发的指导性框架,是城市规划多规合一体系的核心。规划制定了城市结构地图以指导未来几十年的发展,同时还制定了在该城市结构地图下的城市开发战略,并通过土地利用和运输的一体化,制定了管理城市开发变化的政策。城市中一些被确定为增长点的区域则配套

	■ 城市走廊	■ 绿地系统	多伦多官方规划
多伦多	■ 核心区	⫽⫽⫽ 乡村绿带	
	■ 就业区	⋯ 河谷绿带线	地图2
	■ 市中心和滨水区		城市结构

图 3.5　多伦多市政官方规划——城市结构地图

资料来源：加拿大多伦多市政府. 2020 多伦多城市开发演进报告（Toronto Development Pipeline 2020）[R/OL].（2020 - 10 - 01）[2023 - 06 - 10]. https://www.toronto.ca/city-government/data-research-maps/research-reports/planning-development/.

有更详细的规划指导，如二次规划、区域研究、政策指导、地方规划和创新实施方案等。

市政规划的开发战略旨在促进私营部门调集资源以帮助实现公共政策目标，使社区中所有人在其生活的各个阶段都能选择合适的住房。2019 年的开发演进报告显示，86% 的住宅开发和 60% 的非住宅开发拟建于该市官方规划的增长区域，包括市中心和滨水区、核心区、城市走廊和混合用途区。

3. 多伦多的二级规划

二级规划旨在地方范围内指导城市空间开发和投资，明确城市开发的具体路径。35 个二级规划区域涵盖了城市内的大部分区域，一些二级规划还与其他官方规划政策覆盖的区域重叠，如市中心和滨水区、核心区和城市走廊。图 3.6 显示了现行二级规划的区域以及每个二级规划内开发项目的位置。二级规划区拟建 853 个项目，占开发总规模的 40.4%。

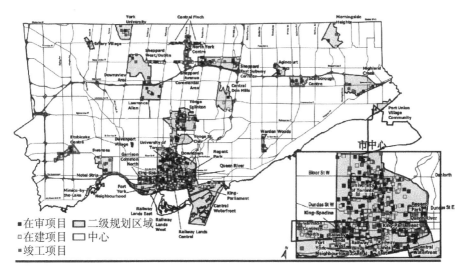

图 3.6 多伦多二级规划项目空间分布图

资料来源：加拿大多伦多市政府.2020 多伦多城市开发演进报告（Toronto Development Pipeline 2020）[R/OL].（2020 - 10 - 01）[2023 - 06 - 10]. https://www.toronto.ca/city-government/data-research-maps/research-reports/planning-development/.

（三）温哥华市中心公共空间战略

2021 年,温哥华市发布了"温哥华市中心公共空间战略",确立了一个完整的公共空间以及公共生活网络的 30 年愿景,将帮助温哥华打造一个有活力、公平和互联的市中心。

1. 温哥华市中心公共空间战略的理念

该战略以公共生活的循证理解为基础,将人们的体验感置于公共空间设计和决策的首位,这种以人为本的核心理念将被运用于温哥华全市的空间项目。这一设计理念将贯穿温哥华构思、规划、设计和建设公共空间的全过程。市中心公共空间战略是第一个以人为本的公共空间政策,将为全市推广公共政策提供经验和模式。

2020 年起以人为本的市中心公共空间战略将在未来 30 年内帮助温哥华塑造高质量、多样化且灵活的公共空间。根据温哥华对市中心人口和就业增长的预测,市民对现有公共空间的使用和需求将持续增加,因此,需要在市中心的所有区域提供更多的公共空间。因为持续增长的人口密度所产生的需求难以通过释放新的公共空间而得到满足,所以在紧凑的城市环境中保持公共空间的供应水平是一项艰巨的挑战。这需要城市探索更具创造性的方法来维持足够的公共空间供应,提供全方位的公共生活体验。这种挑战还要求温哥华提高公共空间的质量、多样性、灵活性。市中心公共空间战略提出了提供更多公共空间的创造性解决方案以及改善现有公共空间网络的方法,以实现市中心公共空间和公共生活的愿景。

2. 温哥华市中心空间开发的三种模式

温哥华市中心的空间开发将基于市中心现状,通过环路连接、海岸连接和功能填充三种模式实现市中心空间的扩张、改善和互联(见图 3.7)。

环路连接　　　　　　　海岸连接　　　　　　　功能填充

图 3.7　温哥华市中心公共空间战略的三种空间开发模式

资料来源:加拿大温哥华市政府,温哥华市中心公共空间战略(Downtown Public Space Strategy)[R/OL].[2023 − 06 − 10].https://vancouver.ca/files/cov/downtown-public-space-strategy.pdf.

环路连接:竣工的海堤环路和市中心环路为市中心公共空间网络提供了一个强大的框架,并连接了市中心的大部分开放空间和基础设施。应继续填补环路中的空隙,以创造连续、连贯的步行体验。

海岸连接:温哥华市中心的空间布局往往根据与水的互动关系而定。利用这独特的自然禀赋,海岸到海岸的连接将贯穿整个市中心半岛。应通过活跃的交通路线、卓越的雨水管理、多样化的生物栖息地将社区与海岸连接起来。

功能填充:目前,温哥华市中心的大多数公共空间都能满足较大的使用需求和多种功能。新公共空间的释放和现有空间的更新或扩建将为整个市中心半岛提供更公平的空间可及性,并确保所有居民和上班族能够在其所在街区享受到一系列公共空间的功能升级。

3. 温哥华市中心空间开发框架

该框架收录了短期和长期空间开发项目的演进情况,为投资和发展提供信息。市中心有许多公共空间项目和规划正在进行。市中心公共空间战略建立在这些开发项目的基础上,并共同构成了公共空间框架,该框架还明确了需要进一步研究、投资和发展社区合作的优先事项(见图 3.8)。

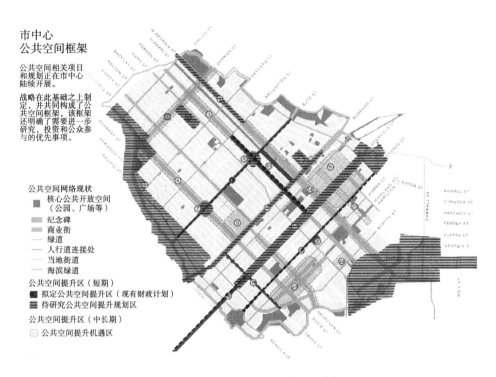

图 3.8　温哥华市中心公共空间开发框架

资料来源:加拿大温哥华市政府.温哥华市中心公共空间战略(Downtown Public Space Strategy)[R/OL].[2023－06－10].https://vancouver.ca/files/cov/downtown-public-space-strategy.pdf.

深色部分为温哥华市中心现有的公共空间网络,包括主要的公园、广场、纪念街、商业街、绿化带、人行道、街道、海滨绿堤。线条覆盖部分为温哥华市中心短期公共空间可改善区域,包括当前的资本投资计划(圆点区域)和短期公共空间可改善区域(线条覆盖区域)。虚线边框部分为温哥华市中心中长期公共空间可改善区域。

二、都市圈与城市群规划实践

本节梳理总结了全球 8 项都市圈或城市群规划:日本首都圈广域地区计划2025、第四次纽约—新泽西—康州都市区规划、东英格兰规划(2031)、巴黎大区空间计划、兰斯塔德(2040)、大悉尼区域规划(2056)、加州湾区规划(2040)、芝加哥大都市区迈向 2050。这些区域规划多数为 2016 年联合国人居署第三次大会《新城市议程》公布以来新制定的都市圈或城市群规划。

（一）日本首都圈

日本首都圈的发展策略是建设对流型首都圈，具体围绕三个方面展开。

1. 应对挑战的方案

恰当地应对首都圈当前面临的三大问题，包括灾害应对、提高国际竞争力和处理多层面的老龄化问题。具体有：①防灾、减灾与发展战略一体化以及基础防灾能力的强化，其目标是保持中心城市东京正常运行，从而拱卫首都圈的正常运转。②以大经济圈为前提的国际竞争力强化。巨型经济圈或超级大都市已成为世界竞争的舞台，有必要同时发掘大阪圈以及名古屋圈的发展潜力，以三大都市圈形成巨型经济圈来强化首都圈。日本将于 2027 建成领先世界的磁悬浮中央新干线，67 分钟环游山手线一周（时速峰值 505 千米/小时），能将总人口 6 000 万的三大都市圈连接起来，世界最大的经济圈很有可能在这里形成。③开始采用城市与农山渔村相结合的办法应对多层次老龄化问题。东京圈最大的问题是社区老龄化严重，广域首都圈需要团结起来，积极面对多层面的老龄化问题，以广域交通网连接医疗、购物等功能，农村和森林将成为解决老龄化问题的钥匙。

2. 借助契机发展

充分利用 2020 年东京奥运会的发展契机，构筑魅力首都圈。通过成功举办 2020 年东京奥运会、残奥会，让全世界，特别是亚洲的人们感受焕发生机与活力的首都圈。借此契机，①强化交通、防灾等城市基础设施建设；②充分利用人口减少所产生的多余空间，激发创新活力；③创造让青年、女性、老年人、残障人士等有参与意向的人都能参与的社会环境；④回归田园，激发农山渔村的活力；⑤推进建造只有首都圈才能提供的世界级观光设施。

3. 东京一点集中化向对流型首都圈转型

依据 2016 年日本发布的《首都圈广域地区计划》的定义，面型对流是不同个性的相互合作而产生新价值，新价值又创造新价值，这些新价值又促进人力、物力、财力的新流动。并不是因为有了某种形式的交通网络就能自然产生面型对流，但是，交通网络使合作变得简单，起到了促进对流形成的作用。比如交通网络呈放射状且一点集中的时候，各种关系就变成了一对多的关系，即便有不一样的个性碰撞也很难形成面型对流。但是如果网络呈环面状，各种关系就从

"一对多"变成了"多对多",就很容易产生多种个性的碰撞与连接。

在具体的设施层面,面型对流模型的形成有赖于新干线等铁路网以及高速公路网这些面型交通网。通过在首都圈打造多个连接点(战略空间),进而形成新的对流。连接点包括轴、圈域、地区群以及对流据点四种类型,其共同的建设逻辑是:整合地区的能源、功能以及基础设施,发掘每个地区的个性,每个个性相互合作产生新的价值,新价值产生新的人力、物力、信息的流动,新的流动产生新的聚集,最终形成一个连接点。

目前东京首都圈内正在打造 13 个连接点,一是要强化东京圈与这些连接点之间的交通网络,二是要增强连接点之间更加广泛的合作以创造更大的价值。进而,面型对流不应该止步于首都圈内,有必要在全国范围内形成面型对流,在城乡之间形成对流,以面型交通网实现产业、旅游和城乡之间的广域合作。此外,在广域首都圈内支持福岛灾后重建以及有效利用日本海、太平洋也成为重要发展策略。

(二)大悉尼都市圈

大悉尼都市圈由三组城市(群)构成:成熟的东部海港城、发展中的中部河流城、新兴的西部绿地城。

1. 新兴的西部绿地城

西部绿地城是多中心城市,其主要规划特点在于实施以高效交通联通能力为核心的城市发展策略。西部绿地城是围绕中心城市与交通节点的适宜密度居住区。城市规划的未来发展区将连接现存的区域与主要基础设施,发挥中心城市的强大辐射力。主要包括三方面发展策略:①以综合性合作规划推进基础设施与区域合作。《西悉尼城市协议》将支持基础设施与商业的投资,支撑就业与宜居领域的发展。利物浦、大潘瑞思与坎贝尔敦—麦克阿瑟将形成合作区域,形成综合性合作规划,以区域治理及合作举措推动整体增长。②新建与更新并行增进健康与连通的宜居策略。绿地城的崛起将依托新建社区与城市中心,以及既有城市中心的更新。通过空间决策机制促进网格化、以人为尺度的社区设计。此类设施将有助于打造更为健康的生活方式和更有连通性的社区。③先进物流体系支撑新兴产业的生产力提升策略。西部绿地城的大都市规划方向,在于利用区域内三个成熟中心城区的经济活力带来的机遇,形成以 30 分钟通勤圈为核心的城市体系。绿地城将在西悉尼机场东部和北部区域建设新兴产业与城市服务的拓展区域。在一条货运列车线路的支持下,上述拓展区域将为大悉尼都市圈提供长期的货运、物流与产业支撑。

2. 发展中的中部河流城

中部河流城的发展重点是充分利用其位于大悉尼都市圈地理中心的区位优势，通过对新交通与基础设施的大量公共及私人投资，促进城市的发展转型。该城的经济体系更为多样化，其经济发展依托大帕拉马塔与奥林匹克半岛经济走廊。这一经济走廊目前以轻轨体系为保障，拥有健康与教育经济区、高科技与城市服务业集聚地和生活服务配套区。在交通方面，悉尼地铁的西线轨道体系将提供海港 CBD 到大帕拉马塔的区域高效通勤。建设中的放射状公共交通—轨道系统将促进商务通勤，并为更多的技能型劳动者进入中部河流城提供便利。悉尼地铁的西北轨道体系则将为中部河流城西北区域提供更多的就业便利，进而促进该区域的发展。

3. 成熟的东部海港城

东部海港城的发展以海港中部商务区这一澳大利亚的全球门户与金融中心为核心。其放射状轨道网络为该市提供了优越的基础设施支撑及通达性，集聚了 50 万就业人口及区域最大的办公市场。东部海港城的区域经济发展将依托创新与高端服务经济的走廊集聚空间。区域内的东部经济走廊是新南威尔士州最重要的经济板块。2015—2016 财年，这一区域贡献了该州 2/3 的经济增长量。在交通方面，东部海港城正在实施悉尼地铁西北线、城市—西南线等重要的轨道建设项目，以进一步降低通勤时间，进而提升城市的全球竞争力，提高商务连通能力，吸引更多高技能劳动者。

（三）巴黎大区

巴黎大区提出必须依靠创新，以应对发展不平衡、气候变化和吸引力下降三大挑战。其选择高质量的密集化模式，鼓励高强度、紧凑型、多极化的发展方式。基于此，巴黎大区实施三大规划策略：连接与组织、集聚与平衡、保护与增值。

1. 连接与组织

针对交通不平衡所制定的策略，目的是增加区域内和对外交通联系的便捷性。具体策略包括：①在国家范围内和世界范围内更加开放，促进该地区向欧洲和全世界开放。②促使交通体系更加网络化和层次化。在不同空间尺度，交通网络各有侧重。改善现有的铁路网络并建设新的铁路线，从而满足现有城市需求和新城区的建设需求。在远离大都市中心的地区，引入新的公交车服务、有轨电车和慢速交通，进一步加强城镇中心之间的联系。③优化本地出行与数字连接。

2. 集聚与平衡

集聚是指增加区域内用地的密度,包括提高住宅密度和交通站点密度;平衡是指在区域内发展大都市副中心以改变区域内单中心的特点。具体策略包括:①打造围绕多个生活区的更平衡的大区。城市设计中不再秉持城市功能区划概念。到2030年,所有城市区域,从大都市中心到乡村空间,都将发挥作用。②促进多极化,尤其针对区域快轨E线和大巴黎快线车站周围。巴黎仍然是大都市区的中心,而新领域和新中心的出现将扩大各地的生活区范围。自2014年起,已建成的火车站周边大面积用地性质发生改变,尤其在车站周边1千米范围内。③提高经济多样性,推动区域就业。对中心区域、周边区域以及城郊和乡村地区实施不同的经济发展策略。④以密集的城市结构强化城市阶层混合。首选在火车站街区、快速发展的区域、城市主干道或河流两岸、保障性住房街区等地建设密集型混合社区。

3. 保护与增值

城市边缘地区和绿化地带共同组成了城市的边界,保护这些用地将有助于阻止城市的进一步蔓延。增值是指对现有的绿色空间用地加以改造并进一步开发利用。具体策略包括:①建立城市与自然的新关系。根据2017年大巴黎地区的用地数据,城市化面积从2008—2012年间的年平均增长655公顷下降到2012—2017年的590公顷/年;建设量从814公顷/年下降到559公顷/年。②重视区域系统中的对外开放空间。有效打造巴黎大区开放空间系统,减少功能匮乏的区域。2012—2017年,大巴黎地区新增公园和花园480余公顷。其中1/3位于内环高密度的城市化区域。③保护和加强限制城市扩张的生态连接带和城市边缘带。

(四)东英格兰区域

东英格兰区域坚持可持续发展的原则,以环保的行动应对气候变化带来的不利影响。空间发展战略的指导思想主要为两个方面,一是注重人们的居住地、工作场所和公共服务设施的功能协调,二是在尽可能保护环境的前提下谋求发展,具体措施如下。

(1)加强公共服务基础设施建设。重点建设公共交通、运输网络,减少通勤时间,使都市、集镇、乡村之间的地理联系更加紧密。

(2)积极应对城市收缩。在战略性土地和市场评估的支持下,逐步释放土地，城市及周边地区优先考虑重新利用先前开发的土地，并寻求环境和发展的平衡。区域目标是将 60% 的开发项目实施点选择在已建土地的再利用基础之上。

（3）重点发展集镇中心。集镇有良好的服务基础、合理的住房和就业水平，通过集镇对农村的服务中心作用，为行政、文化、旅游、零售和其他商业发挥集聚效应。

（4）满足乡村就业和住房需求。地方通过支持当地农业、服务业和其他经济活动，使经济多样化，保持农村社区的活力。

（5）强化多中心发展。设立 21 个发展和变革中心，充分利用现有的基础设施改进或提升它们的潜力，根据不同中心的特点来计划不同的发展特色和方向。

（6）设立优先重建区域。经济表现疲软且贫困严重的地区被确定为优先重建对象。开发城市边缘地区，确保城市边缘或附近的新发展有助于显现其特色，维护多样性，并避免对野生动物和重要场所造成伤害。

（7）管理沿海变化。英格兰东部海岸易受风暴潮、盐水侵入、沿海挤压和侵蚀的影响，需要在可能的条件下保护沿海的环境和历史资产，处理好沿海与腹地的关系。

（五）纽约大都市区

纽约大都市区第四个规划提出了在机构改革、气候变化、交通运输和可负担性住房四个领域共 61 项具体的行动计划，这也是纽约大都市区当前面临的重大挑战和机遇。

1. 修复失败的机构

解决基础设施更新、住房政策、土地使用、税收结构和应对气候变化等面临的巨大投资挑战，需要重塑公共机构。其中，改革纽约—新泽西港务局、减少温室气体排放、建立区域沿海委员会和气候适应信托基金、增加地方政府的公民参与度是当前重点推动的几项改革。

2. 创建一个动态的、以客户为导向的运输网络

重新设计街道以适应步行、骑行和公共汽车；投资新的大型项目以实现地铁和区域铁路网络的现代化和扩展，并升级机场和海港。其中，征收通行费以控制流量并产生收入、扩展纽约市地铁并促进现代化、建立统一的综合区域铁路系统、创造更多的街道公共空间、扩展并重新设计肯尼迪和纽瓦克国际机场

是当前重点推进的 5 项工作。

3. 应对气候变化的挑战

调整沿海地区的发展,使发电厂、铁路站和水处理设施等关键基础设施免受威胁;投资绿色基础设施,以减轻城市热岛效应,减少雨水径流和下水道溢流,改善居民的健康和福祉。其中,在梅多兰兹(Meadowlands)建立一个国家公园、建立一个区域步道网络、创建更环保智能的能源网络是当前重点推进的 3 项工作。

4. 让每个人都能负担得起当地生活

在住房成本急剧上升的背景下,在具有良好公共交通服务的地方为所有收入水平的居民提供优质住房。其中,在所有社区保留并建造经济适用房、在整个地区创造高薪工作机会是当前重点推进的 2 项工作。

(六) 加州湾区

加州湾区规划(2040)主要包括四大发展战略。

1. 集中增长策略

集中布局新增人口职居空间。湾区预测 2010—2040 年将增加 82 万户共计 200 多万人口,其中 65 岁以上老人占比将达到 22%。同时,湾区预计将增加 130 万个工作岗位,其中健康、教育以及专业服务行业的就业量增加,制造业和采矿业的就业量下降。根据预测趋势,湾区 83% 的人口和就业增长集中在圣克拉拉、阿拉米达、旧金山和康特拉科斯塔四个县域。对此,湾区 2040 制定了"集中增长"的发展战略,即依托现有交通网络重点布局四大县域的增长人口。为实现这一目标,湾区划定 200 个优先发展区(有公共交通服务的社区,可进行附加紧凑开发)以及 100 多个优先保护区(区域重要开放空间,具备需要长期保护的广泛共识和短期开发压力)。对优先发展区进行高密度且紧凑的开发,对优先保护区实行保护和谨慎的开发。

2. 土地供应策略

实现土地多功能混合利用。湾区土地供应核心战略包括:保留地方政府对土地使用权进行集中调控的权力;以经济密度作为甄选优先发展区的标准,密度越高成为优先发展区的可能性越大;设定城市增长边界;在就业密集区域设计公共办公空间;预留经济发展弹性空间;通过改善停车效率等措施,降低优先发展区建造成本;鼓励优先发展区进行住房开发,提高职居配比率;增加保障性住房供给。

3. 运输投资策略

集中未来 2/3 的投资用于公共交通。为改善交通网络，湾区将进行大规模投资。一是绝大多数投资用于运营和维护现有交通系统，包括现有交通路网、街道路面、桥梁和高速公路等，重点投资于公交线路。二是更新现有交通基础设施。湾区大多交通设施建造于 20 世纪，已跟不上时代发展需求，湾区计划更新自行车道、路面交通检测装置、通关自动化设施、交通事故响应设施等。三是配置新的交通网络，转移部分核心功能。根据未来人口和就业增长的空间布局，湾区在选定的优先发展区域设计新的交通网络，以减轻交通压力。特别注重连接旧金山和硅谷两个就业中心之间的交通网络，如将快速交运系统扩展到硅谷地区，将加州火车扩展到旧金山市区，同时增加快速交运系统和加州火车运输的频率、容量、电气化和现代化。

4. 环境保护策略

环境保护包含两个主要策略。一是交通流量管理策略，如增设自行车道和人行道、鼓励绿色交通，设定交通流量上限，鼓励拼车出行，等等。二是开发替代燃料和鼓励使用电动汽车，包括建设电动车充电基础设施、出台电动车购买优惠政策、应用减排技术等，同时通过宣传教育提升居民绿色出行的意识。

（七）兰斯塔德

荷兰的兰斯塔德三角洲区域规划主要从国家/国际层面与地方/区域层面为未来谋篇布局。

1. 国家/国际层面

（1）重点保护和发展蓝绿三角洲。最大的任务是防止河水泛滥，特别是在多德莱希特和鹿特丹。兰斯塔德周围的主要堤坝足够坚固，但是降低风险需要在海岸和大型河流，特别是莱茵河和马斯河沿岸采取措施。

（2）提高内陆一些地区的水位。抽水活动降低了内陆水位，使得水质难以维持。提高水位将使该地区的农业利润减少，并增加洪水的风险。解决办法是将环境和住房发展相结合。住房发展有助于带来资金，有吸引力的生活环境有助于营造国际企业商务气氛。

（3）提高国际经济竞争力。每个城市都有自己的能力专长：鹿特丹的货运物流、海牙的国际法律、乌特勒支的教育和研究、阿姆斯特丹的创新服务和旅游。大型园艺区及其物流中心（韦斯特兰、阿尔斯米尔等）也需要加强，因为部分生产功能正在向国内其他地区转移，而现有地点的中心功能则在继续扩大。

（4）提高国际交通枢纽能力。加强荷兰海港（鹿特丹、阿姆斯特丹、安特卫普等）之间的合作。史基浦机场作为阿姆斯特丹和荷兰其他地区的交通枢纽，具有至关重要的枢纽地位，未来需采用技术措施增加空港容量，并与周边机场群协同发展。高速且可靠的铁路、公路网络的连接则是航空和港口枢纽能力提升的重要保障。

2. 地方/区域层面

（1）发展蓝绿网络，即保护景观的差异性并为城市提供绿色品质提升的推动力。其中重点是 20 世纪 50 年代的遗留产物——缓冲区，位于大城市之间，未来将越来越多地用作休闲娱乐空间，而不是简单地作为分隔城市的绿化带。都市公园模式将有助于这一趋势的推进。更大范围的水资源系统的开发将有助于低密度居住生活环境的营造。

（2）促进城市与交通协同发展。通常，居民偏向更加集中的城市生活环境，围绕交通枢纽的集约化城市功能发展很大程度上满足了这一需要。具体措施包括：在旧工业区和废弃的港口、铁路场站等地建造住房以缓解住房压力；提高土地开发强度，重视地下空间的开发；在大运量公共交通枢纽周边优先进行土地使用开发。

（八）芝加哥大都市区

芝加哥大都市区规划的指导原则为包容性增长、弹性或适应力以及优先投资，具体包括五大主题篇章。

1. 社区

打造与维持有活力的社区，增强区域竞争与繁荣。社区迈向 2050 的目标为：战略的和可持续的发展，为充满活力的社区进行再投资，并支持地方和区域经济实力的发展。①强调对社区和基础设施的再投资，同时提供新的指导，以提高生活质量。而地方政府继续在监督土地使用决策、支持性举措方面发挥关键作用，让众多参与者共同推动实现这些目标。②创建和维持充满活力的社区可以增强地区竞争和繁荣，为居民和企业提供多种生活和工作选择。为适应电子商务的发展，推动收入政策现代化，从而保持社区的成长潜力。③强调用于农业和开放空间的土地实施可持续发展模式。为持续的经济增长和整个地区的成功所做的投资应投资在资源有限的社区，帮助其重建工作、住房和健康生活所需的基础设施和便利设施。

2. 繁荣

经济与劳动力发展的挑战日益需要一个区域方法资本化芝加哥独特的资产。芝加哥迈向 2050 的繁荣目标是：实现能够消除社会不平等的强劲的经济增长，拥有可以响应社会迅速变化的具有战略价值的劳动力。①为了适应不断变化的全球经济，芝加哥大都市必须解决现今的不平等问题，改善就业机会和打造强劲的经济产出，同时采取针对性的措施确保所有人的繁荣。②作为区域经济活力最重要的决定因素，人力资本超越了管辖范围。区域内的良性竞争有其益处，经济和劳动力发展的挑战日益需要区域方法来资本化独特的资产。面对劳动力的停滞增长，高等教育机构能够帮助保持和发展地区的创新人才。

3. 环境

国家资产提供的生态系统服务每年能够产生大约 60 亿美元的区域经济价值。迈向 2050 的环境目标是：为气候变化做好准备，采取科学地保护水资源的综合方法和保护自然资源的实践方法。气候变化已经带来了频繁和严重的风暴，以及极端的温度与干旱，严重影响了经济、生态系统、环境和人。然而，这些气候变化趋势并不会平等地影响所有居民，弱势群体更可能遭受高风险，导致生活成本和负债的增加。

4. 治理

为实现繁荣，芝加哥需要不同执法部门的合作、基于可衡量结果的投资，以及支持当地政府构建其实现繁荣的能力。迈向 2050 治理的目标是：各级政府通力合作、政府有能力确保高质量的生活，并实施由数据驱动且透明的投资决策。实施迈向 2050 治理取决于跨辖区的合作、基于可衡量结果的高效投资，以及帮助当地政府所有单位构建提供基本服务和实施计划的能力。在基础设施建设和支付当地政府服务中，州政府资金扮演着至关重要但又非常不确定的角色。因此，一个更加现代化的税收系统、一个长期的偿付义务计划、一套由数据驱动且透明的预算编制，不仅能够改善国家的近期财政状况，而且可以提升国家长期的财政前景，从而支持那些公众服务支出能力受到资金限制的地方政府。此外，通过有效的跨境合作，该地区的政府可以延伸有限的资源，如州和地方政府以及运输机构需要财政、技术和行政能力的支持下才能有效运作。

5. 交通方式

交通方式正受快速演进的科技影响，迈向 2050 交通方式的目标是：一个现代化多模式的系统，能够适应不断变化的出行需求；一个可以进行变革性投资的为每个人提供更好出行服务的系统。将这一愿景转化为区域现实需要集体行动,并克服现有资产和组织固有的障碍。越来越多的地区和地方政府必须相互配合以提供本土解决方案,包括支持当地灵活型政务体系建设所需的政府收入,这也是经济繁荣和生活质量的引擎。运输机构、郡和市政当局需要加强协调,并采取迅速行动以适应和规范新技术,从而让交通系统更具竞争力,推动包容性经济增长。至关重要的是,这些部门需要创造新的收入来源,以改善现有交通系统的条件,并进行有限和高度针对性的扩张。

第四章
城市层级与劳动空间分工

随着城市科学理论不断发展,城市系统的发展也显示出一定规律。如几乎所有国土面积较大的国家都存在这样的等级—规模规则,即首先出现少数几个超大城市,然后出现一些大城市,再是更多的中型城市,最后是非常多的小城市,而且中国与美国的大规模城市(如纽约、上海)往往比小规模城市显示出更加多样化的产业结构。这需要理解城市经济学中集聚经济的不同类别,即地方化经济和城市化经济所带来的相异影响。虽然聚集本身会产生厚实的劳动力市场,并为所有的企业雇主和寻找工作的雇员提升匹配概率,但是不同的集聚经济类型在大城市到小城市的城市层级中为劳动空间分工设定了不同的专业化与多样化。本章提供的来自低技能群体(主要为来自农村的老年进城人口)的证据表明,中国低层级城市建筑业的专业化程度更高,建筑公司的集中不仅产生了更高的薪水,而且产生的大量低技能岗位大大增加了当地劳动力市场的厚度,使得工人的失业风险较低,这给老年迁徙人口带来了福音。

第一节 集聚与城市层级

过去几十年来,城市经济学一直在研究城市规模收益递增的论点。集聚经济主要分为地方化经济和城市化经济,从而带来两类不同的优势,一是地方化经济的类似经济活动(如同行业或一组密切相关的企业)的地理集中,二是较大城市(往往是多样化城市)不同类型经济活动的地理集中(王缉慈,2019)。二者产生了两种不同的外部性定义。马歇尔-阿罗-罗默(Marshall-Arrow-Romer,

MAR)外部性与类似或专门的经济活动有关，即地方化经济(Glaeser et al.，1992)，而雅格布斯外部性则来自更多样化的经济活动，即城市化经济(Jacobs，1969)。关于地方化与城市化的经验证据通常倾向于地方化经济。通过估计两位数制造业的生产函数，采用城市总就业人口作为城市化的变量，用行业的就业人数作为地方化的变量，都发现地方化的存在比城市化更加显著(Nakamura，1985；Henderson，1986)。Rosenthal 和 Strange(2003)研究了集聚经济的地理范围，他们获得了更有力的本地化证据，这和 Henderson(2003)的发现一致。

在城市层级中，城市的规模分布和生产的专业化或多样化之间存在着明显的模式。Black 和 Henderson(2003)的杰出研究提供了关于这个模式的初始证据。他们将 1990 年的 317 个美国城市分为 55 个组别，发现以木制品、食品、机械、初级金属和纺织品加工为主要产业的城市的规模显著小于以市场为中心的城市的规模，这些接入市场的中心城市的规模又进一步地小于那些金融、商业和高科技服务型城市的规模。Black 和 Henderson(1999)解释了这种随着城市规模扩大，生产更加多样化的模式。美国的城市经济活动逐渐从制造业转向金融、商业、高科技服务业，这些服务业往往集中在最大的都市区，这促进了经济活动在城市规模分布的各个单元中的重新集聚。该解释与 Abdel-Rahman 和 Fujita(1993)所述的理论模型一致，即城市层级是城市间产业结构差异的结果。

此外，Duranton 和 Puga(2000)使用 Black 和 Henderson(2003)的数据集，展示了一个典型的事实，即美国的较大规模城市往往更加多样化，而专业化的城市往往更加趋向较小的规模(见图 4.1)。图中竖轴所示的相对多样化指数代表一个城市产业专业化程度的相反面，即产业结构更加多元多样。

运用类似的方法对中国的城市进行分析也得出了相同的结论(见图 4.2)。中国的城市规模与产业多样化指数之间存在正相关关系，并且与美国相比，图中的点位更加紧凑与集中。Xie 和 Yang(2003)也同样得出了一致的结论，中国的小规模城市通常显示出更高的产业专业化程度和更低的产业多样化程度，而大规模城市则反之。

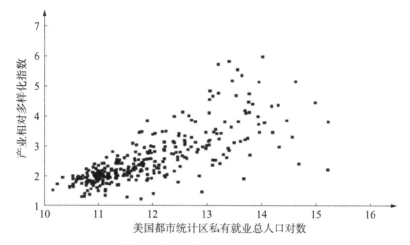

图 4.1 1992 年美国城市规模—城市产业多样性之间的关系

资料来源：DURANTON G, PUGA D. Diversity and specialisation in cities: why, where and when does it matter? [J]. Urban studies, 2000, 37(3):533 - 555.

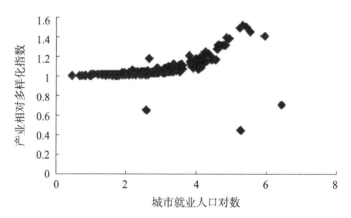

图 4.2 2010 年中国城市规模—城市产业多样性之间的关系

资料来源：CAI R, MAO Y. Specialization and diversification in cities: the evidence from China [J]. Innovation Management and Industrial Engineering, 2013(1):158 - 163.

第二节 劳动空间分工

一、空间市场运行机制

市场范围或是市场规模是决定产品需求量的重要因素，较大的产品需求量会带来实现产量增加的劳动分工。运输业是扩大产品销售市场的重要方式,作为连接不同地区市场的手段,其成本的高低决定了运输方式的不同。随着航海时代的来临,水路运输的便利大大降低了运输成本,增加了市场的获得范围,由此那些能够获得更大市场范围的地区,不仅经济发展快,而且分工也更深入,更容易发展成为大规模的城市。

具体而言,市场范围对于分工程度的影响表现在当市场范围较小时,没有人有足够的动力致力于一种专业或职业。因为市场小的地方人们无法成功地用自己生产的劳动产品交换到自己所需的他人的剩余劳动产品。比如一些产业只有在大城市才能开展,如搬家公司最好是在较大规模的城市里运营,因为大城市的人口更具有流动性,产生的搬家需求更多。

由此带来的劳动空间分工为劳动分工的空间表现,即劳动过程在空间上实现集中或分离,是一个与经济学概念相对应的地理学术语。参考宁越敏和石崧(2011)的研究,劳动空间分工的基础是劳动过程的属性,衔接经济学的分工和地理学的劳动空间分工。具体来说,一个完整的劳动过程是某项产品或服务在生产过程中的设计、制造、营销、运输、售后等所有能够增加价值的一系列活动以及与之配套的管理过程。这些过程的分离是分工演进的前提,而生产技术和生产组织方式的不断革新是支持分离的条件。

劳动过程可以分为四个阶段(Massey,1984):①手工业工厂制,独立工作的工人集合到工厂;②机器大工业的工厂制,生产的发展过程中引入专业化协作;③大量生产方式下的公司制,科学管理的出现和福特制工序的碎片化;④新福特制的组织结构,新的生产方式引入以及劳动过程碎片化和去技术化。其中,①和②对应了部门空间分工,③和④对应了产品内空间分工或是产品内分工。

部门空间分工是基于区域专业化及其相关技术的发展。18—19世纪的工业革命刺激了欧美国家工业的迅速发展,其劳动空间分工主要由区域内的厂商组织,在特定产业中形成专业化生产的区域或是特定产业的相关组织。所以,棉纺、造船、木材等加工区通过鲜明的产业人口发展出各具特色的劳动技术,形成了经济活动的地域专业化。此时的企业多是单厂形式,在一个地点统一了产品的所有生产工序,但是往往面临地理区位的选择。特定产业的企业习惯于集聚在一起,韦伯的工业区位论和马歇尔的产业区概念分别从单厂企业区位和产业区两个角度做出了理论解释。

产品内空间分工源自卢锋(2004)提出的产品内分工的概念,即产品生产过程不同工序或区段通过空间分散化展开成跨区或跨国性的生产链条或体系,从而使越来越多国家或地区企业参与生产过程不同环节或区段的生产或供应活动。这和部门空间分工的区别在于劳动过程的空间可分性大大增强,即空间集聚转向空间分离。

作为一种更为细致和发达的国际分工形式,产品内空间分工的基础主要包括比较优势和规模经济(卢锋,2004)。在不同空间处于生产工序的不同区段,产品生产的要素投入比例存在差异,产品内分工能够通过比较优势带来利益,同时不同空间的不同产品生产工序的有效产量规模存在差异,产品内分工能够通过规模经济效应实现更大的利益。

需要注意的是产品内空间分工并不适用于所有的产品生产,其在分工的可能性和强度上存在明显差异。例如,现代的产品内分工主要发生在制造业产品,而劳务性产品较少发生工序分工。这主要由以下五个因素决定:一是生产过程中不同工序环节的空间可分离性;二是不同生产工序的要素投入比例差异,不同国家和地区的资源禀赋和要素价格的相对差异产生的比较优势是主要原因;三是不同生产区段的有效规模差异度,生产过程的不同区段或工序,由于技术和成本不同,存在不同的有效规模;四是产品及其零部件单位价值运输成本;五是跨境或跨区域生产活动的交易成本,如运输成本、协调成本、关税、时间成本等。图 4.3 展示了产品内空间分工的决定机制,横轴表示产品内空间分工

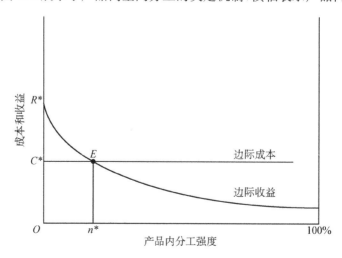

图 4.3 产品内空间分工的决定机制

资料来源:卢锋.产品内分工[J].经济学,2004(4):55-82.

强度，纵轴表示分工的成本和收益。分工一般先发生在要素比例与最佳规模差异最大的生产区段，获得高收益后，才会扩展到收益较低的工序区段，所以边际收益曲线为递减。另外，假定新增移动分工工序的边际成本不变，可以得到均衡 E 点的产品内空间分工水平。

在上述讨论中，生产的产品是假定同质且可贸易的，但是在现实中，生产和消费的各种产品被区分为可贸易与不可贸易产品。主要区分标准是进入国际市场交易的可能性，即参与国际贸易的程度。如产品或服务的消费对象为本地居民，像餐饮、剧院、房地产、清洁服务、法律服务、建筑、医疗服务、零售、个人服务等一般不太可能进入国际甚至是国内贸易。

决定产品的可贸易程度的因素主要有以下几个：一是产品的内在特性导致不可移动、很难运输或是参与国际贸易的成本太高，如房地产；二是自然因素壁垒导致的高运输成本，使得产品在国际市场的销售成本高于国际市场价格；三是社会人文因素，由于文化传统产生的欢迎与排斥；四是政府规制或是贸易保护主义限制某产品的进口或出口，使其成为非贸易品；五是科学技术的发展使得产品或服务的可交易程度提升，如信息通信技术的发展带来的远程医疗与教育。

可贸易品与不可贸易品的价格决定机制是不一样的。可贸易产品的价格在全国市场中设定，一般不能适应当地经济条件。与之不同的是，可贸易产品的生产成本和本地以外市场关联，更易受到世界或是国家范围内冲击的影响。

虽然可贸易与不可贸易部门存在差异，但是二者在本地的就业确实相互关联。Carrington(1996)研究了跨阿拉斯加管道系统建设产生的短期乘数效应，发现该工程产生的建筑工作岗位增加对不可贸易部门的工作数量有显著的乘数作用。Moretti(2010)量化分析了城市可贸易和不可贸易部门就业数量的长期变化，发现可贸易部门工作岗位数量的外生增加会导致要素的内生重新配置和价格的调整。在一个特定城市的制造业中，每增加一个工作岗位，就会在不可贸易部门创造 1.6 个工作岗位。对于熟练的工作，这种影响更大，在可贸易部门增加一个熟练工作岗位会产生 2.5 个本地商品工作岗位，而在可贸易部门增加一个额外的非技术工作会产生一个本地不可非贸易部门的工作岗位，而且行业特定乘数表明高科技产业拥有最大的乘数效应。Black 等(2005)却发现较小的乘数效应，在本地的煤炭开采部门每增加一个采矿工作，会产生 0.17 个不可贸易部门的工作；但是一个采矿工作的损失会导致 0.34 个不可贸易部门的工作岗位的损失。

二、集聚和厚实的劳动力市场

集聚经济不仅是引发城市规模分层的重要原因,而且对理解劳动空间分工也至关重要,其中一个关键解释是厚实的劳动力市场。这可以追溯到 Marshall (1890),他强调劳动力市场汇集是集聚经济的一个来源,即"一个本地化的行业从它提供一个持续技能市场这一事实中获得了巨大的优势"。Ellison 等 (2010)发现了支持劳动力市场集聚的经验证据,从而证实了集聚。一个厚实的劳动力市场通常出现在一个拥有更多专业部门的城市。Greenstone 等(2010) 研究了共享同一产业工人库的企业之间的溢出,为劳动力市场汇集是集聚经济的重要来源提供了更多的可信度。

厚实的劳动力市场有利于找到工作。由于雇员与雇主之间进行更好匹配的概率更大,而失业的概率更小,所以人们通常更愿意在劳动力市场发达的大都市地区工作(Moretti, 2011)。实证研究的结果也支持该论点,工作匹配概率随着市场厚度的增加而提高(Gan and Li, 2016; Coles et al. , 1994; Coles and Smith, 1998)。Kim(1990)提出的解释为同样类型工人的劳动力市场规模越大,工人和企业之间的匹配度越高,可以使得在职培训成本降低,并转化为更高的工资。Wheaton 和 Lewis(2002)为城市工资和厚实的劳动力市场之间的关系提供了直接的经验解释,他们发现企业愿意为专业部门的同等能力雇员支付更多的工资,这为城市劳动力集聚经济提供了激励。这一发现与 Enrico (2011)、Helsley 和 Strange(1990)、Acemoglu(1997)以及 Rotemberg 和 Saloner(2000)的观点一致,即劳动力市场的规模越大,工人的失业风险越低,企业无法填补职位空缺的风险也越低,从而导致了密集区域和非密集区域之间的工资差异。

第三节 来自低技能群体的证据

一、样本选取

本书采用"全国流动人口卫生计生动态监测调查(2015—2017)"和《中国城市统计年鉴》两个数据集,针对低技能群体进行了研究。中国流动人口动态调查是一项全国性的调查,提供中国流动人口家庭的人口背景、家庭特征、医疗保险信息、健康行为状况、生育行为等全面且高质量的调查数据,其调查对象为在城市居住满一个月以上、拥有或没有当地户籍的流动人口。同时,截至每个调查年度的 5 月,参与者的年龄至少年满 15 岁。

本节的分析聚焦于从中国农村或小城市迁徙到大城市的低技能人群,以老年人口为主,其中男性至少 60 岁、女性至少 55 岁[①]。他们迁徙的动机包括寻找工作、经商、同家人一起迁徙、照顾家人(如老人或小孩)、结婚和投靠亲戚朋友以寻找生活的经济来源。在分析的样本中包含 5 780 个观测值,43.17%(2 495)为在城市地区寻找工作而迁徙,56.83%(3 285)由于家庭原因而迁徙,主要为照顾孙辈。对于找到工作的老年人,其就业状况可能是雇主、雇员、自雇人员、家政服务员等,涉及的行业包括制造业、农业、建筑业、零售业、研究和服务业。

二、个体特征

本部分的分析包括两类变量,老年迁徙人口的个体特征和城市特征。个体特征包括性别、婚姻状况、户籍状况、医疗保险、居住社区、年龄、教育、在当前城市的居住年限、迁徙成本、房屋租金与家庭收入比例、共同生活的成年人数量以及 0～3 岁、4～6 岁、7～12 岁和 13～17 岁小孩的数量。

表 4.1 和表 4.2 汇总了具有不同迁徙动机的老年人群体的个体特征统计信息。表 4.1 所示为连续变量的统计汇总,表 4.2 所示为离散变量的统计汇总。两组不同迁徙动机的老年人的受教育水平的均值和中位数都在 2～3 之间(即为小学至初中的受教育水平),这在一定程度上反映出他们的低技能群体的特征。此外,这些老年人群体在共同居住的小孩的数量、性别、当前城市的居地年限、是否持有农业户口、现居地等方面存在显著差异。具体来说,以照顾家庭为动机的老年迁徙人群比以找工作为目标的老年迁徙群体有更多的幼儿数量,且以女性为主,在当前城市停留的时间也更长。那些外出寻找工作的老年人则更有可能来自农村地区,他们持有农业户口,居住在城市的非正式住宅中,这些住宅所在的社区被称为"村委会",是已经或即将被城市扩张所吞噬的地方

[①] 根据《国务院关于工人退休、退职的暂行办法》,全民所有制企业、事业单位和党政机关、群众团体的工人一般法定的男性退休年龄为 60 岁,女性为 50 岁。

（Niu et al.，2021）。两种迁徙动机的老年人群体统计比较的差异显著，有必要对这两种迁徙动机分别进行分析。

表 4.1　个体特征连续变量的统计汇总

个体特征	均值	标准差	最小值	中位数	最大值	观测量
迁徙动机：寻找工作						
年龄	63.016	4.096	55	63	75	2 495
受教育水平	2.460	0.968	1	2	7	2 495
目前城市居住年限	2.493	2.356	0	2	13	2 495
迁徙成本	2.206	0.790	1	2	3	2 495
房屋租金与家庭收入之比	0.108	0.125	0	0.076	1	2 495
同住成年人数量	2.421	0.954	1	2	7	2 495
同住 0～3 岁小孩数量	0.025 3	0.169	0	0	3	2 495
同住 4～6 岁小孩数量	0.025 7	0.163	0	0	2	2 495
同住 7～12 岁小孩数量	0.053 3	0.252	0	0	3	2 495
同住 13～17 岁小孩数量	0.023 2	0.166	0	0	2	2 495
迁徙动机：照顾家庭						
年龄	64.823	4.610	55	64	75	3 285
受教育水平	2.786	1.222	1	3	7	3 285
目前城市居住年限	3.704	2.981	0	3	13	3 285
迁徙成本	2.307	0.757	1	2	3	3 283
房屋租金与家庭收入之比	0.124	0.196	0	0.05	4	3 285
同住成年人数量	2.906	1.012	1	3	7	3 285
同住 0～3 岁小孩数量	0.149	0.378	0	0	3	3 285
同住 4～6 岁小孩数量	0.137	0.360	0	0	3	3 285
同住 7～12 岁小孩数量	0.208	0.456	0	0	3	3 285
同住 13～17 岁小孩数量	0.085	0.294	0	0	2	3 285

表 4.2　个体特征离散变量的统计汇总

迁徙动机	寻找工作		照顾家庭	
	观测量	比重（%）	观测量	比重（%）
性别				
男	1 297	51.98	1 018	30.99
女	1 198	48.02	2 267	69.01

续　表

迁徙动机	寻找工作		照顾家庭	
婚姻状况				
单身	391	15.67	589	17.93
有伴侣	2 104	84.33	2 696	82.07
少数民族				
是	165	6.61	236	7.18
否	2 330	93.39	3 049	92.82
农业户口				
是	1 989	79.72	1 586	48.28
否	506	20.28	1 699	51.72
有医疗保险				
是	1 659	66.49	2 427	73.88
否	836	33.51	858	26.12
现居地				
居委会(城市居民)	1 820	72.95	2 942	89.56
村委会(农村居民)	675	27.05	343	10.44

三、城市特征

本部分的分析有 358 个被调查的城市，这里使用城市层面的变量和新一线城市研究所①提供的城市类型标识来代表城市层级的差异性。城市经济学中的产业结构变量或部门(职业)专业化变量(Henderson et al.，1995；Wheaton and Lewis，2002)是本研究的重点，它们被定义为特定部门的劳动力数量除以特定年份的城市总劳动力。分析统计的产业部门包括农林牧渔业、制造业、建筑业、批发零售业、住宿和餐饮业、租赁商业服务业、居民及其他服务业、文化体育娱乐业、运输仓储邮政服务业、卫生和社会保障业、公共管理和社会组织等。其他控制性的城市特征包括 GDP、人均 GDP、商品房价格、人口、人口自然增长率、人口密度、土地面积、公共绿地、城市绿化覆盖率、城市建设用地、细颗粒物年平均浓度、大学数量、博士数量、平均工资和失业率。

城市类型由五个不同层级的城市组成，从高到低包括一线城市、新一线城

---

① 一财新闻集团下属的一个城市数据研究机构，致力于收集城市商业数据和互联网数据以探索城市的未来。官方网站是 www.datayicai.com。

市、二线城市、三线城市和四线城市。每个层级的城市可以逐年变化，反映了商业资源的集中度（19％的权重）、城市的枢纽性（22％的权重）、城市市民的生活感（20％的权重）、生活方式的多样性（16％的权重）和城市未来的灵活性（23％的权重）的变化。

在 2015—2017 年的抽样时间窗口，北京、上海、广州、深圳四大城市一直占据一线城市榜单，对应《全球化的世界和世界城市 2020》公布的阿尔法级城市，代表中国最发达的大都市地区。此外，还有大约 15 个新一线城市（高度发达的省会城市和省级经济中心城市），30 个二线城市（中等发达的省会城市和省内经济中心城市），65 个三线城市（低度发达的市级经济中心城市），200 个四线城市（最不发达城市）。

表 4.3 显示了按城市层级划分的城市部门专业化的统计信息。使用 Duranton 和 Puga(2000)、Black 和 Henderson(2003)研究中私人就业的对数值，其平均值和中位数随着城市从一线到新一线、二线、三线和四线而不断下降。此外，五个层级的城市显示出不同的产业专业性。一线四个城市在制造业、住宿和餐饮业、批发零售业、租赁商业服务业、运输仓储邮政服务业、农林牧渔业、建筑业、公共管理和社会组织的就业比例低于其他城市，这意味着中国最发达和最大的城市主要将其经济活动聚集在制造业和以居民服务为基础的服务行业。相反，较低层级的城市相比高层级城市有更多的工人在建筑业和某些服务行业就业。新一线和二线城市的制造业就业率都高于一线城市，而三线和四线城市在卫生和社会保障部门以及公共管理和社会组织部门的就业率更高。

表 4.3 不同层级城市的城市产业专业化统计汇总

城市层级	城市变量	均值	标准差	中位数	观测值
一线城市	log(私有企业雇佣量)	15.410	0.307	15.337	12
	农林牧渔业	0.003	0.003	0.002	12
	制造业	0.290	0.153	0.269	12
	建筑业	0.064	0.011	0.062	12
	住宿和餐饮业	0.032	0.007	0.033	12
	批发零售业	0.093	0.025	0.091	12
	租赁商业服务业	0.081	0.017	0.078	12
	居民及其他服务业	0.009	0.003	0.010	12
	文化体育娱乐业	0.013	0.007	0.011	12
	运输仓储邮政服务业	0.076	0.014	0.079	12

续 表

城市层级	城市变量	均值	标准差	中位数	观测值
	卫生和社会保障业	0.030	0.010	0.033	12
	公共管理和社会组织	0.046	0.013	0.048	12
新一线城市	log(私有企业雇佣量)	14.696	0.519	14.679	45
	农林牧渔业	0.002	0.005	0.001	45
	制造业	0.336	0.153	0.273	45
	建筑业	0.157	0.073	0.156	45
	住宿和餐饮业	0.024	0.015	0.020	45
	批发零售业	0.064	0.029	0.058	45
	租赁商业服务业	0.029	0.010	0.027	45
	居民及其他服务业	0.011	0.019	0.004	45
	文化体育娱乐业	0.010	0.004	0.009	44
	运输仓储邮政服务业	0.052	0.018	0.049	45
	卫生和社会保障业	0.040	0.011	0.040	44
	公共管理和社会组织	0.054	0.015	0.056	44
二线城市	log(私有企业雇佣量)	14.058	0.558	14.033	86
	农林牧渔业	0.007	0.017	0.001	89
	制造业	0.319	0.182	0.249	90
	建筑业	0.204	0.145	0.158	90
	住宿和餐饮业	0.015	0.007	0.013	90
	批发零售业	0.045	0.017	0.047	90
	租赁商业服务业	0.023	0.010	0.023	90
	居民及其他服务业	0.003	0.003	0.002	90
	文化体育娱乐业	0.009	0.005	0.008	90
	运输仓储邮政服务业	0.046	0.032	0.034	90
	卫生和社会保障业	0.042	0.013	0.044	90
	公共管理和社会组织	0.069	0.028	0.067	90
三线城市	log(私有企业雇佣量)	13.150	0.668	13.214	190
	农林牧渔业	0.015	0.041	0.005	202
	制造业	0.258	0.114	0.245	204
	建筑业	0.157	0.102	0.137	204
	住宿和餐饮业	0.018	0.035	0.010	204
	批发零售业	0.041	0.026	0.036	204
	租赁商业服务业	0.018	0.011	0.015	204
	居民及其他服务业	0.004	0.007	0.002	204
	文化体育娱乐业	0.008	0.004	0.007	204
	运输仓储邮政服务业	0.037	0.022	0.029	204

续　表

城市层级	城市变量	均值	标准差	中位数	观测值
四线城市	卫生和社会保障业	0.057	0.017	0.057	204
	公共管理和社会组织	0.113	0.045	0.110	204
	log(私有企业雇佣量)	12.462	0.695	12.509	473
	农林牧渔业	0.028	0.061	0.007	492
	制造业	0.212	0.123	0.178	497
	建筑业	0.118	0.073	0.104	497
	住宿和餐饮业	0.011	0.011	0.008	497
	批发零售业	0.040	0.029	0.033	497
	租赁商业服务业	0.014	0.012	0.012	496
	居民及其他服务业	0.004	0.009	0.002	496
	文化体育娱乐业	0.008	0.004	0.007	497
	运输仓储邮政服务业	0.033	0.019	0.030	497
	卫生和社会保障业	0.063	0.021	0.062	497
	公共管理和社会组织	0.147	0.058	0.137	497

四、老年人的城市选择

依据不同层级城市产业结构的差异，以及两种迁徙动机人群的个人特征，我们将老年人口的就业概率分解为两个方面进行分析，即城市类型和迁徙动机。表4.4显示了不同迁徙动机的老年人口对城市的选择，包括进入城市寻找工作和照顾家人两类动机。

表4.4　不同迁徙动机老年人的城市选择

城市层级	寻找工作			照顾家庭		
	观测量	比重（%）	找到工作的概率	观测量	比重（%）	找到工作的概率
一线城市	163	6.53	0.853	774	23.56	0.019 7
新一线城市	609	24.41	0.877	776	23.62	0.052 6
二线城市	534	21.40	0.933	545	16.59	0.058 8
三线城市	493	19.76	0.875	526	16.01	0.066 7
四线城市	696	27.90	0.857	664	20.21	0.0

以寻找工作为动机的老年人群并不倾向于选择一线城市北京、上海、广州和深圳，只有6.53%的人居住在中国的四大顶级城市。除了移居四线城市的

老年人群比例(27.90%)较高外,选择新一线到三线城市的老年人群呈现出递减的趋势。与这种城市选择模式相对应的是,有工作动机的老年人群在每个层级城市中的工作概率或找到工作的中值。模式具体为,二线城市而不是一线城市是老年人寻找工作的最佳地方,超过一半的老年人搬到二线城市,工作概率高于93%。选择新一线、三线和四线城市的老年人群似乎比迁往一线城市的老年人群有相对更高的被雇用的可能性。

然而,以照顾孙辈为迁徙动机的老年人群表现出不同的模式。从严格意义上讲,与家人一起迁移的老年人最初并没有选择城市工作的动机,因此他们的城市选择在某种程度上是被动的,城市目的地更多由家庭集体决策,或者由家庭年轻一代(如在城市工作的儿女)决定。超过47%的老年移民因家庭原因迁往前两层级的城市,而这一群体中的五分之一则迁往低层级中最不发达的城市。比起那些为工作而迁移的老年人,他们就业的概率要低得多。如果他们不是居住在一线或四线城市,则会有更高的工作概率。

五、实证分析

本章的理论部分指出城市层级和劳动空间分工由集聚所带来的产业结构专业化或多样化连接。集聚一方面带来更高层级城市的产业结构多样化,另一方面造就专业化的产业与厚实的劳动力市场,不仅工资水平更高而且更易找到工作。因此,由集聚所产生的城市层级和城市产业结构均会影响老年人群的就业概率。根据表4.3可知,样本中五个不同层级的城市在城市类型上表现出不同的产业专业化。除了产业结构之外,其他城市特征,包括经济发展、城市规模等,都对城市的变化有所影响。因此,我们采用倾向性得分匹配(propensity score matching,PSM)方法,选择那些重要的城市特征,具体如下:

$$CityType_{ct} = PSM(CityChar_{ct}), \qquad (4.1)$$

其中,$CityType_{ct}$ 是城市层级指标,$CityChar_{ct}$ 代表城市特征向量。PSM方法确定了对城市类型有显著贡献的城市变量,并得到每个城市的倾向性得分的对数概率,被指定为 $CityScore_{ct}$。

考虑到不同迁徙动机之间没有自然排序的情况,实证分析采用了一个多元选择的 Logit 模型,具体如下:

$$y_{ict} = \alpha + \beta_1 CityScore_{ct} + X \times Individual_{it} + \theta_t + \epsilon_{ict} \qquad (4.2)$$

$$y_{ict} = \alpha + \beta_1 \text{CityScore}_{ct} + \beta_2 \times \text{IndSpec}_{ct} + X \times \text{Individual}_{it} + \theta_t + \epsilon_{ict}$$

$$(4.3)$$

其中，y_{ict} 是个人 i 在 t 年内是否在城市 c 找到工作的变量。CityScore_{ct} 是方程(4.1)生成的每个城市的得分。IndSpec_{ct} 代表在 PSM 估计中不显著的城市产业特征向量。Individual_{it} 控制个人特征，包括性别、年龄、婚姻状况、受教育水平、目前城市居住年限、户口、居住社区、迁徙成本、房屋租金与家庭收入之比、家庭结构。α 是常数，ϵ_{ict} 是误差项，θ_t 代表时间固定效应。

与现有的分析个人特征和求职能力之间相关性的大量文献不同(Côté et al.，2006)，这里的实证分析侧重于城市层级和城市产业专业化对低技能群体，即老年人就业概率的影响。鉴于存在时间年份固定效应，识别利用了城市层级(或城市得分)和城市产业专业化在城市中的内部变化，从而确定城市选择和城市产业结构如何影响该群体找工作的概率。如果将该分析范式应用于传统的 OLS 估计，需要剔除影响找工作能力的个人因素，因此，对个人特征的控制是必要的。此外，当人们决定迁徙时，搬迁动机一般被认为是没有顺序的，因此，对不同迁徙动机下寻找工作结果的分类因变量的估计方法采用多元选择的 Logit 模型较为合适。将没有工作的老年人作为基础对照组，我们可以比较不同迁徙动机的 CityScore_{ct} 和 IndSpec_{ct} 的系数。

表 4.5 显示了使用倾向性得分匹配方法选择那些对城市水平有显著贡献的城市特征的结果。产业专业化(包括农林牧渔业、制造业、文化体育娱乐业、卫生和社会保险业)、城市规模(包括人口规模、城市建设用地规模)、住房价格(或住房租金)、工资水平是支持新一线城市研究所发布的城市水平分层的四个重要维度。与表 4.3 中的汇总统计一致，制造业和某些特定服务业(如文化体育娱乐业、卫生和社会保险业等)的产业专业性使中国最发达和最大的城市的经济活动的集聚与那些低级别的城市不同。此外，城市规模变量，如人口和城市建设用地面积，都是城市类型指标的重要归因。商品房平均价格在一定程度上包含了住房租金和房地产开发信息，而平均工资水平也一定程度上代表了城市的发展水平。图 4.4 显示了由 PSM 方法生成的方程(4.1)的城市得分分布。五个层级城市之间的差异明显呈现伪正态分布，每个层级内部城市的倾向得分平均数和中位数都非常相似。

表4.5 城市特征与城市层级间的关系

	城市层级
农林牧渔业	0.237*
	(0.092 3)
制造业	0.119*
	(0.049 3)
文化体育娱乐业	4.503***
	(1.252)
卫生和社会保险业	−0.663*
	(0.311)
log(商业住房平均价格)	7.687***
	(1.648)
log(人口)	4.410**
	(1.508)
log(城市建设用地规模)	2.766*
	(1.264)
log(平均工资)	8.791**
	(3.063)
观测量	582

注:括号内为标准误差;*$p<0.05$,**$p<0.01$,***$p<0.001$。

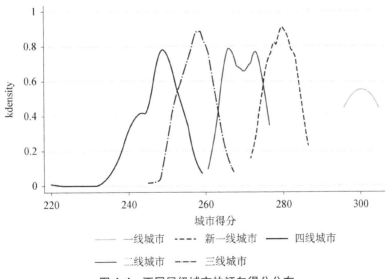

图4.4 不同层级城市的倾向得分分布

表4.6汇总了方程(4.2)和(4.3)的结果，即城市倾向性得分和城市产业专业化对老年迁徙人口就业概率的平均边际效应。把两种迁移动机的群体放在一起，第(1)—(2)列显示方程(4.2)的结果，第(3)—(4)列显示方程(4.3)的结果。

实证分析中一个值得关注的问题是不同迁徙动机群体的城市层级选择。为寻找工作而迁徙入城的老年人在选择城市时是明确的，他们可以自己决定目标城市。而对于因照顾家庭而迁徙的老年人来说，他们对目标城市的决策一定程度上需要迁就同行的家人，如子女、配偶或者城市亲属。决策过程中的这种差异可能会给研究结果带来隐忧。为了解决这个问题，我们把全体样本分为两个不同的子样本：第一个子样本包含为寻找工作而迁移的老年人，但不考虑其是否就业；第二个子样本只包括因照顾家庭而迁移的老年人。表4.6的第(5)—(6)列和第(7)—(8)列分别显示了第一和第二子样本的估计结果。

在表4.6的第(1)—(2)列中，城市倾向性得分提供了不同迁徙动机的类似模式。具体而言，相对于那些没有工作的老年人，为工作而迁移(第1组)和为家庭而迁移(第2组)的老年人，如果他们迁徙到得分较低或层级较低的城市，其就业概率要大很多。例如，如果第1组的老年人去了新一线、二线、三线、四线城市，而不是一线中的四大城市，他们找到工作的概率平均增加4%、6%、9%、11%[①]。同样的就业概率增量对于第2组中的老年人来说要小一些，但是也达到了1%、1.7%、2.4%、3%。

表4.6的第(3)—(4)列引入了在PSM方法中不显著的其他七个城市产业专业化变量，目的是进一步解释城市选择对迁徙老人的就业概率的影响，而这些影响在城市得分中并没有体现出来。在寻找工作的第1组中，当比较第(1)列和第(3)列时，城市倾向得分的系数变小且不显著，而某些行业(包括建筑业、批发零售业、公共管理和社会组织)的产业专业化的系数是显著的，这意味着产业专业化可以解释城市得分对老年迁徙人口就业概率的影响。此外，第(5)—(6)列的结果与这个结论部分一致，显著的系数是建筑业的产业专业化。对于因照顾家庭而迁徙的第二组，第(2)和(7)列的结果表明，雇佣机会可能随着城市分数的增加而减少。但如第(4)和(8)列所示，产业专业化可能无法反映城市分数或城市水平变化的影响。

---

① 这里采用不同层级城市的倾向性得分的平均值进行计算。

表 4.6　城市倾向性得分与城市产业专业化对于老年迁徙人口就业概率的平均边际效应分析

	(1) 寻找工作 群体 1	(2) 照顾家庭 群体 2	(3) 寻找工作 群体 1	(4) 照顾家庭 群体 2	(5) 寻找工作 群体 1	(6) 照顾家庭 群体 2	(7) 寻找工作 群体 1	(8) 照顾家庭 群体 2
城市倾向得分	−0.00207***	−0.000562*	−0.000139	−0.00142	0.000230	−0.00266	−0.00130**	−0.00276
	(0.000540)	(0.000246)	(0.00200)	(0.000955)	(0.000593)	(0.00219)	(0.000443)	(0.00172)
建筑业			0.00500***	−0.000539		0.00307**		−0.000235
			(0.000872)	(0.000403)		(0.00113)		(0.000687)
住宿和餐饮业			0.00271	−0.000714		0.00265		−0.000716
			(0.00396)	(0.00254)		(0.00451)		(0.00407)
批发零售业			0.0177***	−0.00192		0.00208		0.000411
			(0.00461)	(0.00241)		(0.00540)		(0.00436)
租赁商业服务业			−0.0111	0.00508		0.00200		0.00847
			(0.00686)	(0.00292)		(0.00767)		(0.00521)
居民及其他服务业			−0.00164	−0.00157		0.00862		−0.00371
			(0.0101)	(0.00505)		(0.0127)		(0.00880)
运输仓储邮政服务业			−0.00435	−0.00438		−0.000344		−0.00978*
			(0.00333)	(0.00224)		(0.00350)		(0.00403)
公共管理和社会组织			0.00729**	−0.0000822		−0.00177		0.00144
			(0.00269)	(0.00121)		(0.00278)		(0.00215)
观测量	3 067	3 067	3 067	3 067	1 389	1 389	1 678	1 678

注：括号内为标准误差；* $p<0.05$，** $p<0.01$，*** $p<0.01$。

以上的实证分析表明，低层级城市（如县级市和西部地区城市）和中层级城市（如中等发达的省会城市）的经济发展水平较低，老龄人口的就业概率比顶级和中级以上城市要高，不同层级城市的就业概率差异可能由城市的行业专业化差异所决定。换句话说，雇员和雇主在专业部门的匹配较高，如建筑业为低层级城市的第二大就业部门。相对于大城市的多元化产业，低层级城市或小城市的雇员和雇主之间的匹配率较高产生了一个厚实的劳动力市场，使得老年人更容易找到工作。

集聚的地方经济学为已有的发现提供了理论解释，即年长的农民工在低层级城市，特别是在低层级城市的某些特定行业，如建筑业，能够拥有较高的受雇工人与空缺岗位之间的匹配概率。这一点与美国类似，中国的小城市倾向于集中更多相似的经济活动。这种地方化的经济形式表明，在当地的劳动力市场，有较多的劳动者在某一特定行业工作。表4.7汇总了老年群体在不同行业和不同层级城市的月工资统计信息，这里使用的是为找工作而迁徙的老年就业者的数据。相较于一线城市，表中显示建筑企业支付的月工资的平均数和中位数在低层级城市相对较高。但其他行业则表现出不同的模式，如服务部门一般在高层级城市支付更高的工资。这提供了与Wheaton和Lewis（2002）一致的发现，即企业愿意在密集的市场中为同等的工人支付更多的费用，此为集聚经济的证据。

表4.7　不同层级城市和不同行业老年群体月工资统计　　　　单位：元

城市层级	产业	均值	标准差	最小值	中位数	最大值	观测量
一线城市	农林牧渔业	2 544.444	803.291 8	1 500	2 200	4 000	9
	建筑业	2 672.727	762.940 3	1 500	2 400	5 000	22
	制造业	3 315.385	1 544.262	2 000	2 600	7 000	13
	住宿和餐饮业	3 014.286	1 376.65	1 500	2 750	6 000	14
	批发零售业	3 825	1 897.332	1 200	3 100	8 000	20
	居民及其他服务业	2 851.702	1 379.526	800	2 500	8 000	47
	卫生和社会保障业	3 500	707.106 8	3 000	3 500	4 000	2
新一线城市	农林牧渔业	2 172.222	855.986 2	1 000	2 000	4 000	18
	建筑业	3 329.63	1 284.983	1 000	3 150	7 000	54
	制造业	2 478.75	1 041.996	800	2 400	5 000	40
	住宿和餐饮业	3 293.625	4 094.208	800	2 300	35 000	80
	批发零售业	3 206.701	2 135.362	500	2 500	10 000	97
	居民及其他服务业	2 140.818	1 215.48	400	2 000	10 000	159

城市层级	产业	均值	标准差	最小值	中位数	最大值	观测量
二线城市	卫生和社会保障业	3 040	2 042.113	1 500	2 600	11 000	24
	农林牧渔业	2 331.667	925.81	1 000	2 390	4 000	12
	建筑业	3 363.636	1 749.253	1 000	3 000	10 000	33
	制造业	2 771.795	1 381.9	500	2 600	10 000	78
	住宿和餐饮业	2 701.408	1 678.732	1 000	2 200	10 000	71
	批发零售业	3 103.529	2 331.394	300	2 850	13 000	102
	居民及其他服务业	2 408.586	1 286.489	800	2 000	10 000	99
三线城市	卫生和社会保障业	2 644.63	2 761.618	1 000	1 740	15 000	27
	农林牧渔业	2 248.75	2 298.092	780	1 350	10 000	16
	建筑业	3 214.5	1 422.595	500	3 000	8 000	50
	制造业	2 519.048	1 120.156	600	2 350	6 000	42
	住宿和餐饮业	2 961.449	2 296.164	200	2 300	15 000	69
	批发零售业	3 009.565	1 938.783	500	2 500	10 000	92
	居民及其他服务业	2 102.857	1 404.798	600	1 800	10 000	91
四线城市	卫生和社会保障业	2 086.4	824.822 6	750	2 000	4 000	25
	农林牧渔业	2 937.692	4 640.217	200	1 800	30 000	39
	建筑业	3 844	3 137.213	1 000	3 000	20 000	50
	制造业	3 024.324	2 869.902	1 000	2 200	18 000	37
	住宿和餐饮业	2 682.209	2 127.072	300	2 000	12 000	86
	批发零售业	3 073.256	3 697.844	200	2 100	40 000	172
	居民及其他服务业	1 804.737	1 019.284	400	1 800	8 000	95
	卫生和社会保障业	3 064.211	2 056.027	800	2 250	8 000	38

表 4.8 统计了不同层级城市老年迁徙群体的月度住房租金,可以看出,从一线城市到低层级城市月租金基本呈下降的趋势。但是租金分别只占一线城市和一线以下城市房价的 4% 和 10% 左右。这为前述的分析提供了证据,即工资对老年迁徙群体来说比住房租金重要得多。因此,建筑公司愿意支付高于老年低技能群体保留工资的工资水平,这使得小城市的专业行业是更好的选择。

表 4.8 不同层级城市老年群体月度住房租金统计

城市层级	月度租金(元)					住房价格(元/平方米)		
	均值	标准差	最小值	中位数	最大值	均值	中位数	观测量
一线城市	1 205.213	1 541.285	100	775	12 000	26 472.2	24 747.29	94
新一线城市	852.277	694.820	80	700	5 000	8 745.713	7 127.919	401

续　表

城市层级	月度租金（元）					住房价格（元/平方米）		观测量
	均值	标准差	最小值	中位数	最大值	均值	中位数	
二线城市	720.235	646.204	30	500	5 000	8 125.757	7 393.163	392
三线城市	642.717	654.064	70	400	5 000	5 656.25	5 097.89	318
四线城市	665.923	798.083	35	400	6 500	4 174.468	4 128	453

　　建筑公司在低层级城市的聚集产生了大量的低技能职业，从而大大增加了当地劳动力市场的厚度，使得工人的失业风险较低。这对于老年迁徙人口来说是福音，因为在研究样本中，超过 87% 的老年迁徙人口只接受过初中及以下的教育。由此，相较于大城市，老年迁徙人口或者低技术群体在小城市找到工作的概率更高。

第五章
城市间合作

城市间的关系通常被定义为竞争或合作,抑或是竞争与合作共存。从城市科学的视角来看,城市间是一种相互促进的过程。在城市网络中,一个城市的诞生并非独立完成,而是由城市间关系衍生出来的经济扩张场所,所以城市倾向于在城市间寻求合作。这种网络中的横向联系是一个城市与其他城市发生的合作;而竞争则对应着在纵向联系的等级制度上进行攀登,而且城市竞争现象的出现依赖特定的情景(Taylor,2012),并非普遍可见。将理论投射到实践中,随着城市网络不断发展与城市间联系日趋紧密,城市间合作表现为跨域协同治理,涉及经济、文化、民生、产业等诸多领域。进入产业层面,城市间合作实践围绕产业链的不同环节进行互补填充,如英国南约克郡围绕氢能源的生产、存储和转化在运输、工业、供热等领域进行多方产业合作,构建氢经济圈;中国综合考虑不同地区医疗资源的优势与弱势,建立跨城市医联体。

第一节　城市间合作理论

城市并非独立存在,依照 Jacobs(1969,1984)的理论,城市是由城市间关系衍生出来的经济扩张场所。城市之间组成网络,互相需要,均为网络的福祉作出贡献(Taylor,2004)。而网络属性的关系配置就是用来合作的,即合作的城市关系为来自网络的构建过程(Taylor,2004),并且在网络内城市节点之间的相互性基础上运行(Thompson,2003)。

基于城市的网络属性,城市间合作是一个基于网络关系的倾向属性。在城市复杂的网络关系中,虽然人们普遍接受合作与竞争关系同时存在(Begg,

1999；Sassen，1999），但是在城市间相互促进的过程中，竞争只是网络构建过程的展现（Taylor，2004）。既然城市间以互相促进的合作为主要相互性的体现，那为何还能看到城市间竞争的现象？依据 Taylor（2012）的观点，有三种情况会导致城市间竞争：一是当政治高于经济，二是对国家"门户城市"[①]地位的争夺，三是受到经济周期的下行影响[②]。

在现实的发展中，城市间合作表现为城市间的跨域治理，需要解决因为激励不相容而产生的无序竞争与合作。这种城市间合作的程度从浅到深可以分为信息交流、专题合作、共同治理三个阶段。以中国为例，区域发展战略从过去的东中西条块发展向范围更小、划分更细、数量更多的块状城市群发展转变，城市群内的城市合作，在合作领域、合作方式、合作机构和合作手段等方面不断拓展（李博雅等，2020）。在合作领域上，已从单纯的经济合作向文化、民生等多维度扩展，同时加强基础设施和公共服务的共享及对接；在合作方式上，通过构建区域产业协作平台、推动区域企业合作，积极推进区域产业合作；在合作机构上，将范围从各级政府扩展到各类民间组织，注重行业协会、商会等民间组织的桥梁及纽带作用；在合作手段上，积极使用大数据、云计算等技术，用数字化手段为城市合作保驾护航。

第二节　城市间合作实践——中国城市群协同治理

城市群协同治理是我国城市间合作的最主要形式，当前城市群协同治理已在中央层面形成治理规划、政策和组织体系，京津冀协同发展、长三角一体化、粤港澳大湾区建设均已上升为国家战略规划。城市群是区域一体化发展的第三阶段。从最开始发展中心城市，到形成都市圈，再到规划建设城市群，城市群目前已成为区域一体化发展的关键主体。

自 2006 年"十一五"规划将城市群正式写入规划纲要，到 2014 年印发的《国家新型城镇化规划（2014—2020 年）》正式划定了 19 个城市群，形成"两横三纵"的城镇化战略格局，随后 2018 年 7 个城市群公布城市群发展规划，表明我国已充分注意到城市群对实现经济发展、缩小地区与地区、城市与城市、城市

---

① 如中国上海作为连接国内市场与国际市场的港口城市，是促进国家或地区经济融入世界经济的关键所在。但是，随着通信科技的快速发展，"门户城市"也可以在非港口城市中诞生。

② 在经济蓬勃发展的时候，合作被认为是有益的，因为经济发展产生多种双赢的局面；但是随着经济下滑，不确定的前景使得城市之间产生更多的竞争关系，甚至可能是零和游戏。

与农村之间差距的重要作用,标志着城市群时代的到来。截至 2020 年,19 个城市群的总面积约为 250 万平方千米,约占我国国土总面积的 1/4。

长江三角洲城市群(简称"长三角城市群")在 19 个城市群中属于第一梯队,随着长三角一体化发展的不断深入和推进,长三角城市群正在向成为世界核心城市群稳步迈进。表 5.1、表 5.2 分别对长三角一体化发展时间线、长三角城市群城市协作的发展阶段和主要内容进行了系统梳理。

表 5.1 长三角一体化发展时间线

名称	时间	内容
上海经济区(长三角一体化的雏形)	1982 年	国务院上海经济区规划办公室成立,涵盖上海、苏州、无锡、常州、南通、杭州、嘉兴、湖州、宁波 9 个城市
	1983 年	绍兴加入,涵盖 10 个城市
	1984 年 10 月	由 10 个市调整为上海、江苏、浙江和安徽三省一市
	1984 年 12 月	调整为上海、江苏、浙江、安徽和江西四省一市
	1986 年 8 月	福建省加入,变为五省一市
	1988 年	撤销"国务院上海经济区规划办公室"
长江三角洲	1992 年	长江三角洲城市协作部门主任联席会议制度建立
	1997 年	联席会升级为长江三角洲城市经济协调会
	2008 年 9 月	《国务院关于进一步推进长江三角洲地区改革开放和经济社会发展的指导意见》(国发〔2008〕30 号)提到"长江三角洲地区包括上海市、江苏省和浙江省"
	2016 年	《关于印发长江三角洲城市群发展规划的通知》(发改规划〔2016〕1176 号),安徽正式加入长三角
	2019 年	《长江三角洲区域一体化发展规划纲要》明确长三角包括上海市、江苏省、浙江省、安徽省三省一市全域,面积达到 35.8 万平方千米,其中中心区面积为 22.5 万平方千米

表 5.2 长三角城市群演化及发展逻辑

阶段	年份	政策文件	主要内容
规划协调			上海经济区规划办公室成立(长三角一体化雏形)
	1982	《国务院关于成立上海经济区和山西能源基地规划办公室的通知》(国发〔1982〕152 号)	规定长三角城市群的 9 个成员:上海经济区以上海为中心,包括苏州、无锡、常州、南通、杭州、嘉兴、湖州、宁波等城市合作形式:上海国有企业与江浙乡镇企业横向合作,进行工业加工对接

续　表

阶段	年份	政策文件	主要内容
要素合作	1992	成立长江三角洲 14 城市协作办(委)主任联席会	长三角合作从单一的生产加工销售,逐步向商贸、旅游、产权、生态、金融、科研等方面拓展
机制对接	2003	沪苏浙互访,签订一揽子协议,提出共同建设以上海为主导的区域经济一体化试验区	
	2016	《长江三角洲城市群发展规划》	覆盖城市拓展到 26 个
国家战略发展阶段	2018	中国国际进口博览会	习近平总书记宣布将长三角一体化提升为国家战略
	2019	《长江三角洲区域一体化发展规划纲要》	覆盖面扩充到 41 个城市

资料来源:李湛,张彦.长三角一体化的演进及其高质量发展逻辑[J].华东师范大学学报(哲学社会科学版),2020.52(5):146-156.187-188.

　　长三角城市群的范围已从最初 1982 年划定的以上海为中心,涵盖苏州、无锡、常州、南通、杭州、嘉兴、湖州、宁波等城市,面积为 5.6 万平方千米,扩展到 2019 年的包括上海市、江苏省、浙江省和安徽省全域在内的三省一市,面积达 38.5 万平方千米。根据 2019 年中共中央、国务院印发的《长江三角洲区域一体化发展规划纲要》,长三角城市群中心区涵盖 27 个城市,面积为 22.5 万平方千米。2020 年、2021 年和 2022 年长三角城市群 GDP 分别为 21.2 万亿元、27.61 万亿元和 29.03 万亿元,数据表明长三角城市群的经济持续增长,以不到 4% 的国土面积创造了全国约 1/4 的经济总量。

　　长江三角洲最开始是一个自然地理概念,指的是长江入海之前形成的面积约 5 万平方千米的冲积平原。1982 年印发《国务院关于成立上海经济区和山西能源基地规划办公室的通知》,标志着长三角一体化雏形,即上海经济区正式成立。此时长三角城市群包含上海、苏州、无锡、常州、南通、杭州、嘉兴、湖州和宁波9 个城市。随后,成员城市不断扩张,至 1988 年撤销“国务院上海经济区规划办公室”时,已包含上海市、江苏省、浙江省、安徽省、江西省和福建省在内的五省一市。自 1992 年建立长江三角洲城市协作部门主任联席会议制度开始,长江三角洲和长三角城市群概念正式进入大众的视野。2018 年,习近平总书记在中国国际进口博览会上宣布将长三角一体化正式提升为国家战略，长三角城市群发展迎来重大机遇。随后 2019 年印发《长江三角洲区域一体化发展规划纲要》，明确长三角包括上海市、江苏省、浙江省、安徽省三省一市，覆盖面扩充到了 41 个城市。

从成立上海经济区起，长三角城市群一体化发展从基础设施和旅游开始，逐步扩展至产业、社会服务、环保和文化等，合作从规划协调、要素合作、机制协调到国家战略高质量一体化，逐步深入到目前的产业链协同、产业集群建设、税收分成试点、政府办事服务协同治理等领域。

第三节　城市间产业合作实践——英国南约克郡氢能经济圈

随着温室效应和气候变化的日益显著，如何在低碳转移的过程中减少污染和经济损失成为值得关注的话题。英国在全球的低碳革命中起到引领作用，2019 年 6 月，英国正式发布了新修订的《气候变化法案》，宣告英国到 2050 年将消除其对气候变化的净贡献，即实现温室气体净零排放。《气候变化法案》的修订，标志着英国成为七国集团（G7）中首个为零排放立法的国家。英国南约克郡地区由于交通便利、四通八达、工业历史悠久而深厚，具备了构建氢能经济圈所需的土壤和养分。围绕氢能源的生产、存储和转化，挖掘运输、工业、供热等领域存在的发展机会，英国南约克郡构建了氢能经济圈所需的多方产业合作模式。

一、英国发展氢经济的必要性

2019 年，英国政府修订《气候变化法案》，以立法的形式宣布温室气体"净零排放"目标，即到 2050 年，将消除英国对气候变化的净贡献。英国是最早进行能源转型的国家之一，引领了全球的低碳革命，未来英国将进一步降低碳排放，氢能是重要手段。为实现"净零排放"的目标，保证低碳能源的安全性和可持续性是必要的，而这需要从根本上改变英国生产、分配、储存和消费能源的方式。氢能源具备清洁、高热值以及零排放的优点，为低碳目标的实现提供了一个多用途、清洁和灵活的能量载体。对英国而言，现有能源创新方向之一是在运输、工业、热能等很难脱碳的领域由碳能源向新能源过渡。目前来看，仅依靠电气化的脱碳途径无法实现英国的既定目标，氢能源是脱碳过程中必不可少的杠杆。

目前，根据制氢方式的不同，大致可以分为灰氢、蓝氢、绿氢三种。灰氢，即天然气重整制氢，因不使用碳捕集和封存技术，伴有大量二氧化碳排放；蓝氢，即天然气重整制氢，同时使用碳捕集和封存技术，对二氧化碳进行捕集、埋存、利用，从而避免了大量排放；绿氢，即可再生能源（如风电、火电等）电解水制取，实现全过程100%绿色，为终端部门深度脱碳奠定基础。

随着温室效应和气候变化的日益显著，很明显灰氢并不可取，蓝氢可以使用，绿氢是较为理想的制氢方式。同时，为实现氢能源的最大化产能生产，一方面需要拉动氢能源的需求，搭建一系列氢能源生产供应设施，另一方面，需要政府政策支持和监管框架以保证新能源经济持续性发展。

二、各城市氢产业基础

南约克郡（South Yorkshire）地区是英国英格兰中部的一个都市郡，下辖巴恩斯利（Barnsley）、唐卡斯特（Doncaster）、罗瑟汉姆（Rotherham）、谢菲尔德（Sheffield）四个城市（见图5-1），地域在英国来说十分广阔，包括城区、著名的农村经济和世界知名的工业地区。境内西部多山地丘陵，东部有开阔的平原和煤田，是一个城市密集、工业发达的都市化地区。由于交通便利、工业发达，南约克郡地区具备了发展氢经济所需的条件。

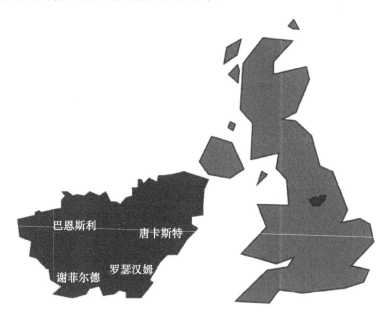

图5.1　英国南约克郡地区位置

资料来源：South Yorkshire Mayoral Combined Authority［EB/OL］.［2023 - 07 - 03］. https://www. scrgrowthhub. co. uk/areas-we-cover/.

罗瑟汉姆地处南约克郡地区东南部,位于谢菲尔德和唐卡斯特之间。罗瑟汉姆拥有世界上最大的制氢电解槽生产工厂,电解槽可以将可再生电力转化为一种具有所有灵活性但不排放任何天然气碳的气体。同时该地区还具备生产储氢气瓶的能力,作为氢能源供应链上重要一环,服务于南约克郡地区氢能源生产。

储能和清洁燃料公司 ITM Power 发布了英国首个投放公共使用的氢能源站(见图 5.2),该氢能源站位于罗瑟汉姆的高级制造园中,由英国技术战略委员会英国创新署(Innovate UK)[①]提供资金。该氢能源站创造了氢能源运输领域应用的重大需求,目前为罗瑟汉姆地区实施氢能的示范项目,为附近建筑提供部分电力支持和氢能燃料。该氢能综合示范系统包括一个 225 千瓦的风力发电机、一个先进的电解槽、一个可储存 200 千克氢气的储氢系统和功率为 30 千瓦的燃料电池动力系统。该系统还集合了 ITM Power 能源公司最先进的氢能商业化模块,是英国氢能基础设施非常重要的组成部分。

图 5.2 罗瑟汉姆加氢站

唐卡斯特地处英国英格兰南约克郡东部,是英国重要的铁路运输和公路运输的枢纽,毗邻机场和最大的陆运物流中心。唐卡斯特火车站由东海岸公司管理,是英格兰东北部的主要火车站之一,可以为氢能源在南约克郡地区运输领

① 英国创新署是英国的国家创新机构,为所有行业、技术和企业主导型创新提供支持,帮助企业在一个灵活、包容和易于驾驭的卓越创新生态系统中发展。

域的应用提供必备资源。此外，在南约克郡，陆上风能发电能力已经达到 121 兆瓦，其中唐卡斯特市北部的吐温桥风车发电能力已经达到 44 兆瓦。唐卡斯特政府计划进一步开发陆上风力发电制氢，为南约克郡地区氢经济圈的建设提供供给。对唐卡斯特现有卡车停车场进行改造，建立服务于物流行业的重型汽车的加氢站中心网络，为南约克郡地区氢经济圈提供需求。

巴恩斯利是南约克郡的一个镇，位于迪尔恩河流域，处于谢菲尔德以北，唐卡斯特以西。这座曾因煤矿和玻璃制造而著名的工业重镇有着极深的工业遗产文明。在巴恩斯利的西部有多家风力发电厂，利用风车产生的多余可再生电力制氢，可供南约克郡地区汽车及中央供热使用。同时，沿 M1 高速公路，在巴恩斯利北部设有高速公路服务站点，可以用以建设加氢站，为南约克郡氢经济圈提供支持。巴恩斯利学院低碳中心项目获得欧盟专项资金的资助，是展示现有的和新兴的低碳建筑技术和可再生能源利用技术的典范，为南约克郡地区氢经济圈提供技术支持。

谢菲尔德位于英国的中心，坐落于南约克郡，是伦敦以外英国最大的八座城市之一。从 19 世纪起，谢菲尔德市开始以钢铁工业闻名于世，许多工业方面的革新，包括坩埚钢和不锈钢，都诞生在这座城市。谢菲尔德通过 M1 和 M18 高速公路与国家高速公路网连接。M1 高速公路环绕谢菲尔德市的东北方，使其与南面的伦敦以及北面的利兹连接起来；M1 高速公路的分支 M18 高速公路靠近谢菲尔德，将该市与唐卡斯特、罗宾汉唐卡斯特谢菲尔德国际机场和亨伯港口连接起来。谢菲尔德市中心和布莱克本草原附近有两个重要城市集中供热网络，可以为氢能源在南约克郡地区供热领域的应用提供场所。谢菲尔德区域能源网络由威立雅集团开发运行，2005 年该集团在此新建垃圾焚烧发电厂，将电力输入当地电网，除此之外还依靠一部分燃气锅炉供热。

三、城市间氢能源产业合作机会

英格兰北部加氢站和世界上最大的电解槽工厂均坐落于南约克郡地区，此外该地区还具备了发展氢经济所需的土壤：①道路四通八达，交通便利；②工业历史悠久，具备创新精神；③向全球做技术输出。南约克郡地区拥有两所重点大学，而且在学术界和商界之间建立了非常成功的合作项目，这些合作进一步推动了南约克郡地区的发展。下辖四个城市由于城市间产业的紧密合作、南约克郡氢经济圈的构建拥有极大的发展机会。

（一）生产、存储和转化过程中的合作机会

英国政界及金融集团一致认为，如果采用天然气转化制氢，则必须采用碳捕集及封存技术对二氧化碳进行捕集、埋存、利用，避免大量排放。未来氢能源的需求会大幅增长，作为内陆地区的南约克郡大概率会从亨伯港口进口氢能源。亨伯港口区域可以借助海上风能产生的可再生电力生产安全可靠的绿氢，通过可以碳捕捉的天然气转化制氢，或者直接依靠港口从他国进口。

南约克郡地区的氢能源生产、存储和转移方面存在以下发展机会。

第一，通过可再生能源（如风能、太阳能等）发电产生的过剩电力制氢。在南约克郡地区，陆上风能发电能力已经达到 121 兆瓦，其中，唐卡斯特东北部的吐温桥风车发电场发电能力已经达到 44 兆瓦。

第二，在天然气管道系统中注入或混入绿氢。氢能源生产设备的建造过程会出现供给无法满足需求的问题，可以通过利用天然气管网运输氢能源加以解决。在现有天然气中混入氢气已经由 HyDeploy 项目所实施，HyDeploy 是一项开拓性的能源试点项目，由天然气分销商北方天然气网络公司和英国最大的天然气网络分销商卡登特（Cadent）牵头。试验用的氢气由可再生能源驱动的 ITM 电解槽生产，旨在探索如何在天然气管网中加入 20% 的零碳氢燃料，从而在不需要改变用户的电气设备和行为习惯的情况下，减少家庭供暖、烹饪所产生的二氧化碳排放。

第三，到 2030 年，部分英国的供气管道将 100% 转化为运输氢气。一旦该情况变为现实，南约克郡地区便可以通过天然气管道网络源源不断地获取工业生产或港口城市进口的氢气，来源包括通过海上风电电解水制氢、德拉克斯发电站通过天然气转化制氢和亨伯河口岸进口氢能源。

第四，对管道网络无法覆盖的区域，可以通过罐车或铁路运输供给氢能源。在天然气管道全部转换为氢气管道之前，通过气罐车或铁路进行运输可以作为一个临时方案，能够加快氢能源使用的普及率。

第五，可以将氢能源存储起来满足季节性的供热需求。由于电力满足了更高的能源需求，而不断增加的能源来自可再生能源，短期和长期的供需失衡将加剧，这就需要增加全年的平衡和季节性的能量储存。虽然电池和供给侧的措施可以提供短期的存储灵活性，但氢是唯一的规模技术，可用于长期储能。开发地面储气罐储存氢能源的过程会遇到各种困难。南约克郡地区已经具备容纳 1.16 亿立方米气体的枯竭气田，通过进一步研究开发后可以用来储存氢气。

(二) 运输过程中的合作机会

作为英国的交通运输枢纽，南约克郡在物流配送领域具有战略地位，同时也是亨伯港口向南航行的必经区域，这使得氢能源的应用具有十足潜力。

尽管用于氢能源汽车制造的相关设备和配套设施目前还远落后于电动汽车，但作为最有前景的脱碳选择之一，氢能源汽车在未来发展极具潜力。为开发氢能源汽车市场，初始阶段会优先在小众市场推行，如氢燃料电池汽车，一种用高纯度氢气电池装置产生的电力作为动力的汽车，在重载货车领域颇具市场。重载货车的行驶里程长，环保要求高，想要解决这些问题，燃料电动汽车不失为一个好办法。一旦实现了小规模的推广，氢气将为运营商提供一个有吸引力的商业案例。

由于氢气的便携性，与快速充电站相比，加氢基础设施只需要城市和公路沿线约十分之一的空间，而且不需要配备各类车型的充电桩(见图5.3)。

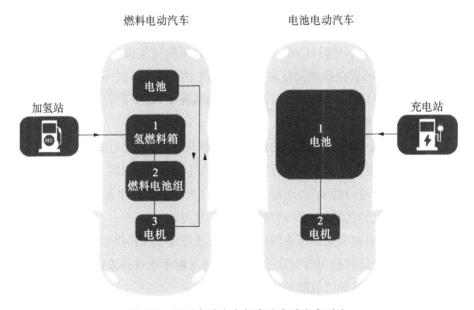

图5.3 燃料电动汽车与电池电动汽车对比

氢能源在南约克郡地区运输领域存在以下发展机会。在南约克郡市中心至周围郊区的公共交通运输线上投入多辆燃料电池公交车进入运营；对唐卡斯特现有卡车停车场进行改造，建立服务于物流行业的重型卡车的加氢站网络；在南约克郡地区高速公路服务站中建立大型加氢站，同时提供加氢及充电服务;由于柴油动力列车进行电气化改造时遭遇瓶颈,英国打算最快用两年时间推出以氢气为燃料的列车,取代现有的柴油动力列车,以减少噪声和空气污染;唐卡斯特机场飞行区内通用车辆已经开始向低碳方向转化,将氢燃料电动汽车引入机场绿色运输体系,这也是全球范围内机场向低碳能源过渡的方向。

(三) 工业领域的合作机会

南约克郡地区工业历史悠久,在特质钢材及玻璃制造、先进制造业和高科技产业方面一直是市场的领导者。现正与附近的亨伯地区紧密合作,正确布局,从而满足政府提出的零碳排放的目标,与此同时,《亨伯清洁增长地方白皮书》(*Humber Clean Growth Local White Paper*)[①]也提出了应对零碳排放挑战的战略发展路径。所以,不论是在南约克郡还是在亨伯区域,氢能源都将具有举足轻重的地位。

南约克郡地区每年大概可以生产 170 万吨的钢材。虽然该区域没有炼钢高炉,而是使用了大量天然气替代煤来锻造钢化产品,但仍会产生大量的碳排放。炼钢需要非常高的温度,使用混合氢燃料取代纯天然气燃烧被认为是脱碳的最佳途径之一。除钢铁产业外,南约克郡的玻璃产业也需要很高的温度用以产品制造,为满足既定的零排放目标,这些过程均需要脱碳。

由于大型能源消耗行业在一国经济发展中占有核心地位,需要在由化石燃料向清洁能源过渡时做好平衡,避免因技术转型导致失业率大幅提升。方案之一提倡以立法形式逐年收紧高耗能行业在生产过程中温室气体的排放。

不论是在轻、中、重工业中哪一个领域脱碳,氢能源都可以获取发展机会。在锅炉燃烧或者炼钢过程中,可在原天然气中混入氢气加以燃烧或完全使用氢能源;对制氢过程中的副产品加以利用,包括绿氢制造中所产生的氧气和通过碳捕获技术所获的二氧化碳;氢燃料汽车、火车、飞机的应用;企业在电解水制氢过程中产生氧气副产品,可以与那些需要用氧气作为原料的工业企业产生协同效应;工业生产过程中的废热可以用于天然气制氢过程中的预热阶段。

(四) 供热领域的合作机会

氢能源将在商用和民用供热领域的脱碳方面发挥重要作用。按现有供热

---

① HUMBER LOCAL ENTERPIRSE PARTNERSHIP. Humber clean growth local white paper [R/OL]. [2023 - 08 - 10]. https://cp. catapult. org. uk/wp-content/uploads/2021/01/Humber-Clean-Growth-Local-White-Paper. pdf.

领域的改革进程,短期来看,在现有的天然气管网中最高按体积20%的比例注入氢气,通过这种方式降低供暖耗能产生的碳排放,用户无须改变现有设备和管道;长期来看,改用100%的氢气,将从根本上改变包括炊具、锅炉在内的家用电器的使用状况,而通过管道运输将会使氢能源供给量远超当地所能达到的最大产量,从而满足未来氢能源的大量需求。

在英国,很多在天然气管网中最高按体积20%的比例注入氢气及100%使用氢气的项目都在有序推进之中,而这些试验的结果都可以应用在南约克郡地区。奥雅纳工程顾问公司参与了一系列100%使用氢气的研究项目,其中包括政府主导的Hy4Heat项目,该项目主要对英国家庭和企业使用氢气作为能源进行研究,旨在确定在住宅和商业建筑中用氢气替代甲烷在技术层面上是否可行、安全、方便。

南约克郡已经具有成熟的热网体系,而且未来计划在建筑物密集地区开发新的热网。现阶段,新建筑、商业地产等高密度建筑会优先选择电力供热系统。然而,在电气化不可行或者成本非常高的情况下,氢气可以取代能源系统中某些部分的天然气,例如在寒冷的冬季供暖、工业热加工和备用电力发电等情形下。

虽然采用热泵供电可以代替天然气为新建筑供暖,但对旧建筑进行同样的改造由于成本昂贵而让很多项目搁浅。氢能源可以不受这些约束的影响,氢燃料锅炉可以产生更高的热量,而且只需对家庭现有的燃气锅炉进行更换,而不用对整个中央供热系统进行改造。

氢能源在南约克郡民用和商用供热领域存在以下发展机会。一是各类建筑物供热向氢能源方向转化。学校、医院和地方政府等场所的建筑现大多使用天然气管网供热,而这些场所可以通过管道改造实现氢能源供热。氢能源可以混合到现有的燃气锅炉并使用燃料电池的热电联供技术来提高能源效率,或者是将天然气管道完全转化为氢能源运输。二是对不同住宅密度的城区分别试验小型、中型、大型的氢供热系统。南约克郡地区每年会新建4 000~5 000间住宅,对于一定比例的存量住宅或新建住宅采用氢能源供热可以作为脱碳的方案之一。三是在天然气管网转化至输送氢气的过渡阶段,或者天然气管网无法覆盖的地区,可以通过卡车运输。四是氢能源的燃烧可以有效地进行脱碳并且可以优化谢菲尔德高温区域的供热系统。五是南约克郡地区现有和拟建的天然气供热系统具备采用氢燃料发电的潜力。六是在南约克郡地区新楼盘建设中已经开始应用市场上的家用氢能源供热设备。

（五）科研合作机会

南约克郡地区拥有世界一流的学术机构、研究中心和技术型企业，可以有效地推动氢能源技术发展。南约克郡拥有两所世界性大学，谢菲尔德大学和谢菲尔德哈勒姆大学。这两所大学受高端制造研究中心资助，致力于技术创新，并向社会输出氢能源领域的人才，同时，也可以作为测试氢工业构想的实验基地。

南约克郡也是很多知名企业总部的所在地，如 ITM Power 是世界领先的储氢系统和清洁燃料系统的设计和制造商，同时为国内和国外市场生产电解槽。这类企业的存在使得南约克郡对于氢能源技术的应用具有天然的优势，也促进了氢能源技术人才数量的增长。南约克郡地区可以以高端材料制造和产业声誉为根本，快速发展成为氢能源电解槽生产的市场领导者，同时建立一支高素质的人才队伍。

在推动氢能源研究、开发当地氢能源项目、推动氢能源技术培训方面，南约克郡地区存在以下发展机会。研究组织与当地相关产业联合，明确研究方向，从而针对性地解决技术性问题；相关产业与当地的学校联合，如巴恩斯利学院的低碳中心、唐卡斯特的国家高级交通与基础设施学院、唐卡斯特大学技术学院、谢菲尔德大学技术学院等，提供一系列氢能源技术及其在建筑领域应用的培训；通过独特的教育和学徒体系，可以保证南约克郡当地的组织机构能够拥有足够的人力资本投资发展技术；鼓励成熟的产业公司向南约克郡以外的地区输出产品、技能和专业知识，扩大南约克郡氢经济在英国的影响力。

第四节 城市间医疗合作实践——中国医联体

中国在医疗资源分配方面临着结构性挑战，大约 80% 的医疗资源和病人都集中在城市的三甲医院，而其余的 20% 在基层医院或社区的全科诊所。这种倒金字塔的医疗服务体系因其在医疗资源分配方面的低效率而受到广泛批评（Yip et al., 2019）。随着越来越多的人意识到城市卫生保健服务需要以人为本之后，以改善中国城市医疗服务体系的改革已经开始。2009—2011 年的医疗改革重点是提供全民健康保险，从而提升公共卫生服务的覆盖率和可负担能力(Chen，2009)。2012年以后的改革则致力于改善公立医院的医疗服务(Gong et al.，2012)。与此相伴的是城市间医疗协作，即城市间医联体的尝试，该系统更有效地整合了区域医疗资源，并通过转诊网络重新分配病人(D'Aunno et al.，2019)。

中央多次出台鼓励构建医联体的政策。国务院办公厅发布《国务院办公厅关于推进分级诊疗制度建设的指导意见》(国办发〔2015〕70号)，指出医疗资源要共享，加强基层医疗力量。国家卫生和计划生育委员会发布《国家卫生计生委关于开展医疗联合体建设试点工作的指导意见》(国卫医发〔2016〕75号)，鼓励城市三级医院开展医疗联合体试点。国家卫生健康委员会发布《医疗联合体综合绩效考核工作方案(试行)》(国卫医发〔2018〕26号)，旨在建立医疗联合体的评价体系，促进上下级医疗机构之间的病人转诊。

然而，医疗联合体的构建面临诸多难题。比如，政府缺乏财政支持，以覆盖扩大的保险范围和培训更多的医疗专业人员；医院间存在各种冲突，如对联合体的行政管理混乱和医院间病人档案的数字化和共享困难。构建中国城市医疗联合体，需要各利益相关方的持续努力。

从全球的角度来看，医联体是对医疗服务的交付或提供的整合，而不是一个分散的系统。这种做法在英国、美国、澳大利亚、日本、德国和新加坡广泛存在。在美国，医联体是一个由母公司控股的医疗机构组成的网络，或者由医疗机构组成的企业集团网络，试图协调病人在护理过渡期的转诊(Al-Saddique，2018)。根据现有的模式，医联体可以分为纵向和横向两种模式。纵向模式整合了从预防和诊断到康复和日常护理的连续服务，转诊通常发生在不同级别的医疗服务提供者之间。横向模式则是寻找一种质量较好的特定服务类型，转诊则通过同一级别的医疗服务提供者之间的联盟、股份制或战略伙伴关系建立。

在中国，垂直的医联体通常设立在县的层级，在政策与研究文献中通常被特别描述为医共体。县级医院主导与下级的县级和村级医疗机构合作，并通过将病人转诊到不同级别的医疗机构来整合不同类型的医疗服务(Tao et al.，2018)。不同的是，横向医联体的定义则比较宽泛，通常定义为由不同级别(省、市、县、村)的医疗机构组成的医疗组织(Liang et al.，2019；Huang and Hu，2015)。病人的转诊可能发生在同一级别或不同级别的医疗机构之间。

图 5.4 描绘了两个城市之间医联体和医共体的病人转诊情况。根据当下中国的实际情况，两个城市的医疗系统被描绘成倒金字塔形，以契合城市内医疗资源集中在三级医院的情况（Yip et al.，2019）。医联体可以划分为紧密型、半紧密型和松散型三种模式（He et al.，2017）。紧密模式是指医院间的合并和收购，允许领先的三级医院完全控制医联体。半紧密模式允许主导医院在不改变原有资产持有结构的情况下经营医联体。松散模式只在医联体系统的实体之间分享信息、技术、设备和人才（Xiao et al.，2017）。横向的医联体可以在城市内部和城市之间的地域范围内发生。

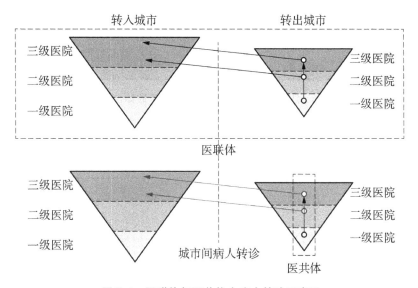

图 5.4　医联体与医共体内病人转诊示意图

江苏省南京市与宿迁市构建的医联体是一个城市间医疗协作的典型案例（丁义涛，2014）。该医联体由南京鼓楼医院（10%的股份）、金陵药业股份有限公司（63%的股份）和宿迁市政府（27%的股份）共同拥有。江苏省南京市与安徽省滁州市共同建设的医联体是一个跨越两省的城市间医疗协作案例（见图5.5）。安徽省滁州市第一人民医院被江苏省的南京鼓楼医院收购。图5.6描述了城市间医联体的病人转诊情况。这两个医联体代表了区域协调重组医疗资源的创新实践。

中国正积极推动城市间医联体的发展。国家医疗保障局2019年发文力推互联网与远程问诊支付将接入社保支付系统，鼓励远程付费，即患者在户口所

图 5.5　江苏南京—安徽滁州城市间医联体合作框架

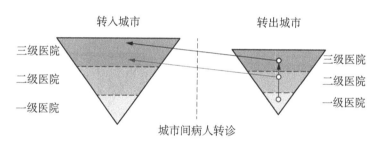

图 5.6　城市间医联体病人转诊示意图

在地以外的城市接受治疗并付费,这是城市间患者转诊的基础,对城市间医联体推进建设意义重大。

第六章
智慧城市建设

中国城市飞速发展 40 多年,不仅带来城市数量的增加与城市规模的扩大,更提升了城市系统的复杂度。而城市系统的复杂性,使得城市面临诸多"城"长的烦恼,考验着城市治理者的智慧。随科技不断进步而诞生的智慧城市建设方案,为优化现代化城市运行和治理提供了新模式、新理念、新思路。本章通过探索智慧城市的起源、概念、理论发展、政策适用,系统梳理智慧城市的来龙去脉。同时,提供三个典型案例,一是美国旧金山湾区在智慧城市建设中如何通过科技赋能打造智慧交通生态圈以应对交通拥堵;二是日本东京如何以人为本,打造智慧城市安全体系;三是中国上海作为超大型城市,在智慧城市的建设中如何探索创新发展,为智慧城市建设提供有益的参考。

第一节　智慧城市的起源与概念

一、智慧城市的起源

一般认为,智慧城市(smart city)的理念源于 2008 年美国高科技公司 IBM 首席执行官彭明盛在纽约召开的外国关系理事会上发表的报告——《智慧的地球:下一代领导人议程》。IBM 是 21 世纪初引领智慧城市发展的科技公司之一,它用智慧城市来描述公共服务和基础设施如何通过信息技术和数据分析得以增强(Back,2009)。里约热内卢的运营中心及综合指挥控制中心是早期基于 IBM 智慧城市愿景的范例。IBM 公司和里约热内卢市政府合作,于 2010 年成立互联网数据中心,采集当地约 30 家公共服务机构的数据,并将数据信息可视化。其中，综合指挥控制中心是安全和运营总部，运营中心则对交通事故、天气状况和电力短缺等城市运行情况进行可视化预警，信息传达覆盖多个不同服务机构，包括公共安全、交通运输和垃圾清运等部门。

该项目在城市道路及市政车辆上安装传感器、摄像头以及 GPS 等设备，用于采集实时信息，并即时向数据中心报告。数据中心的工作人员通过应用软件根据采集的信息识别并确定需要改进的问题及解决问题的方式。2012 年 1 月，里约热内卢市中心有三栋相邻的建筑倒塌，运营中心对此立即做出反应，工作人员指挥救护车及救援人员赶赴现场，切断煤气和电力系统，关闭附近的地铁站，在网络上发布避开该区域的警示，封锁道路，以避免次生险情的发生。运营中心在改善里约热内卢的灾害和应急管理系统，以及管理与洪水相关的山体滑坡等方面功不可没。随后，里约热内卢市长爱德华多·派希（Eduardo Paes）在美国加利福尼亚州举办的 TED 会议上发表演讲，通过与多屏数据中心的工作人员视频连线，展示了如何远程进行智慧城市管理。2011 年，IBM 公司在完成里约热内卢市的指挥控制中心建设之前，注册了商标 smarter cities，进一步强化了技术在建设智慧城市方面的意义及合作伙伴关系（SÖderstrÖm，2014）。

专门研究信息系统的教授 Anthopoulos（2017）追溯了从 20 世纪 90 年代的数字城市、虚拟城市到现在智慧城市的演变历程。数字城市主要是指在线社区、广泛使用的市域互联网连接以及特定城市的数字信息门户。其中著名的案例是阿姆斯特丹数字城市。这是一个类似城市的虚拟社区，用户可以通过一个界面创建自己的主页、新闻组、兴趣组以及社交聊天空间。

SÖderstrÖm、Paasche 和 Klauser（2014）将智慧城市的起源追溯到 20 世纪 90 年代。在当时主流的英文文献中，智慧城市描绘的是引入信息通信技术或者电子政务的城市。这些城市通过吸引高科技产业集群，实现市政系统自动化，促进经济发展。这类智慧城市的早期案例包括澳大利亚阿德莱德（Adelaide）的多功能城邦、马来西亚的普特拉贾亚（Putrajaya）和赛博贾亚（Cyberjaya）、东京的 Teleport 项目，以及计划容纳约 400 座智能建筑的其他 22 座日本城市。

自从提出将城市及各种都市活动联网的构想，21 世纪初发展起来的"智慧城市"一词就代表着将信息通信技术（Information and Communieation Technology，ICT）与城市物理环境相融合。然而，智慧城市中所蕴含的互联互通并不均衡。世界银行发布的有影响力的城市发展战略及相关的城市发展指南强调了经济增长与可持续发展及有针对性的基础设施投资之间的联系。根据斯蒂芬·格雷厄姆(Stephen Graham)和西蒙·马尔文(Simon Marvin)关于城市基础设施私有化以及分拆、分裂的基本论点,Pieterse(2008)指出,21世纪初,某些类型的基础设施开发被视为对经济发展和城市管理更有价值,尤其是能够支撑经济增长、吸引创业人才和创新型企业、改善高端服务业和制造业流动性及安全性需求的高速公路、物流港口、机场以及电信网络应被列为优先发展项目。而智慧城市的批判者则认为,格雷厄姆和马尔文的观点是分裂城市主义,可能会通过数字媒体的实施和数据驱动的分析导致社会两极分化和不平等。

大多数对智慧城市的批判集中在由产业战略以及集中化、专有化、技术中心化的城市管理和设计所塑造的意识形态上。智慧城市的显著特征也被解读为过于狭隘,因为它们太注重技术基础设施而忽视了社会的交互作用,相较于城市开发的其他方面,更注重经济发展、区域竞争力和高效的服务。作为这些批判的发起者之一,Hollands(2015)认为占主流地位的智慧城市模式支持的是当前创业型城市治理和公共空间商业化、私有化的趋势。一些学者,包括研究城市空间、计算机软件以及大数据间关系的先锋罗布·基钦(Rob Kitchin)已经将智慧城市定位为城市管理中向新自由主义创业精神转变的产物。这种转变也影响了后续提出的全球竞争性城市、可持续发展城市以及城市理论家理查德·佛罗里达(Richard Florida)提出的创意城市,即文化多元、社会包容、能吸引人才并促进经济发展的城市。可见,智慧城市的概念在辩证中不断发展。

随着经济社会的快速进步和加速转型,传统城市管理模式难以满足超大型城市的可持续发展需求,为应对人口、资源、环境等对城市发展的挑战,全球各国多以智慧城市建设作为新的城市发展理念和实践路径。美国纽约在21世纪初将"更智慧化的城市"作为城市信息化的发展目标;新加坡在2006年发布了"智慧国2015"的信息技术十年发展目标。我国于2008年提出物联网后不久便将其列入国家发展战略,智慧城市建设在物联网概念出现之后也在各地积极展开。

如今,智慧城市已从新概念的舶来品变为推动我国新型城镇化的战略抓手。经过十多年的发展,智慧城市的服务对象、服务内容已经相当广泛,我国在智慧城市领域也取得了显著成绩。相关资料显示,目前我国超过89%的地级以上城市都明确提出了构建智慧城市的相关方案,在建总数超过500个,超过全球智慧城市建设数量的一半。但我国智慧城市的发展仍在探索中，全社会对智慧城市的发展理念、本质内涵、实现路径、运营模式、改革创新等仍未形成一致意见，不同人看到的是智慧城市的不同侧面、角度和维度。建设中国特色智慧城市的核心宗旨是为我国以人为本的新型城镇化服务，解决城镇化进程中产生的现实问题。因此，智慧城市的建设不仅要以物联网、云计算等新一代信息技术和产品为依托，更重要的是要坚持以人为本，着力解决百姓的衣食住行、安居乐业、生老病死等现实问题。

二、智慧城市的概念

"智慧城市"一词本身及其相关的技术应用和管理实践，虽然被誉为创新概念，但仍需要放到城市管理和信息通信技术在城市应用的历史中进行考量。ICT是智慧城市的基础和决定性特质。通常，智慧城市被视为能够积极实施ICT的综合管理系统，主要包括采集数据支持、监测和改善城市基础设施。ICT是各种网络管理系统的基础。在智慧城市中，ICT可以实时采集并响应系统及用户的反馈，使城市运行更加高效。这种对智慧城市理解的核心是：通过无处不在、相互连接的传感器，各种有感知能力的对象，以及可将所有城市活动转化为数据的高速互联网，实现监控城市活动及行为的能力。将城市里发生的各种活动均视为数据的观点，支撑了智慧城市是一个基于数据响应系统的愿景。除了可以对环境和行为变化做出响应外，智慧城市还被认为应具有一定的预测性。与监测系统相结合，大数据分析可以在一定程度上预测未来的城市活动及状态。

当前，智慧城市的发展旨在通过不断监测城市活动的传感器及通信系统，采集海量的数据以便快速解决问题。21世纪的智慧城市在响应、适应，甚至预测用户需求和行为的能力上与前一个时代的智能城市或数字城市不同。在对智慧城市的概念进行阐释时，工程及管理学教授维托·阿尔比诺（Vito Albino）、翁贝托·贝拉尔迪（Umberto Berardi）和罗莎·玛丽亚·丹杰利卡（Rosa Maria Dangelico）指出，过去智慧城市指的是实施了数字基础设施和ICT的城市，但现在这一术语意味着ICT旨在优化每个城市系统，以实现改善服务和生活质量的目标。城市规划师、国际公认的智慧城市顾问安东尼·汤森（Anthony Townsend）曾总结"智慧城市是利用信息技术解决问题的地方"。从事智慧城市设计和实施业务的技术开发商认为，智慧城市的概念取决于将智能物联网(Internet on Things，IoT)设备集成到城市发展和规划中的能力、创新性和灵活性。

随着对智慧城市的实践和认知不断变化，智慧城市的概念在我国也逐步演进。2012 年，住建部提出智慧城市是通过综合运用现代科学技术、整合信息资源、统筹业务应用系统，加强城市规划、建设和管理的新模式。2013 年，该部门再次强调智慧城市建设是推动集约、智能、绿色、低碳的新型城镇化发展，拉动内需，带动产业转型升级的重要途径。2014 年，国家发展和改革委员会从数字化与技术角度认为智慧城市是运用物联网、云计算、大数据和空间地理信息集成等新一代信息技术，促进城市规划、建设、管理和服务智慧化的新理念和新模式。因此，智慧城市本质上是利用智慧技术对城市进行重塑和再造，是运用新一代信息通信技术促进城市创新和发展的系统工程。2015 年，网信办提出以为民服务全程全时、城市治理高效有序、数据开放共融共享、经济发展绿色开源、网络空间安全清朗为主要目标，通过体系规划、信息主导、改革创新，推进新一代信息技术与城市现代化深度融合、迭代演进，实现国家与城市协调发展的新生态。2016 年，国务院指出新型智慧城市要有无处不在的惠民服务、透明高效的在线政府、融合创新的信息经济、精准精细的城市治理、安全可靠的运行体系。新型智慧城市更加注重以人为本，采用信息化手段更好地满足人们的物质和文化需求，提高市民生活品质和幸福感；重视持续创新，在技术、体制机制、模式及应用等方面不断探索，实现城市可持续发展；强调协调融合，实现城乡、区域、物质文明和精神文明、经济建设和社会建设等协调融合发展；需要共建共享，发挥市场和社会的力量，构建全社会共建共治共享的格局；通过数据驱动，充分发挥数据资源和数字技术对政府、产业、社会、环保的带动作用，重塑数字经济发展新动能；要求统筹管理，对公共数据资源和共性信息基础设施统一规划布局、统一标准；要求安全可控，城市信息基础设施、网络、数据、信息内容、行为、环境等方面安全可控。

在学术领域，我国学者基于政策定义和实践案例对智慧城市的概念做出阐释，提出智慧城市是以创新为引领，以新一代信息通信技术与新型城镇化发展战略深度融合为基础的一种实现城市可持续发展的新路径、新模式、新业态(朱维政，2019)。智慧城市主要是指运用先进信息技术手段，全面监测、分析、整合城市运行中的各项关键信息，创新管理制度和金融制度，通过对城市各方面和各层次需求做出明确、快速、高效、灵活的智能响应，有效配置和融合人、土地、信息以及资金等城市资源,形成高效运转、可持续的城市总体生态系统(吴越,2019)。

第二节　智慧城市的理论与政策发展

一、智慧城市的理论发展

随着城市发展呈现多样性,不同的城市发展理论悄然盛行,包括全球城市理论、柔性城市理论、信息城市理论、智能社区理论,以及近年来盛行的智慧城市理论。其中影响最大的当属信息城市理论,也就是数字城市理论,该理论的提出者将城市视为信息经济的集聚地。在数字城市建设之前,还有平安城市建设的概念。平安城市建设是我国公安部主导的一项工程,主要是通过安装视频监控网络保障市民居住环境及交通出行的安全。经过多年的发展,全国范围内已建立起了城市级、区域级的监控网络,为智慧城市的建设提供了重要的基础设施条件。

研究信息技术进步与城市发展间的关系,一般从技术进步与经济社会发展历史演进入手,研究的主要问题包括技术进步对城市、社会发展的影响。20 世纪 80 年代中期以来,以曼纽尔·卡斯特(Manuel Castells)等人为代表的学者在相关领域进行了系列研究。其中有学者从技术变化的历史进程入手,分析技术进步对当地经济生活的空间作用。此类学者认为信息技术是信息革命的核心,被广泛地应用于经济活动和社会生活的各个方面,引致当地经济增长乃至相关产业的优化和改进(Dameri,2013)。美国数据科学家本·格林(Ben Green)指出新型城镇化建设离不开数字经济的技术支撑,而城市信息化主要经历了以下三个不同的发展阶段。第一是数字城市阶段,数字城市以计算机、多媒体和大规模存储技术为基础,居民办公实现了无纸化、自动化,同时网络基础设施实现了初步建设(顾朝林等,2002)。城市内政府、企业和市民的相关信息储存实现数字化,信息化应用与信息产业高度发达(李琦等,2003)。但是该阶段内数据没有得到有效分类和管理,无法成为有效的资源。同时各信息化系统相互割裂、相互独立,没有形成有效的数据共享(Repette et al.,2021)。第二阶段是智能城市阶段,智能城市通过网格化传感器,实现数据有效的分类、检索与储存,同时网络城市系统和基础设施智能化加快,形成了合理的布局

（Nam and Pardo，2011），但是信息领域垂直发展，协同决策能力仍然很弱。第三阶段是智慧城市阶段，该阶段内物联网、互联网等新技术开始应用于各行各业，因而数据获取更加开放，知识共享更加全面，决策智能化更加深入（Calzada，2021）。由此可见，智慧城市将是当前城镇信息化过程中的最高发展阶段，同时也是解决我国新型城镇化背景下诸多发展问题的最佳方式和手段（杨凯瑞，2015）。与城市信息化相比，智慧城市具有较为完善的行为意识和调控能力，具有多维度协同能力；智能感知、情境感知与认知能力；成熟的信息、知识、智能转换机制和与之匹配的决策能力；以及一定的自我学习与创新能力（Monzon，2015）。现在的研究一般都认为数字城市是智能城市的初级阶段，同时，智能城市是位于数字城市和智慧城市之间的一个过渡性阶段（Harrison et al.，2010），即城市信息化将经历数字城市、智能城市和智慧城市三个不同阶段。数字城市将实现原有实体城市基础上的数字化、可视化和网络化；智能城市是在数字城市基础上连接各类信息系统，进而实现系统间的兼容性和互相操作性，更为注重知识生产、智能决策和自动化控制；而在智能城市提供的技术平台之上，智慧城市将利用物联网实现全方位的服务创新和应用，进而实现从后勤办公到前台服务的转变，以及从商业应用到民生应用的转变（Habeeb，2017）。

根据IBM最初提出的相关概念界定可知，智慧城市将物联网技术与数字城市相结合，在提高了感知能力的基础上，同时应用云计算技术，进一步提高了计算能力（Neirotti et al.，2014），即智慧城市是数字城市发展的新阶段，是被赋予智慧的数字城市。与数字城市、智能城市相比，智慧城市主要有三点特征：第一，更为深入的感知系统。智慧城市通过构建并广泛应用传感器和传感网设备，可以更为全面、深刻地感知自然界及人类社会。第二，更加全面的互联互通。在结合使用了物联网和新一代互联网后，智慧城市实现了物与物、人与人以及人与物之间的全方位互联。第三，更为广泛的智能化。建设智慧城市的过程中，将借助大数据、云计算及人工智能等现代信息化技术，在完善智慧生产的基础上，也将丰富智慧民生（Harrison et al.，2010）。通过这三方面特征的解读，可以发现智慧城市与智能城市的区别：智能城市仅包含上述第三方面内容，主要为应用层面代替人的管控和决策的智能化，而智慧城市还包括前期不经过人工干预就能自动生成的实时、客观的数字化信息与后期信息整合、共享的互联互通机制。由此看来，智慧的概念包括数字、智能，且含义更加广泛

（Picon，2018）。

由上述文献可知，智慧城市的核心特征是"智慧"，即在信息网络及其深度互联的基础上，构建协同的信息共享机制，进行信息智能分析与处理，并实现数据开放应用服务，从而形成可以指挥决策、实时反应、协调运作的城市生态系统。目前，智慧城市政策实施的过程中，以实时数据传输与深度挖掘为基础的物联传感网络、云计算模型在城市交通、政府服务等系统中的应用逐渐增加，然而仅仅依靠建设现代信息基础设施，并倚赖技术嵌入提供城市服务的碎片化技术发展模式，并不意味着城市真正实现了"智慧"。换言之，智慧城市应当涵盖政府、基础设施、医院、学校和社区等人类活动区域内的全部主体，而真正意义上实现各主体间的互联互通也是国家实施智慧城市政策的最主要目的，即国家通过智慧城市试点政策的实施，依托数字城市和智能城市的技术平台实现城市中各个部门、各个领域的创新应用，最终达到多领域、全覆盖的可持续发展。而要实际达成此种目标，必须根据智慧城市所需的发展条件，构建全局统一、符合城市发展特色的顶层设计和政策规划。

二、智慧城市的政策发展

智慧城市建设并非仅仅基于信息科学技术应用，更重要的是如何运用科学技术更好地解决城市运行中的问题，这就使得对于智慧城市的研究扩展到了对城市发展具有直接作用的政策领域。

尽管技术可以成为促进社会变革的宝贵工具，但是技术驱动社会进步的方法从一开始就注定只能带来有限的好处，甚至可能产生意想不到的负面后果。智慧城市梦想可能引起的不良效应主要体现在：如果把每一个问题都视为技术问题，只接受技术解决方案，而拒斥其他解决办法，最终导致对于城市能够和应该如何发展产生狭隘的认知和构想。波士顿市创新与技术部的数据科学家本·格林把这种狭隘然而极其普遍的视角称为"技术障目镜"。无论谁戴上这副技术障目镜，都会把城市生活的任何毛病视为技术问题，选择性地诊断那些技术能解决的问题。戴着技术障目镜的人把市民参与、城市设计、刑事司法相关的城市挑战视为效率低下的结果，而技术可以改善这些问题。他们闭眼不见源于社会和政治动态发展的所有障碍。足够智慧的城市是一种不受技术障目镜影响的城市，其中的技术是一种满足城市居民需求的有力工具，与其他形式的创新和社会变革互相配合，而技术本身不具备价值。足够智慧的城市不会把城市视为优化的对象,而是把政策目标放在首位,认识到人和制度的复杂性,从整体上考虑如何更好地满足他们的需求(本·格林,2020)。因此,在足够智慧的城市中,技术只有在与其他形式的创新结合使用时,才能产生最为深远的影响;或者说,通过技术的应用对制度和运营进行改革,从而释放技术的价值。

城市发展最基本的内涵体现在动力、质量和公平三大元素。第一,城市本身的发展是先进生产力的平台和载体。第二,城市发展需要与资源、环境、生态取得平衡,在一种相互作用下以最小的消耗同自然和谐相处。人类居住的城市不仅应该有清洁的空气、舒适的住所,也需要一个惬意的工作环境,这是生活质量的体现。第三,公平最主要体现为城乡之间、城市之间乃至城市所代表的区域之间统筹、协调进而取得平衡。而智慧城市就是在新一轮经济增长中这三大元素在更高水平上的集合体(Washburn,2009)。智慧城市可以有效提高城市的活力,提高城市的数字化治理水平。国内的相关研究中,仇保兴(2013)认为中国当下城镇化发展面临地区发展不平衡、区域发展不平衡、大城市病等一系列问题,尽管当下信息技术产业已经相当成熟,但是智慧城市的规划和政策的实际落实情况远远落后于现代信息技术的发展,因此必须一定程度地加大智慧城市的政策扶持力度,出台相应的智慧城市政策,方能有效应对中国发展过程中的城市病。吴鸣然等(2023)通过实证分析,证明我国城市绿色创新效率的提高,更多来源于我国经济和城市建设的飞速发展,而非国家的智慧城市试点政策,并认为智慧城市政策可以有效激励城市绿色创新能力的提升,但激励作用主要来自时间效应,而非个体效应,智慧城市试点政策效应具有一定的滞后性。

总之,工业化、信息化和现代城镇化相融合为传统产业的转型和新兴产业的诞生提供了可能,而智慧城市作为发展工业化、信息化的重要政策举措,将为我国数字经济的深化提供更为具体、详尽的实践方向和途径。

在不同应用领域被广泛接受的"智慧"概念,使信息通信技术嵌入社会与人们的生活,以实时响应为特征的城市环境,都得益于智能手机、射频识别设备等嵌入式设施和物联网(Dirks et al.,2012)。在南京等地先行实践并获得较好成效后,我国其他城市也开始积极推进智慧城市规划和实践,以物联网、云计算、大数据等新一代信息技术的创新应用为重点,旨在构建基于信息基础设施与部门产业协同的政府信息共享与服务、公共资源社会化、应用服务智慧化的城市管理。智慧城市政策是继数字城市、智能城市后,将现代信息化和新型城镇化相结合的城市发展政策的最新代名词(Gasco-Hernandez,2018)。

现有文献一般从三种角度来探讨智慧城市政策。第一种角度是以智慧城市的综合规划为核心定义智慧城市政策。智慧城市是在经济发展、居民素质、社会治理、通信设施、资源环境、生活质量六个方面有良好表现的城市(Giffinger，2016；Giffinger et al.，2007)，或是由政府规划、科技进步、社会治理、政策推行、人和社区、经济增长、ICT 基础设施和自然环境可持续发展八个要素按一定顶层设计而成的城市(Alawadhi et al.，2012)，而智慧城市政策的施行就是为了建立满足以上条件的城市。王家耀等(2011)认为智慧城市政策的实施可以对政府治理、社会民生、环境保护、公共服务、经济活动等在内的各种需求做出智能化响应和智能化决策支持，智慧城市的发展离不开政府的政策支持。

第二种角度认为智慧城市政策的实施更有利于物联网、大数据、云计算等相关智慧产业的发展。Nam 和 Pardo(2011)认为落实智慧城市政策的过程中，城市在科学技术、社会管理和规划政策方面进行多角度现代信息化创新，继而使城市运行更加灵活。徐振强(2017)提出中国智慧城市政策的实施应该通过使用大数据、物联网等手段，以疏解现存大城市附属功能、带动区域协同发展为目的，坚持从"产城融合—空间生态自组织—协同经济"理论出发，实现城市内各领域、各行业向可持续维度深耕。在发展相关产业科技创新的同时，科技进步只是落实智慧城市政策发展的一个重要前提，智慧城市政策的核心价值更体现在利用现代信息技术带给居民更智慧、更美好、可持续的生活(王广斌等，2013)。美国智慧城市理事会认为智慧城市使用信息和通信技术增强其适居性、宜业性和可持续性。实施智慧城市政策的工作分三步：第一步是收集，智慧城市通过传感器、其他设备和现有系统收集与自身相关的信息；第二步是传播，智慧城市使用有线或无线网络传播这些数据；第三步是挖掘，智慧城市挖掘、分析这些数据，进而了解当前正在发生的事情和接下来可能发生的事情。

第三种角度认为智慧城市政策的侧重点在于信息基础设施建设。智慧城市政策在实施过程中，将充分利用城市信息系统对城市基础设施和服务进行规划、设计、投资、建设、管理和运作(Harrison and Donnelly，2011)。智慧城市政策将有目的、战略性地投资于新兴信息通信技术及相关基础设施建设，以谋求城市可持续发展和高效运行(Angelidou，2014)。弗雷斯特研究公司的研究成果表明，智慧城市的核心是构建相应的信息基础设施，此类城市通过智能计算技术联通关键基础设施组件和城市的服务设施。美国科技信息办公室对智慧城市的定义及对智慧城市政策的实施也集中于相应基础设施建设,即智慧城市政策旨在建立可以监测和集成关键基础设施全部状况的智能城市,包括道路、桥梁、隧道、铁路、地铁、机场、海港、通信设施、水、电力甚至主要建筑物,更好地优化城市资源,规划城市预防性维修活动并监测安全性,同时最大限度地服务于市民(李卫忠,2014)。

总体而言,智慧城市政策具有以下三个发展目标。第一,优化信息资源配置。城市信息资源库是治理城市和运行城市的基础,也是政府制定政策与规范导向的手段(Seunghwan et al.,2018)。基于个人信息、法人信息、地理信息和统计信息,构建道路状态信息、交通流量信息、城市治理信息网络。依赖物联感知网络,智慧城市可以实现无缝隙地、实时连续地收集与存储动态分布式信息,为政府高效运转和人们生活便利提供强有力的支撑(Angiello et al.,2013)。第二,城市多主体的互联互通。多样化、多主体的互联互通网络随着节点数量的增减动态调整,通过智能电话网、互联网、移动通信网、传感器网等全面覆盖并提供数据与信息交互,为公众提供服务,增加信息交互,提供自组织学习能力与智能处理能力,使信息增值的同时更加全面、具体、可用(Hollands,2020)。第三,高效的协同与共享服务。智慧城市建设的目的是实现高效的协同与共享,旨在打破由行业、部门、主体之间的边界和壁垒所导致的资源孤岛与应用孤岛问题,使碎片化资源得到战略性整合。各类资源可以根据系统需要实现协同调配与共享,使智慧城市的整体价值超过其子系统独立作用的价值(Garau and Pavan,2018)。

第三节 智慧城市建设实践

为了应对城市化带来的挑战,在过去的十多年里,全球多国大力投资建设智慧城市,投入金额逐年升高,预计将在未来五年内达到高峰(见图6.1)。由于拥有后发优势和巨大的发展潜力,亚洲国家和地区在智慧城市建设上有更大的发挥余地(德勤,2022)。

先发国家在智慧城市建设上的探索,为后发国家提供了经验。美国旧金山湾区在智慧城市建设中,通过科技赋能打造智慧交通生态圈以应对交通拥堵;日本东京在面对频发的自然灾害时,以人为本打造智慧城市安全体系;中国上

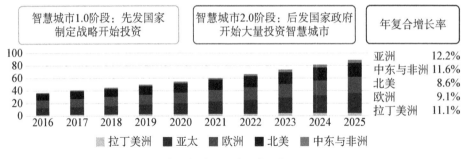

图 6.1　全球智慧城市投资金额（单位：十亿美元）

资料来源：德勤．超级智能城市 2.0：人工智能引领新风向［EB/OL］．［2023－05－01］．https://www2.deloitte.com/cn/zh/pages/public-sector/articles/super-smart-city-2-0.html.

海作为超大型城市，在智慧城市与智慧治理的建设中不断探索创新，通过"一网统管"系统优化城市运行，这为新型智慧城市的发展积累了经验。

一、美国旧金山湾区：科技赋能智慧城市交通体系

虽然 IBM 在 2008 年就提出了智慧城市的理念，但是美国真正开启智慧城市建设的标志则是 2015 年 9 月启动智慧城市周时发布的《白宫智慧城市行动倡议》（李灿强，2016）。该倡议提出，美国政府将投入超过 1.6 亿美元进行联邦研究，并推动超过 25 项的新技术合作，帮助社区减少交通拥堵、打击犯罪、促进经济增长、应对气候变化、提高城市服务质量等。

从城市的发展历程来看，1920—2010 年美国城市经历"空心化"，即郊区发展快于城市中心。但自 2011 年以来，这种趋势随着千禧一代和婴儿潮一代重返城市中心而逐渐发生逆转，城市再次增长。2016 年，美国超过 80％的人口生活在大都市区，贡献了全国 90％以上的 GDP。城市不再由单一市中心主导，同时出现了有特色的城区与次中心。因此，对于城市设计、基础设施和服务的需求也在不断增长和变化。重要的需求包括对有限空间的更高效使用、更好的步行性、对不同收入水平居民需求的满足，以及应对气候变化和其他自然或人为灾害的城市韧性。只有结合新的物理和数字技术，提出创新办法，才有可能很好地应对上述各种挑战。2016 年 2 月，美国总统科技顾问委员会发布了《技术与城市的未来》。该报告提出从交通、能源、建筑与住房、水系统、城市制造业、都市农业等几个维度出发，提升城市的创新力以及运营与管理水平（见表6.1）。同时，该报告还提出了建立创新实验室、加强部门间的联合研究、以联邦

政府资金带动私营资本投入、关注低收入社区等政策建议。

表6.1 智慧城市技术及其发展目标

城市部门	技术或概念	目标
交通	结合ICT应用和模型的多系统整合 灵活请求的电子化交通 骑行与步行的设计 机动交通的电气化 无人驾驶汽车	省时 舒适与效率 低成本交通以及公众可得 减少交通提供服务商的经营成本 零排放、零碰撞、零伤亡 减少噪声 为不足者、残障者以及老人提供定制服务
能源	推广新能源 混合发电 地区供暖与制冷 低成本能源储存 智能电网与微电网 节能照明 先进的高压交流电系统	提高能效 零空气污染 降低噪声 水与交通的同步能源管理 提高应对气候变化与自然灾害的韧性
建筑与住房	新的设计与建造技术 生命周期设计与优化 实时空间管理的感应与运营 适应性空间设计 有利于创新的融资、规范以及标准	可支付住房 健康的生活与工作环境 低价的创新与创业空间 舒适温度 提高韧性
水系统	水系统设计与管理整合 地方循环 智能测量节水 建筑与地区的再利用	活跃的生态整合 供水、排污、防洪、农业和环境的智能整合 提高韧性
城市制造业	3D打印 人力资本与设计投入的高附加值活动 创意产业园	培训与教育 城市空间的转化与再利用 工作与生活的紧密整合
城市农业	城市农业与垂直农业	低用水量 洁净运输 新鲜产品

资料来源：U. S. Executive Office of the President President's Council of Advisors on Science and Technology. Report to the president: technology and the future of cities [EB/OL]. [2023 - 04 - 23]. https://obamawhitehouse. archives. gov/sites/default/files/microsites/ostp/PCAST/pcast_cities_report___final_3_2016.pdf.

以发展自动驾驶汽车、互联网汽车为例，考虑到交通事故和交通堵塞的成本以及相关医疗支出，美国每年可以节约大概 1.2 万亿美元的开支。

美国旧金山湾区凭借其良好的科技环境，成为全球发展智慧城市的先锋。我国学者樊豪斌和蒋励（2022）基于罗纳德·阿明扎德（Ronald Aminzade）的政策内稳态概念与迈克尔·豪列特（Michael Howlett）的政策系统层级模式，将旧金山湾区发展智慧交通生态圈作为分析对象，通过研究当地的城市愿景规划等政策文件，分析了智慧交通生态圈的五层逻辑图谱（国家、区域、城市、社区和居民）、各层次的功能特点以及不同生态圈层次和主体共建共享的机制，以说明当地智慧交通生态圈解决交通拥堵问题的机制。

旧金山市为整个湾区的核心城市，近十年旧金山人口和就业岗位快速增长，每日从湾区其他城市进入旧金山的通勤车流量以及私家车保有量均持续上升。虽然公共交通网络在高峰时段的平均速度优势稳步上升，但私家车出行的高峰时段平均时速仍在放缓，拥堵问题日益严重。

当地都市交通委员会与旧金山交通局是湾区交通管理的主要行政机构。旧金山交通局负责对市区公共交通、辅助客运、停车、自行车、步行和出租车进行监督管理。都市交通委员会负责湾区九县的交通规划、筹资和协调，致力于推动湾区交通连接以及智慧交通网络建设。该委员会协调跨县市的交通网络建设，制定湾区交通发展蓝图。

长期以来，旧金山交通系统的政策或直接或间接地分离了居民，并对居民产生了不利的影响。目前的交通模式产生过量的污染和拥挤，也导致了不必要的伤亡，因此，旧金山湾区打造智慧城市的紧迫性来自以下几方面：①旧金山湾区迅速发展的经济使一些居民被迫迁移到湾区其他城市，职住不平衡增加了居民的通行时间。②2015 年，30 名居民在旧金山市区交通事故中丧生[①]。经济和城市发展不能以伤亡作为成本，交通事故的死亡率必须降到零。③旧金山温室气体排放的 43% 来自交通运输，而成为一个碳中和的城市是旧金山正在努力的目标。④到 2040 年，旧金山市区的人口和就业岗位将增长 25%。如果没有创新的模式来解决住房和交通不平等问题，旧金山将面临失去经济竞争优势的风险（SFMAT，2016）。

---

① SAN FRANCISCO MUNICIPAL TRANSPORTATION AGENCY. Vision zero in 2015：why safer streets are more important than ever [EB/OL]. (2016 - 06 - 02) [2023 - 08 - 20]. https://www.sfmta.com/blog/vision-zero-2015-why-safer-streets-are-more-important-ever.

旧金山湾区智慧交通生态圈的形成离不开国家层面的政策支持、区域层面的框架构建、城市层面的变革实践、社区层面的建设路径以及居民层面的应用场景。这五个层次组成了旧金山湾区智慧交通生态圈建设的逻辑图谱(见图 6.2)。

图 6.2　旧金山湾区智慧交通生态圈建设的逻辑图谱

资料来源:樊豪斌,蒋励.旧金山湾区共建共享的智慧交通生态圈研究[J].全球城市研究,2022,2(1):34-51.

(一) 国家层面:旧金山湾区智慧交通的政策支撑

以国家政策解决居民需求为出发点,不断探索解决城市交通问题的共建新思路。从 20 世纪 90 年代起,在美国智能化和数字化的战略背景下,旧金山湾区为应对城市扩张带来的交通拥堵问题率先开启了智慧城市的探索之路。

在这一阶段的国家战略纲领下,旧金山湾区通过交通系统的基础设施获取实时原始数据并逐步形成了在城市性能评估和运营决策中对该数据加以利用的城运技术支撑体系。旧金山交通系统广泛涵盖城市运行的基本设施元素,例如路边传感器、天气传感器、联网车辆等。同时,旧金山湾区作为国家智能城市试点,探索自动驾驶时代交通运行数字化的新方向。《国家智能交通系统2015—2019战略计划》发布后,美国交通部于2016年向所有城市发出了"智慧城市挑战赛"邀请,78个城市递交了挑战申请书。旧金山成功入围决赛,成为美国智能拼车试点、智能交通信号试点和其他智能城市应用试点的7个城市之一,获得美国交通局1100万美金的支持。旧金山湾区为应对智慧城市挑战所设计的发展框架可适用于所有城市。旧金山交通局在《旧金山迎接智慧城市挑战第一卷》(简称《智慧挑战申请书》)中发布了旧金山智慧交通三层部署框架,该框架的独特之处就在于其超越了先进技术的典型试点部署,创建了一个其他城市可以复制和定制的模型平台。

(二) 区域、城市、社区三层部署框架

1. 旧金山湾区智慧交通三层部署的范围界定

旧金山湾区交通三层部署旨在区域范围内(旧金山湾区九县)集中建设智慧交通的共享与互联功能,在城市范围内(旧金山市)集中突破智慧交通的互联功能,兼顾共享与电动,在社区范围内(旧金山市内约60个社区)满足居民在共享、电动、互联和自动方面的多样化需求。

旧金山湾区智慧交通将通过三层部署框架实现零碳排放、可持续、阶梯式机会和平等可及的交通模式。

区域范围:集中建设智慧交通的共享与互联功能。提升共享功能可以搭建区域内交通服务平台,开发安全驾驶手机应用程序、智能停车系统和动态的共乘接驳控制系统;提升互联功能可以开发区域内共乘用户的安全监管平台、加速共乘车道连接和旅客送达服务应用程序等。

城市范围:集中突破智慧交通的互联功能,兼顾共享与电动。包括构建智慧交通信号系统、防撞科技系统、出租车多跳网络覆盖、汽车技术联盟等。同时完善城市范围内的电动车充电基础设施建设。

社区范围:在共享、电动、互联和自动方面满足居民的多样化需求。设立社区挑战补助金,鼓励公共交通、电动汽车充电、移动无线网络共享枢纽、交通安全,以及第一公里和最后一公里的交通连接等创新项目,并致力于满足低收入人群、残疾人、老年人、儿童和职工家庭的多样化需求。

2. 旧金山湾区智慧交通三层部署各层面的功能特点

旧金山湾区以共享为目标,在区域、城市和社区三层范围内设计了智慧交通的发展框架和可供其他城市复制与定制的平台模型。

(1)区域层面:旧金山湾区智慧交通的框架构建。

旧金山湾区在区域范围内构建了以共享为目标的智慧交通框架,确定了共享、电动、互联和自动的交通愿景。旧金山交通局在《智慧挑战申请书中》中以交通领域为平台从区域、城市和社区三个层面对旧金山湾区智慧交通的发展进行了全面部署。旧金山交通局与美国交通部和 Vulcan 公司合作,利用旧金山的开拓性努力,创造符合公共利益的交通系统。在旧金山第一阶段愿景的基础上,旧金山交通局指出交通系统的未来是以客户为中心,与土地利用相结合且采用步行和骑行等主动型共享交通模式,确定了共享、电动、互联和自动的交通愿景。

共享:减少车辆规模和旅行成本,并改善所有用户的流动性和可及性。

电动:尽量减少空气污染、碳排放、运营成本和噪声。

互联:尽量减少碰撞和伤亡,并最大限度地提高运行效率。

自动:最大限度地减少拥堵、停车需求和运营成本。

(2)城市层面:旧金山湾区智慧交通的变革实践。

旧金山作为美国智能试点城市,将利用数字化技术,实现经济、安全、清洁的共享出行方式,引领私有制出行系统向共享出行系统的历史性变革。旧金山一直以来都是智慧交通的引领城市。早在 1922 年,九曲花街(Lombard Street)的交通设计就是智慧交通的最初体现。2012 年,为了缓解旧金山停车难的问题,智慧停车系统 SF Park 应运而生。旧金山交通局使用无线传感器监测道路停车位的占用情况,并与城市管理机构合作,根据占用情况信息及时调整停车价格。如今,自动驾驶时代的到来将从交通领域出发,引领新一轮的城市经济、社会和文化变革。

一个世纪前,城市治理一度将车辆优先于人们的需求,健康、安全和社区凝聚力临时退居次要地位,这给旧金山的城市运行带来了灾难性的结果。自动驾驶汽车是新一代的交通革命,城市应在这次历史性变革中改变这些灾难性的结果,使智慧交通惠及普通人,形成统一协调的有效制度,提升城市大脑的三大功能。第一,提升城市大脑的感知功能:依托全面的高性能的交通基础设施收集城市实时的原始数据,并通过分析这些数据及时发现城市问题,预测出行需求。第二,提升城市大脑的认知功能:通过分析城市交通数据,挖掘深层次的社会需求和供应问题,并预测未来的状态。第三,提升城市大脑的行动功能:充分调动企业和社会组织参与城市层面的交通数字化创新。

在新一代的交通革命中实现城运平台数据交换的共享性、一致性和开放性。共享性：2009 年旧金山针对开放数据立法，要求城市各部门通过电子政务提供所有非机密数据的公开访问，该立法同时为清洁技术和创新公司提供了智慧城市的支持机制和政策，以共同支持旧金山的经济发展、邻里振兴和城运平台的可持续运营。一致性：共享电动网联智能汽车中的联网汽车参考标准是智能交通工具的系统工程工具开发的，是欧洲联盟法院的标准。旧金山将使用 CVRIA 架构来设计医疗、企业和通信。开放性：侧重数据对企业和公众的开放。旧金山许多应用程序的开发都使用了 data SF（数据旧金山）提供的开放数据源，例如 Metro San Francisco、Transit Bay 和 Walkonomics，这些应用程序提高了居民在市区的出行便捷度。

（3）社区层面：旧金山湾区智慧交通的建设路径。

旧金山政府直接通过社区向居民询问他们的交通需求和挑战。旧金山在试点项目推广时首先基于社区范围。如果某个项目在社区试验阶段开展顺利，政府就可以直接签订合同并省略额外的采购流程，从而创建从创新到试验到商业化推广的快速通道。

在微观社区层面，激发市场主体活力，鼓励企业创新、高校合作和社区参与。①调动市场力量，完成智慧交通与其他智慧平台的互联互通，实现城市治理各领域的数据融合。旧金山首先将交通运输作为一个平台，然后以城市政策框架为支撑，寻求政府和企业合作的可能性；再将交通运输作为一种服务，依托街道运营和优先级管理构建以客户为中心的数据共享框架；最后形成统一政策和设计框架，并将该架构扩展至医疗、企业、通信、政务等其他城市运行领域，得到一个多层次的全面的城运视图。②鼓励企业进行智能交通技术革新，以提升交通服务水平，降低服务成本。例如，旧金山政府启动入驻创业计划，作为创建新产品和服务的一种方式，将初创公司嵌入政府中 16 周，并提前进行竞争性招标。创业公司申请只需 30～60 分钟，如果被接受，则基本上可以作为提案申请。如果一切顺利，旧金山政府就与创业公司签订合同。这是旧金山政府的一个重大转变，解决了政府在购买企业产品前无法判断其是否合适的难题，从而扫除了障碍并扩大了人才库。③鼓励高校参与智慧交通项目建设，分享试点项目的最佳实践。旧金山政府与加州大学伯克利分校和行业合作伙伴展开合作，测试、分析智慧交通项目，并向美国和世界各地的其他交通机构、学者和学生传播从这些试点项目中学到的最佳实践方法。

（三）旧金山湾区智慧交通三层部署的可借鉴性

旧金山湾区智慧交通三层部署的独特之处在于，在区域、城市和社区三个层面，推动供给侧和需求侧的交通信息反馈模式可供所有数字化转型城市借鉴。三层部署框架对于其他城市的借鉴意义主要有两方面。第一，旧金山湾区的突破方法是同时在交通供给侧和需求侧进行信息反馈，供给侧通过匝道计量、交通信号同步以及传感器、摄像头等交通基础设施的覆盖加强交通反馈控制系统；需求侧通过行为经济学和基于互联网及智能手机应用程序的推动，向居民、旅游者以及物流提供交通反馈。第二，作为智能交通的试点区域，旧金山湾区从宏观到微观层面将共享、电动、互联和自动的智慧交通愿景融合到试点场景中。因此，智慧交通三层部署超越了先进技术的典型试点部署，创建了一个其他城市可以复制和定制的模型平台。

旧金山交通局构建了智慧交通的三层发展框架，并在该框架下给出了在区域、城市和社区范围内可以进行示范运行的应用场景（见表 6.2）。旧金山交通局认为该框架相关的政策、法律法规以及科技成果可以在所有城市进行复制和推广。

表 6.2　旧金山湾区智慧交通三层部署应用场景

范围	主要倡议	试点应用场景	应用的目标
区域	构建交通服务平台	多模式信息和支付应用程序 安全驾驶应用程序 配送服务应用程序 智慧停车应用程序	减少： 单人出行次数和私家车依赖性；私家车的持有率；碰撞事故；送到和环行时间；碳排放和汽油使用量；出行的费用和时间成本
	连接高占有率的城际公路	连接高占有率公路（转化和合并） 指定接驳控制系统 实时匹配司乘的手机应用程序 为无智能手机的共乘者提供接驳的移动中心	增加： 工作可及性；公共交通客流量；共享出行次数；公共移动和聚集的可行性和移动次数；数字化的平等性 应用场景的评估标准：可及性、可负担性和运营成本
城市	城市内的多跳网络覆盖（视觉零走廊）	为公共交通、出租车和大型市政车队设计防撞无线网络 开发汽车互联技术（视觉零走廊）	旧金山湾区的模型政策、法律法规和科技成果将适用于所有城市

范围	主要倡议	试点应用场景	应用的目标
社区	共享面包车穿梭服务	夜间穿梭巴士 课后穿梭巴士	
	共享流转中心	社区挑战计划:建设配备充电桩、无线网络、停靠点、转乘交通的共享流转中心	
	自动驾驶试运行	配送和市政服务 第一公里和最后一公里的交通连接服务	

资料来源:San Francisco Municipal Transportation Agency (SFMTA). City of San Francisco: meeting the smart city challenge volume 1[EB/OL].[2023－07－01]. https://www.sfmta.com/sites/default/files/projects/2016/SF%20Smart%20City%20Challenge_Final.pdf.

(四) 居民层面:旧金山湾区智慧交通的需求导向

旧金山湾区智慧交通的应用场景均以解决居民需求为出发点,主要包括公平性、安全性和环保性需求。

2007,旧金山湾区发布《城市数字融合战略》,提出需要在数字融合过程中关注社区弱势群体,包括低收入者、移民、老年人、残障人士、单亲家庭、独居人群等,保障他们有平等的信息技术接触和开放权利。第一,保证弱势群体享受共享出行便利的公平性。旧金山计划为低收入者和老年居民提供智能手机和银行服务,使他们能够从移动支付中受益。通过提供免费的公共 WiFi 以服务负担不起移动数据流量的居民。城市将保障所有居民在新的交通革命中都能负担得起交通费。共享交通将 24 小时提供服务,以方便深夜下班的市民仍可以享受安全且实惠的交通。在低收入地区建立更多的交通枢纽,并将共享出行中的车辆全部向残疾人开放。第二,利用数字化手段保证居民共享出行方式的安全性。通过防撞技术和互联车辆系统消除致命的车辆碰撞,除自动驾驶车辆配备该设备外,还需要完成目前缺乏该技术的汽车和卡车的数字化设备更新。共享车辆将随时随地为居民服务,从而消除城市停车压力并减少停车费用。大多数停车场可以被改建成迷你公园、休闲区和经济适用房。第三,利用智能手段保证居民共享出行的环保性。共享出行将全部使用电动车辆,以尽量减少空气和噪声污染,包括轿车、货车和货运自行车。同时旧金山将加强智能电网建设,建设更多充电站。"充电站 App"是一个帮助跟踪电动汽车充电站使用情况和功能状态的应用程序。该应用程序提供充电桩的实时状态,并生成长期报告以供城市运行的决策使用。

(五)旧金山湾区智慧交通生态圈的作用与启示

1. 非限行政策下,智慧交通生态圈解决交通问题的作用机制

在智慧交通生态圈的框架下,旧金山湾区从建立共享理念、形成共享机制、满足个性化出行需求等方面考虑,以智慧化方式应对交通拥堵等问题。

第一,确立共享理念。旧金山湾区在智慧交通的每一个层面都首先设立共享的具体目标,明确实施手段以及预期效果。如区域可以共享交通服务平台、接驳移动中心、支付程序;市场可以共享多跳网络覆盖、汽车互联技术;社区可以共享流转中心、充电桩、无线网络;居民可以共享自己的创新点子和出行空间等。

第二,形成共建机制。在共享理念的引领下,从国家到居民的纵向层面,从政府到个人的横向层面形成智慧交通的共建机制。国家提供政策指导与财政支持,区域形成发展框架、明确功能布局,城市完善基础建设与互联功能,社区激发底层创新与多方参与,居民参与反馈并推动出行理念变革。

第三,满足个性化出行需求。在共建机制的作用下,旧金山湾区全社会、各层次、各主体均可以参与智慧交通的建设。这是满足个性化出行需求的必要机制。把创新践行交于企业和社区,让居民参与并及时反馈,以探索个性化出行的具体路径。把老年人、残疾人、妇女、儿童等社会弱势群体的出行需求纳入交通变革中,是满足个性化出行需求的重要内容。

第四,变革需求侧出行理念。变革需求侧出行理念是旧金山交通局在2016 年"智慧城市"挑战赛中提出的全新概念,是其智慧交通建设的终极目标。旧金山在梳理经验教训以及评估城市人口与经济发展趋势后,计划通过建立交通需求侧的反馈尽可能地满足居民个性化的出行需求,以逐步减少对汽车的依赖性。

2. 智慧交通生态圈的影响:企业、社会和政府合作的新模式

在智慧交通生态圈的影响下,旧金山湾区涌现出许多领先的社会创新与商业创新模式以解决交通领域的问题,跨界合作项目将发挥重大作用。

(1)旧金山市政府与日立公司共同开展智慧交通合作项目,将高级驾驶辅助系统与移动即服务的商业模式相结合。全自动车辆的大规模采用可能仍需

要数年时间,但智能交通已经广泛出现。日本日立公司在美国境内设立社会创新部门,目的是通过与政府合作,将商业创新模式运用于解决社会问题,提高社会福利,改善居民生活。2021年3月,日立公司以96亿美元收购了位于旧金山湾区圣何塞的软件公司GlobalLogic,标志着日立公司已从电子硬件领域向数字服务扩展。GlobalLogico拥有汽车、医疗和科技领域的广泛客户群,这为日立公司目前在美国智慧交通领域开展的项目带来了新的商业契机。同时,日立公司将带有高级驾驶辅助系统的联网汽车(包括电动汽车、自行车、滑板车、公共汽车和小汽车)和移动即服务商业模式(如共享汽车和网约车)进行结合,以满足居民更快捷、方便和安全的导航需求。

(2)旧金山休闲及公园处和旧金山市政交通局共同发起金门公园通行和安全计划,计划利用技术分析和调动公众资源改善后疫情时代金门公园的自行车和行人优先路线。2020年,新冠疫情导致公园需要增加骑行、步行和社交的安全距离。为应对疫情对智慧交通建设的冲击,休闲及公园处和SFMTA拟建立一条自行车和行人专用的跨公园路线,并限制车辆通行。该提案在2021年底前提交给旧金山监事会,以技术分析资料与公众意见为基础,设计金门公园的骑行和步行路线方案,并提供线上意见征集。

二、日本东京:以人为本的智慧城市安全体系

日本智慧城市概念最早由东京大学前校长小宫山宏提出,并在他努力之下,智慧城市建设逐渐被重视。20世纪90年代日本依托信息技术发展,加快构建智慧城市布局(冯浩等,2014)。随后,日本于2003年提出"E-Japan"战略,旨在使日本国民能够运用IT技术实现商务交易、电子政务、网络互联等功能,使居民最大限度享受IT带来的便利(谢丹,2001)。2004年,日本提出"U-Japan"战略,目的是实现泛在网络,其主要战略理念是以人为本,实现人与人、物与物、人与物之间连接。"U-Japan"战略利用信息基础设施实现从有线到无线、从网络到终端的无缝对接网络环境搭建,并且实现高速网络协作,强化电子政务、网络互联功能。2009年,日本提出"I-Japan战略2015",本战略着眼于"信息技术惠及于民",提出通过发展和完善信息基础设施,使人们可以随时随地安全、放心地运用信息技术和工具,并且通过突破信息技术应用壁垒实现国民本位,营造安全的信息技术应用环境(于凤霞,2016)。

从政府层面来看,日本各阶段战略提出的目标主要是针对政府政务治理便

捷民众需求、医疗健康远程服务民众、教育培训等方面。日本自身国土狭小,城市人口众多,建设智慧城市的重点在于服务企业与民众。

从企业和个人发展生存的环境来看,尤其在 2011 年发生了地震及海啸之后,日本政府关闭核电站,以减少能源消耗为智慧城市建设的重中之重。公共危害事件对日本建设智慧城市的影响非常显著,为构建智慧城市打下坚实的基础。日本推行智慧城市建设的根本是以人为本,建设中首先考虑市民的需要,其次提升城市运行能级和效率,最终实现便捷、安全、智能的生活方式。

据英国《经济学人》杂志于 2015 年发布的"安全城市指数"排名,东京在数字化安全、医疗保障、基础建设和人身安全等多项指标综合评比中领先于其他相同规模的大城市,尤其在全球安全方面排名第一(倪鹏飞,2016)。

从城市安全发展的角度来看,日本的相关科技水平在亚洲位居前列,在城市安全发展方面注重发挥自身的优势和特色。日本自然资源贫乏且自然灾害频发,自 2009 年起,日本政府在原有的城市基础设施建设基础上,如火情预警监测、交通流量监测、环境质量监测等各种城市相关监测传感技术,增加了政府综合地理信息系统与各城市监测系统相结合,并形成了先进的全国电子政务信息系统,打造了成熟和完善的城市安全治理体系(中华人民共和国外交部,2023)。其城市安全的主要特点是城市"秩序意识"与"社会契约"集体主义和谐共生。

在经历 2011 年的地震与海啸之后,日本政府对建设智慧社区高度重视,并通过智能技术提高建设质量与效率。同时,日本倡导以人为本的理念体现在从市民居住的社区切入,提供有效的定制化方案,在有利于家庭和社区完善的基础上,开放智能终端接口。其中,基于完善的城市规划体系,东京政府、公司、民众共同打造城市安全体系,以实现更便捷安全的出行,普及节约、环保意识(见图 6.3)。

东京智慧城市建设所采用的很多技术与市民生活习惯与市民需求紧密关联。政府通过推动数字技术,提升市民办事效率与便捷性,努力实现政务简单化、效率化和标准化,并完善政府政务可视化平台,让市民更好地监督政府的办事过程。

首先,市民可以通过电脑或手机等设备享受电子政务相关服务。企业及个人可以无缝对接金融、医疗、教育等领域的行政服务。

其次,市民可以通过数字政务跟踪企业及个人的行政程序处理情况,有助

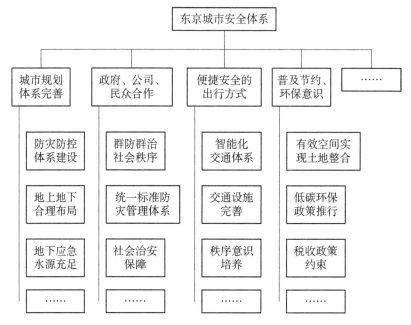

图 6.3　东京城市安全体系

资料来源：Lu P. 国际智慧城市安全治理比较研究——以东京、新加坡、上海为例[D]. 上海：上海外国语大学，2021.

于改善行政服务的质量。通过行政机构之间的数据连接，实现政府信息无纸化交换，为能源环保及可持续发展贡献力量。

最后，日本政府搭建行政服务可视化平台，并将其灵活运用于国家和地方网络中，完善国家和地方政府合作所需的信息基础设施。以现有的系统为基础，在各系统之间建立企业代码共享机制，个人社会保障号码实现一体化，各机构数据和信息实施统一对接，提升行政效率与国民及企业的便利性。

日本智慧城市建设从以人为本的建设目标出发，对智慧城市基础设施提出了更高的要求。智慧城市建设的框架以电力、煤气等基础设施建设和能源供给为核心，分别在交通、农业、环境、健康、网络等领域实现信息技术与智能互联技术相结合，对城市设施、人、车以及物形成有效的智能化管理。

三、中国上海：智慧城市与智慧治理的创新发展

智慧引领城市为提供良好经济发展环境、投资环境和就业环境，为劳动力、资本和科技生产要素集聚，为建设智慧城市均奠定了重要的基础。随着物联网

与云计算技术的发展,上海作为智慧城市建设的领跑者通过运用智慧技术从互联网时代迈向物联网时代。上海智慧城市的建设从智能技术基础设施升级入手,加强大数据分析与运算能力,完善智慧城市相关制度的建设,树立上海智慧城市建设的典范,为中国其他城市升级智慧城市建设提供有效参考。

上海在城市安全建设方面,无论从传统城市安全角度还是智慧城市安全角度来看,始终坚持面向全球、面向未来,坚持对标国际最高标准、最高水平,为提升经济发展动能、文化品质、城市治理水平等提供帮助。

智慧城市之所以能够实现实体社会与网络虚拟社会相融合,主要在于物联网与互联网的相互融合,这使得城市的网络应用和网络规模不断增大,通过无线宽带传输进一步减少市民使用网络等待的时间,网络平台系统的发达使得市民不仅仅是信息的接收者,还可以通过万物物联的形式主动参与信息的创造和发布。

在上海,政府通过"一网统管"数据总枢纽,有机会打破跨部门、跨业务、跨层级的数据壁垒,实现政府服务标准化,通过统一身份认证、统一电子印章系统,有力支撑各部门便捷高效的网上政务办理服务。企业通过"一网通办"实现网上办事,解决企业以往办事材料多、等候流程久的问题。民众通过"随申办"可以完成保障性租赁住房的申请,办理公积金相关的业务,切实解决日常生活中面临的问题。电子证照业务也为大家办理与自身相关的各项行政事务提供了便利。

(一)作为世界级难题的超大城市治理

上海是一座超大型城市,具有人口数量庞大、楼宇众多且密集、机动车数量多、交通运输活跃、企业数量多且经营主体多元化等特点。上海常住人口超过2488万、流动人口达500万以上,24米以上的高层建筑有7万多幢,100米以上的高层建筑超过1000幢,机动车月活量超过765万辆(每月出行3天以上),轨道交通里程超过800千米,工作日地铁客流量达1100万人次以上,地下管线达12万千米,市场主体超过321万家,其中危险化学品相关企业1万多家(加油站854家)。要保证各项要素能够有序高效地运行,上海需要面对超大型城市治理这样一个世界级难题。这不仅是公共管理领域的学术议题,也是与每位市民息息相关的公共话题。

超大城市治理是一个世界级难题,这和超大城市自身的特质分不开。一是超大城市作为超大规模社会,囊括的市场、社会、组织等给城市治理带来挑战;

二是超大城市形成了一个超高密度的空间,表现为人口高密度、建筑高密度、资本高密度,从而造就了人与人以及人与不同组织之间的频繁互动,既带来了机遇又增加了发生冲突的可能;三是超大城市的人流、物流、信息流、资本流都呈现出流量大、流速快的特点,从而构成了一个高速运转的有机体;四是超大城市的产业多样、职业多样、组织多样,由此形成一个高复杂性的生态系统,从而风险也更大;五是超大城市的超高速率和高复杂性带来了高度的不确定性,而超大规模会进一步放大不确定性,增加城市生活的风险;六是城市内不同主体之间的交互,如人与人、人与事等的交互带来新的创意与机会,但也增添了城市治理的复杂度(熊易寒等,2023)。

即便这六项特质使超大城市治理面临巨大挑战,但上海已然在治理模式和治理理念上形成了自身的独特性,探索出一条城市精细化治理的经验之路。2022年新冠疫情对上海治理模式的冲击,让我们都在思考是否上海引以为傲的超大城市治理模式失败了? 回答这个问题时,我们要考虑以下几点。首先,需要关注疫情本身,奥密克戎毒株的强传染性加剧了防控难度,使得城市治理的环境发生了很大的变化,这让适用于一般场景的城市治理模式无法及时转变,更不要说追求治理的高效率高质量。这种城市治理的失效揭示了"一网统管"系统运营机制的部门化,很多协调事项没有打通,当城市遭遇外在冲击时,无法进行不同部门、不同层级之间的有效协同,缺乏敏捷适应能力。其次,上海构建的城市治理网络系统"一网统管"是将现实场景在线上复刻处理,重点是线上与线下协同合作,通过线上治理补足补强线下治理。在没有遭遇冲击时,职能管理部门的数字化应用能力比较薄弱,以致面对应急管理事件会手足无措,往往无法找到智慧治理的方案。最后,城市治理的智慧系统往往要面对诸多的细节与具体问题,特别是外部事件冲击导致治理场景发生变化,更是加大了治理的难度。仅仅依靠"一网统管",无法有效整合行政力量、社会资源和市场力量,需要城市治理者在执行层面进行全方位思考与实践。

(二)智慧城市:超大城市发展的新探索

面对超大城市治理难题,需要综合运用大数据、云计算、物联网等现代信息技术提升城市治理能力。上海市"一网统管"的建设,起步于上海市精细化管理的探索与实践。2017年3月,习近平总书记在参加全国两会上海代表团审议时指出,城市管理应该像绣花一样精细,要走出一条符合超大城市特点和规律的社会治理新路子。总书记的重要指示,对上海城市治理寄予了厚望。2017

年9月,上海市浦东新区成立城市运行综合管理中心,建设浦东新区"城市大脑"系统,提升城市智能化治理水平。2018年11月,习近平总书记视察上海浦东新区城市运行综合管理中心,要求上海探索出一条中国特色超大城市管理新路子。为贯彻习近平总书记的重要指示精神,在浦东新区探索实践的基础上,上海市委、市政府要求在全市层面开展"一网统管"建设工作。

2019年11月,习近平总书记再次视察上海,指出上海要抓好"政务服务一网通办"和"城市运行一网统管"。2020年1月,为更好推进"一网统管"建设工作,上海市委批复同意组建上海市城市运行管理中心。2020年4月,上海市委、市政府召开全市"一网通办""一网统管"工作推进大会,对推进"两张网"建设提出明确要求。2020年5月,《上海市城市运行"一网统管"建设三年行动计划(2020—2022年)》正式发布。2020年9月,上海市城市运行管理中心指挥大厅正式投入使用,"一网统管"城运系统也实现了迭代升级,并在疫情防控、防汛防台、防范应对低温雨雪天气、应对大客流等工作中发挥积极作用。2020年11月,习近平总书记在浦东开发开放30周年庆祝大会上指出:"要提高城市治理水平,推动治理手段、治理模式、治理理念创新,加快建设智慧城市,率先构建经济治理、社会治理、城市治理统筹推进和有机衔接的治理体系。"智慧城市不仅仅是新技术在城市中的汇聚,也是新技术的应用场景。

将信息技术融入社区管理,减轻基层工作负担、提高基层工作效率是上海智慧城市建设中的一项尝试。通过推出社区云这项助力居村干部减负增能的智能化工具,上海在社区管理中避免了信息重复录入、台账负担较重、信息系统繁多、用户重复登录等问题。社区云能够实现统一系统入口、统一数据归集、统一社区民情管理、统一为民服务知识库以及统一社区工作者移动应用。社区云还是居民参与社区自治共治的开放平台,对居民而言,通过社区云的"居社互动"平台,依托"居务公开""社区公告""在线服务""自治议事""邻里互动"等功能板块,可以进行线上社情民意表达和参与社区治理,从而实现居委与居民的零距离沟通交流,让居委有更多渠道收集民意、汇集民智、沟通民情,增强居民与社区之间的互动,提高居民感受程度。

(三)智慧治理:有精度和温度的城市治理

智慧治理的本质是将"人"置于城市治理的核心,即充分响应和满足市民的需求。更进一步来讲,智慧治理本身是智慧城市实现发展愿景的核心机制与路径(武英涛,2021)。当智慧治理实现之时,智慧城市的发展与建设也就实现了质的跃升。在智慧城市系统中孕育的智慧治理能够使超大城市的数字治理实现显著的提升，也能进一步实现智慧城市的升级。智慧治理需要厘清城市治理主体的权责，细化管理的颗粒度，从居民和企业的需求出发，梳理城市发展中的现实问题。上海在超大城市的智慧治理当中，从城市最小管理单元的应用场景开始进行探索，通过智慧化手段对最小管理单元进行实时感知，从而汇集多维数据来观测整个城市的运行情况，对于存在的各种显性问题和隐形风险尽可能及时解决和处置。

上海在智慧治理中的城市最小管理单元包括楼宇、社区、基础设施和公用事业等，形成了多维度的城市运行数据来源。其中，将楼宇作为智慧治理的城市最小管理单元，是通过建筑信息模型（building information modeling，BIM）工具打造楼宇的数字孪生系统，形成对楼宇实体的虚拟映射，对楼宇的静态数据（包括但不限于房屋所有权、楼宇状况、保护要求）和动态物联感知数据（如人流量、能耗量、烟雾感测、电梯运行情况等）进行实时监测。当数据系统发现楼宇中存在风险时，能够及时预警，通知管理部门应对处置。将社区作为城市最小管理单元，是通过运用了云技术的应用形成居民和社区互动的新方式。社区可以通过掌上应用发布通知和公告，使得公益讲座、家庭医生签约、接种疫苗通知等咨询和公共服务能够更容易触达居民用户。居民在掌上应用中可以通过问卷、投票等功能参与社区建设，提升城市建设参与度。将基础设施作为城市最小管理单元，是通过物联、数联和智联对关键基础设施的运行状态进行监测，实现城市治理从经验判断向数据分析转变，准确掌握基础设施的健康情况，保障城市基础设施的安全运行。将包括能源、自来水和公共交通在内的公用事业作为城市最小管理单元开展智慧治理，可以实现管理精细化、生产智能化和运维高效化。以居民用水量为例，智慧化管理中的水量平衡系统能够自动接收区域内供水示范区管网模型的压力需求和水量预测，通过数据模型计算得出最优供水调度方案，再向生产系统传递指令，实现居民用水的按需供应和动态调整。城市最小管理单元的设置，使得智慧治理中的权责关系更为清晰，提高了处理问题的效率。上海从多维度设置智慧治理的城市最小管理单元，在丰富的数据来源中观测城市运行的生命体征，使得城市运行更有序，居民生活更温暖。

（四）智慧城市和智慧治理上海实践的意义和启示

在 2021 年发布的第二届"智慧城市政府 50 强"榜单中，上海排名全球第八，位居国内第一。在各项评比中，上海在基础设施建设投入、数字政府建设及人工智能领域三个方面表现亮眼，各分项指标总体表现优良。具体而言，上海在方案支撑、创新生态系统和运行绩效上成绩突出;在战略愿景、领导力、财政激励、人才准备和政策配套上表现中等;而在项目预算与以人为本上表现相对较弱。通过横向比较,上海在践行"人民城市人民建,人民城市为人民"的理念上,还可以进行一些有益的尝试。

第一,根据超大城市发展的特点,布局智慧城市和智慧治理技术矩阵。上海"十四五"规划中,经济社会发展的主要目标要求是:到2025年,城市数字化转型取得重大进展,国际经济、金融、贸易、航运和科技创新中心核心功能迈上新台阶,人民城市建设迈出新步伐,谱写出新时代"城市,让生活更美好"的新篇章。为此,上海在医疗、教育、养老、文化旅游等领域全方位打造数字生活服务体系,推进优质普惠的公共服务。要实现超大城市的高效治理,需要以前瞻性的视野布局智慧城市和智慧治理所需要的技术矩阵。与智慧城市密切相关的技术包括物联网、云计算、移动互联网、大数据等现代信息技术以及遥感、地理信息系统、卫星导航定位系统等空间信息技术。上海在打造智慧城市的过程中,以应用场景为牵引,正在全面推进与人工智能、数字孪生等新技术相适应的新型基础设施系统建设和超前布局。根据"十四五"规划的要求,在新型基础设施建设方面,上海全面推进5G独立组网建设,着力提升"双千兆"宽带网络承载能力;推动卫星互联网建设,构建陆海空天一体化通信网络体系;构建全球信息通信枢纽,增加海缆登陆点和海缆登陆数量,扩容亚太互联网交换中心,持续提升省级互联网出口带宽;建设全球数据枢纽平台,在现有国际互联网转接业务基础上,加快实现境内外数据在上海交互和处理;统筹部署面向未来的智能计算设施,建设"E级超算"硬件水平的高性能计算设施和大数据处理平台,持续优化互联网数据中心建设布局。

第二,以居民和企业的需求为导向,深化围绕智慧城市和智慧治理的主题研究。目前,上海乃至全国的智慧城市建设多以供给为导向,即以政府本身所能够提供的服务为基础来进行建设。这种发展模式虽然短期容易取得成效,但是长远来看对经济发展的促进作用有限,居民和企业的参与度不高,居民获取信息的能力也会受到限制。因此,在后续的智慧城市建设和智慧治理过程中,以居民和企业的需求为导向,提高社会公众的参与度,有利于智慧城市和智慧治理的发展行稳致远。将以人为本的理念融入智慧城市建设的规划,需要开展更全面的相关研究。虽然全国范围内已经成立了一批智慧城市研究机构,但是智慧城市和智慧治理的相关理论研究仍然滞后于实践。智慧城市建设是一个涉及多个学科的系统工程。智慧城市建设和智慧治理涉及的学科包括计算机科学、信息工程、地理信息系统、公共管理学、区域经济学、城市社会学等,是典型的交叉学科。我国部分大学学科之间往往相互分割,难以培养出跨学科的复合型人才。虽然不少高校成立了公共管理学院,但是相关专业教师往往是文科背景,对物联网、云计算、大数据、人工智能和5G等现代信息技术的了解有限,难以深入开展智慧城市研究;而信息科学技术专业的教师虽然懂现代信息技术,但是对城市规划、公共管理和社会学等缺乏经验,也难以全面地对智慧城市发展理论进行研究。目前,智慧城市理论方法研究比较零散,尚未形成完整的体系,应该让高校、科研院所等研究机构更多地参与到智慧城市建设和智慧治理发展的过程当中,结合实际案例开展理论研究,使得上海的智慧化能够更加符合居民和企业的需求。

第三,完善智慧治理机制体制,发展智慧城市相关产业。智慧城市建设和智慧治理与城市发展中政治、经济和社会的方方面面均关系密切,需要有统筹协调的部门负责智慧城市的规划、建设、管理和运营等工作。上海在智慧治理过程中,在市、区、街镇三级建立了城运中心和平台,解决部门资源碎片化问题,实现"一屏观天下,一网管全城"。通过城市运行"一网统管",可以发现传统管理领域中与市民需求、城市运行不相适应的地方,可以放大原先看不清、看不见的城市问题,更好地配置各部门的资源,还可以实现准确地预警、预判问题,大大增强各部门的主动性和协同性。通过推进跨部门、跨地区、跨层级的政务信息共享和业务联动,实现智慧治理,提高政府部门提供公共服务的质量。通过互联网信息技术促进社会组织、社会公众等社会力量参与城市治理,有序开放公共数据资源,深化大数据在城市建设中的应用,有利于促进城市治理精细化,并促进智慧城市相关产业的发展。上海在城市治理的数字化转型过程中,与科技企业合作,推动智慧楼宇、智能交互、智慧应用等领域的发展,让科技赋能智慧治理不仅在社会资源调配、经济秩序维护和民生保障等方面提供有效的解决方案,而且也逐步实现智慧城市建设助力产业升级。例如,上港集团超远程智慧指挥控制中心在全球港口中首次使用F5G技术实现超远程控制港口大型设备进行作业,实现现代智慧港口运营模式的重大突破。操作员可以在100多千米外多点对洋山岛上各种大型港机设备进行远程操控,极大提升了远程操作效率。在智慧城市基础设施建设的基础上,推动相关产业的发展,能够助力产业升级,为城市的经济和社会发展提供全新动能。

第七章
城市公共卫生安全与治理

　　2020年1月30日,世界卫生组织总干事谭德塞在瑞士日内瓦宣布新型冠状病毒肺炎(COVID-19)构成"国际关注的突发公共卫生事件",直至2023年5月5日才解除在同一地点拉响的世卫最高级别警报。这场持续三年多时间的新冠疫情让世界发生了翻天覆地的变化,全球经历了由阿尔法、德尔塔、奥密克戎等新冠病毒变异毒株引发的多轮疫情高峰。截至2023年5月4日,世卫组织数据显示,全球累计报告确诊病例逾7.6亿,死亡病例超过690万。这不仅给城市带来了公共卫生安全的巨大挑战,也让城市治理引发了全新的思考。面对大流行病时,如何采用科学有效的政策和方式对人口密度高、人口集聚的城市进行治理是一个棘手的问题。就新冠疫情来说,运用经典传染病模型发现城市规模与最终感染人数之间的关系,对疫情防控尤为关键。但是在具体政策选择时,需要寻找与经济发展的平衡点,因为城市的发展是多维的,也是短期冲击与长期愿景相结合的。以美国城市治理来说,疫情防控下的治理议题涵盖经济发展、基础设施建设、住房、能源与环境、公共安全、人口统计、财政预算和管理、健康与公共服务等。

第一节　城市规模与传染病传播

　　新冠疫情暴发以来,引发了全球性的关注和对其感染规模的研究。采用经典流行病学传染模型 SIR(susceptible-infective-recovered,易感者-染病者-康复者),各国的学者在不同地域和背景下对其进行了研究,其中许多研究都对该模型预测感染规模的可行性提出了不同的修正和补充。本节回顾经典的传染病模型 SIR 和 SEIR(susceptible-exposed-infective-recovered,易感者-暴露者-

染病者-康复者),总结采用该模型预测新冠疫情趋势时的不同视角和对该模型的补充和扩展,并对准确性和实用性进行一定的讨论。进而在 SIR 模型中引入城市规模,考察该因素对新型冠状病毒传播率的影响。最后论述可以通过减少易感人群来降低传染系数,从而降低再生数,且城市规模越大越应采取严格的社交疏远措施以降低易感人群数量。

一、经典传染病模型

2019—2020 年的新型冠状病毒大流行是一个突发的全球性事件。病毒传播速度之快,传播范围之广,传播渠道之复杂都迫使不同国家和地区的学者对流行病的传播规律进行了新的探索。从 2020 年初开始,到各国限制航班及外籍旅客入境,全球都处于社交疏远的状态之中。不可否认,疫苗问世之前,控制疫情仍依赖于积极的社交疏远措施。这些措施在很大程度上切断了人类社会的社交网,特别是城市地区的社交网。探讨流行病学传播模型 SIR 的准确性与实用性是模型考察的起点,综合考虑城市规模与传染率正相关的关系,可以找到社交疏远与经济发展的平衡点,从而在未来面对类似凶猛的传染病时,或许能够帮助政策制定者出台科学准确的政策。

在纳入城市规模因素前,需要考察新冠病毒传播的主要特征,根据经典的流行病学模型 SIR 与 SEIR,有以下三点。第一,因为人类没有新冠病毒的接触史,所有能够接触到这种病毒的人可能都易感。这意味着易感人群是世界上人口的总和(Stier et al.,2020)。第二,由于新冠病毒是一种呼吸系统疾病,较其他传染病更易传播,因此该病毒再生数 R 高于其他非呼吸系统的传染病(Stier et al.,2020)。第三,无论环境条件如何,如在不同的湿度或温度下,新冠病毒的再生数 R 似乎都高于世界各地的流行阈值 1(Stier et al.,2020)。

流行病模型将大小为 N 的人群按其在每个时期的健康状况划分为几个亚组:易感人群(S-susceptible)、暴露人群(E-exposed)、感染人群(I-infective)、恢复人群(R-recovered)和死亡人群(D-dead),这样 N=S+E+I+R+D。g 是退出率(包括感染人群的平均恢复率或死亡率),σ 为潜伏期发展为患者的概率。图 7.1 中的箭头显示了时间进程。图 A 是更简洁的经典 SIR 模型,图 B 是加入暴露人群组别(E)的 SEIR 模型,与 SIR 相比,SEIR 进一步考虑了与患者接触的人中有不发展为患者的个体,即先天免疫者。

随着易感人群(S)的耗尽,有效 R 值降低。社交疏远或接种疫苗的本质是

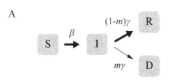

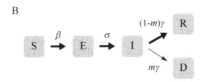

图 7.1　流行病学 SIR 和 SEIR 模型

将人们从易感人群中剔除，从而减少 S 与 N 的比值，等效于再生数 R 和感染系数 b 的下降。

　　SIR 和 SEIR 模型是预测流行病趋势最常见的经典模型。刘雅姝等（2020）检索了 21 篇采用经典 SIR 和 SEIR 模型研究早期新型冠状病毒感染的相关文献，发现共有 3 项研究使用了 SIR 模型，另有 11 项研究使用了 SEIR 模型，通过比对预测数据与真实数据，发现魏永越等（2020）的 $SEIR^{+CAQ}$ 模型预测的累计确诊人数峰值以及峰值出现时间与实际情况最为接近。

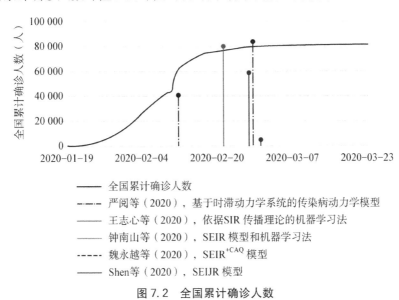

图 7.2　全国累计确诊人数

资料来源：刘雅姝，吴琪俊，陆一涵，等. 新型冠状病毒肺炎（COVID - 19）预测模型分析［J］. 公共卫生与预防医学. 2020. 31(3)：10 - 13.

钟南山院士团队利用 SEIR 模型和机器学习法[1]，预测国内疫情峰值到来时间为 2020 年 2 月 28 日。各省市利用 SIR 或 SEIR 模型的预测对中国的疫情防控都起到了积极的效果。

此外，国内外许多学者对 SIR 模型进行了补充和扩展。Cooper、Mondal 和 Antonopoulos（2020）对 SIR 模型进行了补充和修正，他们认为 SIR 模型的易感人群总数并不是一成不变的，实际上在周期性暴发阶段，总体易感人群会增加。李遵先和苟长义（2020）进一步考虑了一类具有 Laplace 扩散项的 SIR 传染病模型，理论分析和数值模拟结果表明，减少易感者与感染者的接触、提高治愈效率以及隔离感染者等方式可以降低基本再生数 R，从而抑制疾病蔓延。Senel、Ozdinc 和 Ozturkcan（2021）在研究 SIR 模型中的噪声数据时，使用 SPE（单参数估计）方式对 SIR 模型进行了完善。他们指出 SIR 模型存在两个潜在问题：①通过模型变异试验，发现发展中国家参数估计的稳健性不够；②参数估计与新冠病毒的观测特征不相容。因此提出甲 SPE 方法来避免这些潜在的问题。Amdan（2022）构建了含 Mittag-Leffler 分数阶导数的 SIR 流行病模型，从而让 SIR 模型解的正确性很大程度上取决于 Atangana-Baleanu-Caputo 分数阶导数的阶数，并且他们利用分数阶导数研究了 SIR 模型的存在性和唯一性。

二、最终感染人数与城市规模正相关

以上的相关研究，无论是基于经典的 SIR 或 SEIR 模型，还是对其进行拓展或补充，都在论证该模型的准确性和实用性。SIR 或 SEIR 模型给我们的最直接启示是：在疫苗问世前，必要的社交隔离是降低易感人群数量和感染系数，从而抑制疾病传播的唯一方式。本部分基于 SIR 模型的准确性，探讨城市规模与感染系数是否高度正相关，在无干预的情况下，城市规模越大，再生数 R 是否也将越大，最终感染人数比例也越大。

Stier 等（2020）指出城市是以广泛而激烈的社会经济活动为基础的，从经济规模到犯罪率，再到某些传染病的流行程度，这些可衡量的属性都是由社会经济相互作用所导致的。这些社会经济的相互作用会受到众所周知的尺度效

---

① YANG Z, ZENG Z, WANG K, et al. Modified SEIR and AI prediction of the epidemics trend of COVID-19 in China under public health interventions [J]. Journal of Thoracic Disease. 2020, 12 (3)：165-174.

应的影响,而尺度效应又会被城市人口规模所放大。所有这些关系都与社会经济网络的平均联系程度(即人均社会联系数)高度相关,且人均社会联系数随着城市规模的幂律近似增加,即 $\kappa(N)=\kappa_0 N^\delta$,其中 $\delta\simeq 1/6(7,8)$。可见城市规模对人均社会联系数有着显著影响。

根据移动电话社交网络的数据,50 万人口的城市平均有 11 人在其移动电话社交网络中,500 万人口的城市大约有 15 人。这与疾病传播有关,因为平均传染系数与人口规模成正比[$b\propto k(N)$],因此,在大城市中新冠病毒感染病例的初始增长率会更高(Stier et al., 2020)。在大城市的传播过程中,再生数 R 的增加有两个重要的后果。首先,再生数 R 为流行病在人群中的传播设置了一个有限的阈值。当 $R<1$ 时,一种被引入的疾病会因为在传播过程中受到抑制而死亡;而当 $R>1$ 时,因为 $R\sim N^\delta$ 是增加的(Stier et al., 2020),疾病传播将被放大,导致流行疾病迅速传播给几乎所有人(见图 7.3)。

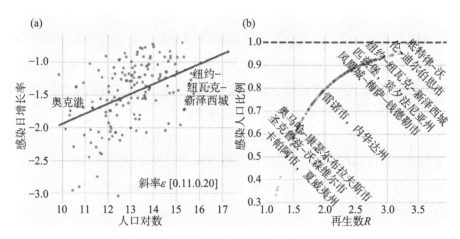

图 7.3　新冠病毒感染病例在大城市增长更快

左侧图(a)显示了美国大都市区新冠病毒感染病例的估计指数日增长率,这些估计基于城市病例呈指数增长的假设。与华盛顿州奥克港相比,纽约-纽瓦克-新泽西城的病例增长速度大约快 2.4 倍。所以,在缺乏有效控制的情况下,大城市的流行病传染预计比小城市更广泛(Stier et al., 2020)。

右侧图(b)显示,除非采取降低社会接触率的措施,否则 R 值越高,最终感染人群也越大,即城市规模越大,越容易受到传染病和信息传播的影响(Stier et al., 2020)。

这些对于疫情早期阶段的研究结果有许多重要意义。首先,大城市迅速采取行动抑制疫情传播尤为重要。其次,社交疏远对城市的影响因城市规模而异。从遏制疫情的角度来看,大城市需要更严格的社交疏远政策和更高的疫苗接种率。一旦疫情得到控制,可以首先放松小城市的社交疏远政策,使其更快地恢复正常生活和经济活动,而人口较多的城市地区应暂缓或逐步放松社交疏远政策。

大城市中社交网络密度高,社交距离不足可能导致大规模的疾病暴发,并成为传染源,从而继续在其他地方造成传染。在城市内部也有相同的动力学规律,从疾病传播的角度来看,人们互动更为密集的社区(例如市中心)可能会成为传染源,从而延长疫情的持续时间,并产生二次感染波,这是值得政府高度关注的。

三、城市社交疏远与经济发展的平衡点

随着控制新冠疫情的策略不断发展,城市居民特别是政府官员需要谨记城市系统中各个部分均对城市发展发挥着重要作用,包括城市的经济实力、创新能力以及居民的社会心理健康。能否成功抵御爆发性流行病,取决于在阻止疾病传播的同时,尽可能多地保持人与人之间的联系。

为此,对安全的社会经济接触和交流类型的研究至关重要,以便成功控制疫情同时维持居民的基本生计、社会经济能力以及心理健康。原则上,可以充分利用新型实时数据,从而在本地、区域、国家和全球的不同范围内创建因地制宜的疾病控制策略。

武文韬等(2020)采用 SIR 模型拟合参数表明,湖北省采取弱防控措施和较强防控措施时,接触人数和感染概率同时降低 45% 和 50%。耿辉等(2020)的研究显示,基于严格限制出行的隔离措施能够使潜伏和感染人群的峰值降低 45.71% 和 29.90%。这些数据表明严格的隔离和疏远措施对疫情早期的控制起到了良好的效果。但如何把控城市社交疏远与经济发展的平衡是一个值得深入研究的问题,尤其在经济发达的大城市,如纽约、东京、巴黎等,应对社交疏远的距离、持续时长以及实施的特定地区进行量化分析,从而既能在防控上兼顾城市的经济社会发展与公共卫生安全,又能在疫后复苏阶段帮助城市快速恢复。

第二节　疫情防控下的城市治理——美国案例

2020 年新冠疫情给美国的经济发展、公共卫生以及种族平等带来了前所未有的冲击与挑战。美国城市联盟自 2020 年 3 月以来持续追踪美国各城市的城市治理政策变化，本节基于该联盟机构发布的《2020 城市状况分析》，研究各城市的市长从 1 月至 4 月的公开演讲，详述当下城市治理的价值引导、城市愿景与使命、城市经济和公共卫生状况以及亟须改善的社会问题，分析美国城市应对公共卫生健康与经济发展双重危机的政策倾向以及疫情下美国城市治理的重点与难点。

一、新冠病毒早期大流行下的美国城市

2020 年伊始全球就深陷新型冠状病毒大流行的危机，截至 2022 年美国新型冠状病毒感染确诊病例数超 9 000 万，累计死亡病例超过 102.5 万①，为全球感染人数和死亡人数最多的国家。美国的所有城市在公共卫生、经济危机和种族主义冲突方面都经历着巨大的变革与挑战。

在叠加疫情与种族冲突的动乱时期，美国城市仍具有韧性与稳定性。各城市市长们积极应对出新型冠状病毒大流行引发的公共卫生危机和经济下行的双重挑战。市长们身处第一线，与工人、消防、警察、环卫和公共卫生部门的负责人一起带领所有市民共渡难关。

美国的城市政府是先于联邦政府对病毒做出反应的行政机构，城市政府很早就颁布了针对疫情防控的居家令，并采取了必要的措施减缓病毒的传播，最大限度地减少对社区居民的负面影响。佛蒙特州伯灵顿等城市强制执行居家令，以减缓病毒的传播。同时该城市政府与社区紧密合作，为一线抗疫工作人员生产高质量的口罩，并建立虚拟资源和恢复中心，为居民提供食物和其他支持。在疫情防控初期，美国经济深陷困境，失业率高达 14％以上，而且因政府财政困难，更有 100 万以上公共部门工作人员被迫经历大幅的减薪或失业，而公共服务部门的裁员直接导致城市应急响应时间变长。同时，社会服务和青年

① 新华社.综述:美国新冠病例超 9 000 万　累计死亡病例超 102.5 万[EB/OL].[2023 - 06 - 15]. http://www.news.cn/world/2022-07/22/c_1128854699.htm.

项目协调员的减少也导致暑期项目和家庭健康访问的减少，这些都是必不可少的社区服务。

二、疫情防控下美国城市治理的十大重要议题

美国各城市市长在 2020 年 1—4 月间发表了 131 次城市现状演讲，这些公开演讲来自不同人口规模和不同地理区域的城市。以人口规模划分，演讲分布于以下四类城市：不到 50 000 人城市（42%）；50 000～99 999 人城市（20%）；100 000～299 999 人城市（28%）以及 300 000 人或以上城市（10%）。以地理区域划分，演讲分布于以下四类城市：东北部城市（24%）、中西部城市（21%）、南部城市（27%）以及西部城市（28%）。每次演讲都有主要议题和精确的重点话题。每个重点话题均对应以下 10 个主要议题中的其中一个：经济发展、基础设施建设、财政预算和管理、住房问题、公共安全、健康与公共服务、教育、能源与环境、政务数据和科技以及人口统计。如果该演讲中重点话题的词数至少占演讲的 10%[①]，则将演讲内容定义为涵盖了重点话题对应的主要议题。

美国的城市正经历着新的变革与挑战，市长们的演讲报告充分体现了美国应对健康与经济双重危机的政策倾向性，涵盖城市政府的价值引导、城市愿景与使命、城市经济和公共卫生状况以及亟须改善和解决的社会问题。许多城市在卫生和社会服务、小企业支持以及社区治安方面都采取了创新措施。此外，市长们也在演讲中指出卫生、教育、公共安全、住房、经济发展和交通等领域暴露出来的问题与挑战。

131 份市长演讲报告中，出现频率最高的 5 个议题依次为：①经济发展（75%），经济发展是市长们讨论最多的重大问题。艺术和文化作为促进市中心地区社会交往的有力工具继续成为经济发展中的热门话题。②基础设施建设（63%），水利基础设施的升级，以及如何提高设施效率，并在未来更好地抵御自然灾害。③住房问题（40%），将为无家可归者提供负担得起的住房和服务作为优先处理的社会问题。④能源与环境（39%），应对气候变化和全球变暖是所在城市的首要任务。⑤公共安全（37%），通过消防安全教育和公众宣传来加强消防部门和社区之间的互动。此外，其他被讨论的重要议题依次为人口统计（35%）、财政预算和管理（32%）、健康与公共服务（32%）、教育（17%）以及政务

---

① 该最低阈值根据特定主题演讲的平均部分计算，可衡量市长对某一主题的重视程度。

数据和科技（8％）（见图7.4）。

图7.4　2020年1—4月美国市长演讲十大议题分布情况

资料来源：National League of Cities. State of the Cities 2020［R/OL］.［2023 - 04 - 01］. https://www.nlc.org/resource/state-of-the-cities-2020/.

（一）经济发展

在疫情防控和疫后复苏阶段，重点扶持小型企业和少数族裔持有的企业是激发市场活力的主要手段。毫无疑问，城市是美国经济的引擎。城市领导人通过提供政策服务来促进当地经济的发展，当前的主要策略包括帮助企业家建立网络形象，鼓励他们竞标城市合同，帮助他们与小额贷款机构建立联系等。有证据表明，在经济低迷时期小型企业的竞争最为激烈，但如果这些小型企业得到政策扶持，很可能成为经济复苏的核心力量。

根据小型企业管理局的数据，2009—2012年，63％的新工作岗位均由小企业创造。2020年市长们继续推进扶持小型企业和企业家的政策。路易斯安那州巴吞鲁日市市长制定了一项小型企业认证计划，为该市在社会和经济上的弱势企业提供支持。北卡罗来纳州达勒姆市政府发起了帮助少数族裔和妇女创立企业的倡议，并通过与 Built2Last 公司合作提供技术支持，设立专项的债务和股权基金，为新创立的企业提供营运资金。在阿肯色州的小石市，市长弗兰克斯科特计划为该市少数族裔和女性持有的企业制定一个多样化的供应商采购计划，并计划在未来三到五年内将该城市在这些企业上的开支增加到至少25%。这些政策表明美国各城市的领导人致力于支持小型和少数族裔企业发展，以激发城市未来的经济活力。这给面临困境的小型和少数族裔企业打了一针强心剂。2020 年短期内面临倒闭风险的小型企业数量达到 420 万家，包含 4 780 万个工作岗位。为了解决这个危机，俄亥俄州莱克伍德市启动了一项租金支付偿还计划，该计划向受疫情不利影响的小企业提供高达 3 000 美元的租金偿付补助金。俄勒冈州的威尔森维尔市通过一项小型企业新型冠状病毒救济金计划，向 125 家小型企业拨款 40 万美元。田纳西州查塔努加市专门为少数族裔持有的企业举办了网络研讨会，以加强对申请小型企业管理贷款的支持。

城市的发展与治理不仅要致力于商业繁荣和创建市民的美好生活，还应在压力下支撑企业发展。经济发展的五大重点话题为：①中心城市建设（52%）；②艺术与文化建设（44%）；③城市社区建设（34%）；④就业机会（24%）；⑤商业创新和商业发展（22%）（见图 7.5）。

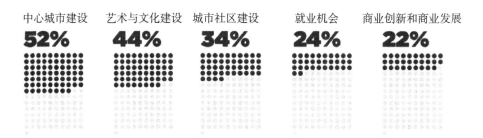

图 7.5　2020 年 1—4 月美国市长演讲有关经济发展的五大重点话题

资料来源：National League of Cities. State of the Cities 2020 [R/OL]. [2023 - 04 - 01]. https://www.nlc.org/resource/state-of-the-cities-2020/.

（二）基础设施建设

保持基础设施和公共工程领域的投资，可以减缓病毒的传播和增强城市韧性以确保城市的疫后复苏与长期发展。从供水设施、下水道和垃圾处理服务到道路建设和维护,城市的基础设施建设和公共工程服务是保证城市平稳高效运行的关键。

美国超过 1 700 万工人受雇于基础设施工作,基础设施建设作为城市发展最重要的组成部分,在疫情防控期间需要更多的支持。2020 年,市长们表示将通过升级老化的基础设施和促进公共交通的公平使用,解决城市基础建设与城市发展不匹配的问题。俄勒冈州独立市表示,政府正在投资废水处理设施,这些设施不仅能及时且高效地处理排放的废水,而且不会对社区环境造成污染。在新型冠状病毒大流行来袭之前,乔治亚州的费耶特维尔市就开始建造溪水污染控制厂,以改善陈旧的基础设施,使水资源管理更加有效且高效。公共交通改善方面,北卡罗来纳州的维克森林市已经计划启动第二绕城巴士的运营,逆时针绕城行驶以方便市民出行。

2020 年的基础设施建设面临着前所未有的挑战,政府财政吃紧对其继续改善资本、维护基础设施和其他重要公共工程服务的能力产生了重大影响。根据 2020 年 4 月美利坚商业领袖峰会的一项调查,35％的城市表明本年度需要削减在基础设施建设领域的预算,并将预算用于公共卫生领域以应对新型冠状病毒的冲击。马里兰州的巴尔的摩和宾夕法尼亚州的费城等城市都有向居民提供高质量饮用水的紧急计划,保证不会因拖欠水费而停止供水服务,并同意免除居民的滞纳金。华盛顿州西雅图市的公共服务部门将在新的 7×24 小时避难所扩大卫生服务,以提高对无家可归人口的安置能力。这些服务包括新建 16 个便携式厕所和 8 个新的洗手站。蒙大拿州的废水监测项目成功地监测了类阿片类药物的传播,这促使人们开始探讨是否可以在当地社区利用废水监测病毒的传播。如果可行,这将是一种有效的数据收集策略,因为城市可以较低的成本提高其监测能力,从而填补人际接触病毒的监测盲区,并监测无症状病例。

基础设施建设的五大重点话题为:①道路和街道标识系统建设(55％);②城市供水和排水系统建设(47％);③行人交通设施建设(31％);④基础设施融资(28％);⑤公共交通建设(27％)(见图 7.6)。

(三) 住房问题

美国近三分之二的租房者买不起房,并且居住稳定性差是新冠病毒感染率居高不下的主要原因之一,因此政府对城市住房的支持与调控在 2020 年新冠病毒大规模流行时显得尤其重要。需进一步落实住房供应体系多样化的改革,

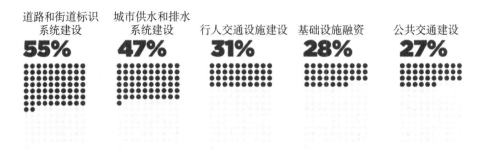

图 7.6　2020 年 1—4 月美国市长演讲有关基础设施建设的五大重点话题

资料来源:National League of Cities. State of the Cities 2020 [R/OL]. [2023 - 04 - 01]. https://www.nlc.org/resource/state-of-the-cities-2020/.

扩大弱势群体的住房资源,以确保每个居民都能获得安全且可负担的住房;增加城市居民居住稳定性,以控制疫情传播。

许多城市已采取各类举措来满足弱势群体的住房需求。加州长滩市启动该市首个安全停车计划,为以车为家的市民提供一个安全的避风港。该市还在监狱里配备临床医生,在图书馆配备社会工作者,以确保无家可归者能够获得相应的帮助。西弗吉尼亚州查尔斯顿市聘请城市无家可归者外联协调员,协助制定了劳动力计划,旨在为无家可归者提供潜在的工作机会。印第安纳州华沙市与当地的开发商合作,新建平价老年公寓 72 间,同时配备各种便利设施。作为"林登市中心"计划的一部分,俄亥俄州哥伦布市将新建 100 间老年公寓和商业场所,以方便老年人在市中心地区的出行。

因疫情原因,住房危机加剧,低收入居民的住房负担加重,无家可归者人数骤增。研究人员估计,在确保社交距离的前提下,需要投入 115 亿美元来提供 40 万张新的庇护所床位,以安置所有无家可归的人。同时,随着经济衰退的加剧,城市无家可归者的数量可能会持续增加。截至 2020 年 4 月,全美已有 2 200 万人申请失业,31% 的美国房客未能支付 4 月份的房租。尤其是非裔租房者,房租占其收入比例达 50% 以上,因此住房危机在非裔家庭中更为严峻。在疫情防控期间,城市在住房和无家可归者安置问题上的措施对减少病毒的传播至关重要。加利福尼亚州洛杉矶市的 400 万居民中有 63% 是租房者,该市目前已禁止对需要援助的租户进行驱逐。华盛顿特区实施了驱逐和止赎禁令,以帮助租户在疫情期间能保持稳定的居住环境,并要求房东向面临财务困难的租户提供可行的租金支付计划。俄亥俄州辛辛那提市计划在确保社交距离的前提下将会议中心改造成无家可归者的收容所。截至 2020 年 4 月,纽约市一共为 6 000 位市民提供了必要的暂时住所。

随着住房以及公共卫生危机的加剧,城市更需要确保每个居民都能获得安全、稳定和负担得起的住房,并应高度关注城市弱势群体和病毒传播风险人口的居住问题。住房问题的五大重点话题为:①住房供应与发展(32%);②可负担住房(29%);③分区规划(27%);④无家可归者问题(24%);⑤旧房改造(19%)(见图 7.7)。

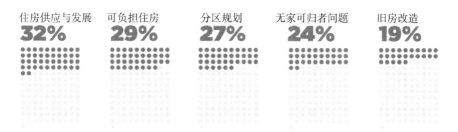

图 7.7 2020 年 1—4 月美国市长演讲有关住房问题的五大重点话题

资料来源:National League of Cities. State of the Cities 2020[R/OL]. [2023 - 04 - 01]. https://www.nlc.org/resource/state-of-the-cities-2020/.

(四)能源与环境

城市必须推进可再生能源生产,保护自然资源,且需要对极端气候事件做好应对准备,实现城市的可持续发展。近年来,美国许多城市越来越重视保护环境、应对气候变化和减少温室气体排放。同时,各级政府还认识到环境卫生与社区居民的身体、心理和经济健康密不可分。

北卡罗来纳州达勒姆市计划通过食物垃圾、庭院垃圾和生物固体废物大规模转化为混合肥料的项目来减少需要填埋的城市垃圾,如果项目顺利,到 2024 年达勒姆市可以将运往垃圾填埋场的垃圾减半。印第安纳州成立了路边垃圾处理小组,并计划清理居民院子里废物中的塑料袋,以防止有害污染物进入土壤。印第安纳州布卢明顿市实施了该市有史以来第一个可持续发展计划,计划明确了现在到 2023 年期间具体的、可衡量的可持续发展目标与手段,如建立"变革性可持续性投资基金"。2019 年 10 月起,阿拉巴马州贝塞默市与联邦、州和县的合作伙伴通力合作,在全市范围内陆续建造了多处的风暴避难所。然而,在许多城市,应急准备、可持续发展、健康问题和经济发展常常被视为独立的治理问题。如果城市能够采取整体思想和方法解决这些问题,社会回报将会更高。如果政府能发动城市各行业劳动者设计创造性的环境保护方案,城市定能应对多重挑战并推动地方经济发展,社区居民也可以更好地应对未来的冲击和压力。

许多市长已经明确表示经济复苏必须优先解决气候问题。2020年5月7日,包括10位美国市长在内的C40城市群发表了一份原则声明,声明中表示:"我们不应该回归原本的商业模式——因为我们已身处一个气温上升了3℃的世界。"城市政府应利用弹性视角分析各部门的所有预算决策,并采取总体规划和统筹的指导思想,建立各部门联系,加强当地应对环境、能源变化的能力,改善居民健康,帮助城市经济复苏。

能源与环境的五大重点话题为:①环境监测与跟踪(28%);②绿化与城市景观(27%);③环保能源经济(20%);④太阳能(17%);⑤气候变化与全球变暖(17%)(见图7.8)。

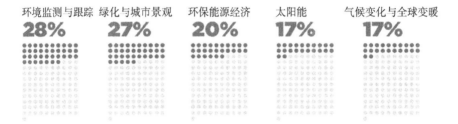

图7.8 2020年1—4月美国市长演讲有关能源与环境的五大重点话题

资料来源:National League of Cities. State of the Cities 2020[R/OL]. [2023 - 04 - 01]. https://www.nlc.org/resource/state-of-the-cities-2020/.

(五) 公共安全

公共安全是决定一个社区整体生活质量的最重要因素之一。城市治理应加强公共安全教育和宣传,促进警民互动,同时应保障疫情期间一线公共安全工作人员的资金支持。

华盛顿州埃弗雷特市计划重振社区警察学院,旨在减少社区犯罪,加强警民互动。西雅图市启动"社区反应计划",委派训练有素、值得信赖的社区志愿者协助警察进行枪击事件发生后的安抚和支持工作,进而平息紧张局势,支持家庭和幸存者,阻止进一步的暴力行为发生。虽然美国长期以来"严厉打击犯罪"的目的在于改善公共安全状况,但不幸的是,它导致了美国较高的监禁比例和极高的再犯率。"严厉打击犯罪"的做法是否为最佳举措引起了社会关注。针对该问题,美国一些城市推出了各种改革司法系统的举措,如纽约州奥兰治县对其审前拘留计划实施了改革。法案改革将取消几乎所有轻罪和非暴力重罪案件的保释金和审前拘留，且不管辩方有没有要求，警察都应该在 15 天内将相关拘捕的材料移交给辩方。北卡罗来纳州达勒姆市设立了一个轻罪改判法庭，对初犯者进行有依据的酌情处理。

虽然疫情对这些举措的进展构成巨大挑战，但各城市政府仍将司法改革作为工作重点。印第安纳州印第安纳波利斯市通过释放低级别罪犯和对低级别罪犯发放传票来减少入狱人口。宾夕法尼亚州费城市调整了对低级别犯罪的警务巡视，避免不必要的人身拘留，力争最大限度地减少病毒的传播；与法院合作，提高对老年人、医疗弱势群体和因低级别犯罪而被拘留的监狱释放程度；改善当地惩教设施内的卫生条件。哥伦比亚特区改善监狱医疗条件，加强社交隔离，并为囚犯和狱警提供培训，限制病毒的传播。

疫情除了对司法改革产生影响外，对财政的影响可能导致公共服务的缩减。根据 2020 年 4 月美利坚商业领袖峰会的调查，削减公共服务将影响公共安全，因此地方领导人应优先保证疫情期间身处一线的公共安全工作人员能获得必要的资助与支持。公共安全的五大重点话题为：①执法部门（50%）；②消防部门（39%）；③交通安全（19%）；④紧急医疗服务系统（8%）；⑤监禁部门与累犯（5%）（见图 7.9）。

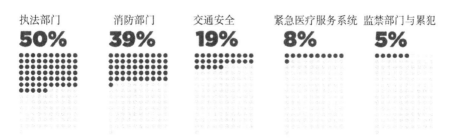

图 7.9　2020 年 1—4 月美国市长演讲有关公共安全的五大重点话题

资料来源：National League of Cities. State of the Cities 2020 [R/OL]. [2023 - 04 - 01]. https://www.nlc.org/resource/state-of-the-cities-2020/.

（六）人口统计

人口普查的完整和准确程度决定了联邦政府项目是否能准确反映和服务美国的人口构成与需求，疫情防控期间应鼓励创新的人口普查方式。人口普查数据是国会划分区域和进行资源分配的重要基础，数据的准确性保证了各级政府作为市民代表的客观性。城市、城镇和村庄依靠人口普查数据进行资源分配、应急准备、救灾和复原规划等。

在美国,尤其是在历史上人口数量被低估的社区中,实现全面、准确的居民人数统计在疫情期间更为重要也更具挑战性。在 2020 年人口普查的第一阶段正式启动几个星期之后,美国人口普查局宣布将人口普查的工作时间表史无前例地延长至 2020 年 10 月 31 日,以确保公众和人口普查局雇员的健康和安全。同时,受疫情影响,人口普查局的实地普查也出现了延误,这对于人口数容易被低估的家庭普查尤其不利,包括含有 0~5 岁的幼儿(美国最大的未被准确统计的群体)、少数族裔、租房者、农村和城市中心的低收入者以及英语水平有限群体的家庭。由于疫情,在社区中登门走访等传统的实地普查策略不再可行。各地正使用新的技术手段开展人口普查工作。得克萨斯州达拉斯市使用 Hustle 软件提供人口普查信息,该软件还能同时提供虚拟欢乐时光、诗歌之夜和电影等线上娱乐。这次人口普查也更注重与社区工作人员的合作,因为他们与社区居民相互信任,更了解难以统计的人口的现状。佛罗里达州北迈阿密海滩的领导人通过将人口普查信息纳入在线教堂服务中,获得了一个长期关注语言、识字和移民问题的克里奥尔语社区的人口信息。内华达州拉斯维加斯市将人口普查巧妙地与健康计划和食品银行结合起来。

虽然人口统计局根据防控需要调整了工作方式,但各地正在以各种创新的方式开展人口普查,以确保对所有居民进行全面和准确的统计。人口统计的五大重点话题为:①公民参与度(36%);②2020 年人口普查(33%);③社区精神(22%);④人口多样性(11%);⑤青壮年(8%)(见图 7.10)。

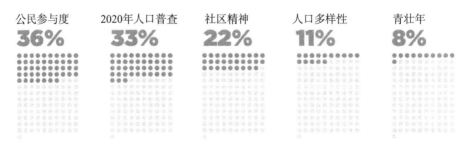

图 7.10　2020 年 1—4 月美国市长演讲有关人口统计的五大重点话题

资料来源:National League of Cities. State of the Cities 2020 [R/OL]. [2023 - 04 - 01]. https://www.nlc.org/resource/state-of-the-cities-2020/.

（七）财政预算和管理

城市的财政预算和管理是经济财富和竞争力的驱动要素，平衡财政预算和节约社会资源是应对疫情冲击的关键点。城市治理应为经济投资提供服务，为推动经济发展不断完善基础设施建设，城市建设与社区人民的健康、安全和福利息息相关。

政府需履行公开政府财政预算的责任并接受公众的监督。城市政府如何管理好其与州政府和地方政府的关系，重建财政盈余是各城市的工作重点之一。路易斯安那州巴吞鲁日市实施了预防性修复政策，将来自外部供应商的维修车辆数量减少了 50％，并通过内部维修节省了市教区的开支。密歇根州兰辛市通过与该市工会谈判，解决未来资金不足的债务问题。特拉华州威尔明顿市的政府性基金余额在过去三年内增加到了 1 700 万美元。犹他州盐湖城启动了内部风险评估，为不可避免的风险事件做好应对计划，以确保盐湖城继续兴旺发达。

尽管做出了各种努力，但因疫情持续蔓延，地方政府的财政能力已到达极限。近九成的城市预计由于疫情的影响，2020 年度的预算将出现严重短缺。西弗吉尼亚州查尔斯顿市在 2019 财年批准了 9 890 万美元的预算，但 2020 年仍可能出现 200 万美元的财政赤字。科罗拉多州一个城市的预算总缺口甚至达到 4 100 万美元。路易斯安那州新奥尔良市政府官员估计，由于销售税收入的损失，该市 2020 年的财政收入可能减少近 1.5 亿美元。

为了应对疫情带来的冲击，各城市不遗余力地通过推迟征收房产税、暂停营业执照费和取消图书馆收费来减轻居民和企业的额外财政负担。许多城市因财政问题被迫削减公共服务，但疫情期间也是社会最需要公共服务的时候。因此，2020 年各城市的财政预算与管理面临着前所未有的压力与挑战。

财政预算和管理的五大重点话题为：①领导与治理能力（18％）；②财政预算的透明度与规划（16％）；③财政平衡与运营能力（15％）；④房产税（15％）；⑤政府债券（11％）（见图 7.11）。

（八）健康与公共服务

通过为居民提供健康项目、心理咨询和良好的卫生设施，健康与公共服务将改善所有居民的生活质量和提高一线抗疫人员的心理健康关注度。近几年来，健康风险评估和员工健康计划等举措被广泛运用，以管理医疗成本、提高生产力和减少缺勤。随着美国医疗保费的持续快速增长，各城市正积极扩大医疗

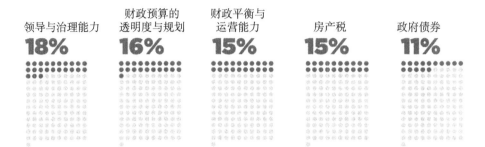

图 7.11 2020 年 1—4 月美国市长演讲有关财政预算与管理的五大重点话题

资料来源：National League of Cities. State of the Cities 2020 [R/OL]. [2023 - 04 - 01]. https://www.nlc.org/resource/state-of-the-cities-2020/.

资源、加大医疗保险覆盖范围和增加额外医疗服务，以满足居民的医疗保健需求。

俄亥俄州哥伦布市开设了一个社区市场并配备救济药房，为低收入者、弱势群体提供免费食品、处方和健康检查。密歇根州萨吉诺市新建一所先进的康复医院，新增 48 张住院床位、门诊治疗和国家中风康复医学研究。随着心理健康成为大家日益关注的问题，市长们表示将通过加强公共安全来改善影响居民心理健康的物理环境。爱达荷州瀑布市通过为该市警察、消防员及其直系亲属制定心理健康计划，解决急救人员最大的心理问题——情绪和精神上的胁迫感。为了改善消防员的情绪和缓解他们的身体疲劳，明尼苏达州罗斯维尔市政府新建了一个特殊的桑拿房，帮助消防员清洗他们在火灾救援过程中接触到的化学物质，并为该市消防局制定了一项心理健康计划。

疫情防控之下，医务人员仍然坚守在第一线，他们的身心健康越来越受到关注。加州旧金山市政府与民营企业合作建立心理健康机构，以丰富短期心理健康可用资源，提供一对一的员工咨询服务，并为急救人员提供 7×24 小时的心理健康服务。像旧金山一样，其他城市也陆续扩大城市员工的短期和长期心理健康服务资源，并优先为拯救他人生命而奋斗在一线的抗疫人员服务。

健康与公共服务的五大重点话题为：①公园与休闲娱乐建设（62%）；②医院和诊所医疗（15%）；③健康生活方式（10%）；④心理健康（9%）；⑤营养膳食和食品沙漠问题（9%）（见图 7.12）。

图7.12　2020年1—4月美国市长演讲有关健康与公共服务的五大重点话题

资料来源：National League of Cities. State of the Cities 2020［R/OL］.［2023 - 04 - 01］. https://www.nlc.org/resource/state-of-the-cities-2020/.

（九）教育

青少年是城市的未来，城市政府需要满足青少年及其家庭的教育需求，为青少年提供接受高质量教育的机会，普及学前教育为接下来的政府工作重点。近年来，不同族裔和收入群体之间的入学准备差距略有缩小。为了保持这一趋势，城市政府必须继续保持教育的灵活性和创造性，同时继续支持最需要帮助的幼儿和家庭。

2020年各城市在入学准备上做出了新的调整。北达科他州格兰德福克斯市政府与社区开展合作，积极培养学生的社会和职业经验。加利福尼亚州州立大学长滩分校拟在未来十年持续增加招生人数。虽然2020年度新入学的学生中部分学生需进行网上课程，但疫情过后14个新建教室将容纳更多的学生进行课堂学习。在俄亥俄州哥伦布市，儿童权益组织正在制定一项普及学前教育的战略计划。

2020年，为了遏制病毒的传播，许多城市的学校暂停线下授课，改为网络课堂，以及利用社交媒体向所在学区传达公共信息。同时，各城市努力确保粮食安全，通过调动资金援助学校间的粮食分配；与社区合作，协调给居民提供的食品；向医务人员和其他一线抗疫人员提供其年幼子女的保育服务。在芝加哥市，对冲基金公司城堡投资（Citadel）、城堡证券（Citadel Securities）及它们的合作伙伴提供了250万美元的援助，以支持芝加哥公立学校和芝加哥食物银行向市民提供必需的食物。

教育的五大重点话题为：①基础教育（15％）；②高等教育（12％）；③职业培训和发展（11％）；④图书馆（8％）；⑤教育基金（8％）（见图7.13）。

图 7.13　2020 年 1—4 月美国市长演讲有关教育的五大重点话题

资料来源：National League of Cities. State of the Cities 2020［R/OL］.［2023 - 04 - 01］. https://www.nlc.org/resource/state-of-the-cities-2020/.

（十）政务数据和科技

各城市政府积极使用技术手段来提高政府流程的透明度，以此确定最受市民欢迎的活动、项目和服务，并发现潜在的改进机会。近年来，各城市逐步提高了科技平台的使用频率，以传达和获取关键的政策和议题。2020 年，各城市积极推进智慧城市的建设。纽约州萨拉托加温泉市与该市的科学光纤网络公司（SiFi Networks）正式启动 5G 光纤网络的建设，这将提高城市的互联网速度和 WiFi 服务，吸引新的企业进驻。同时，威瑞森通信公司（Verizon）承诺投资数百万美元以支持全纽约州首家 5G 设备的建设。此外，各城市也鼓励市民使用社交媒体平台改善生活质量。如阿肯色州小石城鼓励居民们参观小石城的各种景点，并在社交媒体上分享自己的旅行经历，参与抽奖。这不仅是一种与公众互动的方式，也是让居民了解城市历史和美学遗址的一种方式。加利福尼亚州圣马科斯市通过社交媒体的大数据分析确定最受市民欢迎的活动、项目和服务，以便更好地了解人们对这座城市的感受，并通过改善城市治理的不足，巩固城市优势以提升社区居民的生活品质。

智慧城市在疫情防控中充分发挥了优势，部分城市使用传感器收集数据，确定市民是否遵守社交距离的规定，从而有效地阻止病毒传播。新泽西州伊丽莎白市在疫情期间部署无人机，时刻提醒人们遵守社交距离的规定。犹他州盐湖城与科技公司合作，利用智慧城市技术追踪感染病毒者的接触者，并向社区通报情况。在新冠疫情暴发之后，各城市积极推进社交媒体的使用以保护高危人群。例如河滨市长在推特上说："加州政府已经向加州各县、长期护理机构和该州 13 个最大城市提供了 1 亿美元的紧急补助资金，并立即用于帮助无家可归者的安置工作。"社交科技的进步很大程度上帮助居民在实施居家令的同时仍可满足自己的社交需求。城市正依靠智能技术和社交媒体传达政府政策,向居民传播准确的信息,从而与公众进行有效的沟通。

政务数据和科技的五大重点话题为:①行政效率与效能(29%);②智能城市建设(5%);③大众媒体(4%);④数据治理与绩效管理(3%);⑤政府公开数据(2%)(见图7.14)。

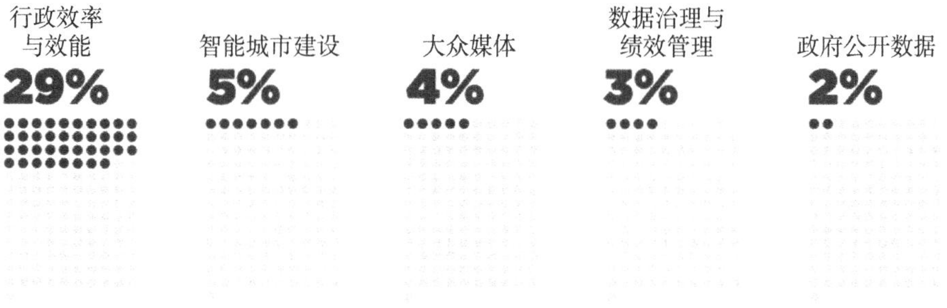

图 7.14　2020 年 1—4 月美国市长演讲有关政务数据和科技的五大重点话题

资料来源:National League of Cities. State of the Cities 2020[R/OL]. [2023 - 04 - 01]. https://www.nlc.org/resource/state-of-the-cities-2020/.

城市市长们演讲的号召性展现了美国"强市长"城市治理体系的灯塔作用。通过分析 2020 年 1—4 月的 131 次市长演讲内容,可以看出疫情下美国城市治理的重点与难点集中在经济发展、基础设施建设、住房问题、能源与环境、公共安全五大领域。在 2020 年初疫情暴发时面临公共卫生和经济危机的双重挑战下,市长们主张城市治理应集中精力支持公共服务,尤其是公共卫生和公共安全,增强基础设施的弹性建设,扩大住房供应体系,鼓励新能源的使用,制定合理的财政预算,同时发布有针对性的政策以支持少数族裔和妇女所持有的小型企业,更好地满足城市社区日益增长的需求,并为疫后漫长的复苏之路做好准备。

三、经验与启示

2020 年全球疫情之下,很多城市均在寻求疫情防控和经济发展的平衡,以应对公共卫生和经济发展的双重危机。往往危机也是契机,在面对类似的大流行病危机时,需要城市治理者能够识别机遇,控制风险,提升城市治理能力。

在经济发展方面,应加大中小企业扶持力度,进一步激发市场活力,鼓励商业创新,促进经济复苏。鼓励新经济形态发展是保持经济增长活力最重要的手段之一，鼓励跨界、跨地区的商业模式融合和创新。2020年，线下实体经济受疫情冲击较大，在正常复工复产之后可以考虑线下实体空间的多重利用模式。例如鼓励餐饮企业和文化生活企业共享实体空间以节约场地成本，帮助企业复苏。此外，还应该以疫情为契机，鼓励高附加值产业建设。疫情下的经济建设不仅要考虑如何应对短期的经济下行，还要走向高质量的长远发展之路。

在基础设施建设方面，应以可持续发展和韧性建设为基本理念，加大与城市常态和非常态应急治理体系相匹配的基础建设投资。大流行病暴露出每个城市在非常态应急治理体系中基础设施建设的优势与短板。在疫情暴发后，医院病床位、隔离收容场所都极度短缺。缺乏预防性的收容场所建设对疫情暴发后患者的收容能力造成巨大影响，不利于第一时间控制疫情传播。因此，可以在未来的基础设施建设中考虑其在非常态应急情况下的变通性和实用性。例如，在社区层面可以规划类似"15分钟生活圈"的公共健康单元，针对日常健康和疫情应急两大类进行健康设施和服务考虑。

在住房方面，应扩大住房供应体系，重点关注城市外来人口的住房问题，加强城市居民的住房稳定性。疫情防控中，城市的流动人口和租房者是病毒传播的高风险人群，因此居住的稳定性对于社会稳定和公共安全都十分重要。可以完善外地人口在城市住房的登记和跟踪，提供一定住房补贴以鼓励租房者长期稳定地居住在固定房屋。同时，还应关注社区弱势群体的住房问题，在特殊时期要给予一定的支持和补助。

第八章
美国商务航空业企业行为与城市分类

通常城市分类都是基于城市的特征,如人口规模、经济体量、产业形态等,抑或基于城市的功能,如综合型城市、工业型城市、交通枢纽型城市等,从企业的角度对城市进行分类的研究并不多,更鲜有研究考察企业的市场行为与城市类型的交互作用。本章通过梳理美国商务航空业的发展历程,尝试探索自1978年去除规制后的市场化自由竞争阶段,美国航空企业在不同类型城市的市场中所展现的行为。首先去除规制带来了管理创新,即枢纽—辐条式航空网络(hub-and-spoke system)的形成,从而让不同类型的企业(包括传统型航空企业①和低成本型航空企业②)将城市划分为枢纽城市和支线一般城市。其次,起飞和降落城市的乘客构成是航空企业进行城市分类的重要依据,如旅游胜地的游客群体和大城市的商务人士。不同的乘客构成是航空企业采取市场竞争行为的重要依据,并且与企业的行为进行交互,从而使城市的分类更细化,也更复杂。

第一节 美国商务航空业发展历程与城市分类

一、美国商务航空业发展历程

美国商务航空业始于 20 世纪 20 年代末,其业务是为美国邮政局运输邮件。30 年代初,客运服务随之而来。最初,美国邮政局有权制定邮件费率,但

---

① 如美国的达美航空、中国的国航。
② 如美国的西南航空与勇气航空、中国的春秋航空。

1934 年的《航空邮件法》将这一权力赋予州际商务委员会（Interstate Commerce Commission, ICC）。州际商务委员会建立了一个竞争性的投标系统，以确定哪家航空公司可以在特定的路线上运输邮件。提供每千米最低价格的航空公司将获得航线特许权。所以航空公司倾向于提交非常低的标价，以确保保留自己所服务的航线，同时预计以后将被允许提高服务费。然而州际商务委员会通常不允许提高费率，这导致许多航空公司因无利可图而处于破产的边缘。这种无利可图的情况被那些支持政府监管航空业的群体作为重要证据，证明不受监管的航空公司将受到破坏性竞争的困扰。这些支持者认为政府监管是必要的，可以确保航空业发展成为美国运输部门的一个稳定和健康的组成部分。

美国 1938 年通过《民用航空法》将航空业置于联邦监管之下。该法案设立了民用航空管理局，两年后改组为民用航空委员会。民用航空委员会被授权制定最低和最高费率，并决定行业参与者的数量，同时还被授权决定公司的航线结构。因此，民用航空委员会可以阻止现有的航空公司进入一条新的航线或放弃其目前服务的航线。起初，民用航空委员会甚至还负责确保航空公司的飞行安全，但该项监管职责于 1958 年被移交给了联邦航空管理局。

民用航空委员会利用其对航线结构的控制，在 20 世纪 70 年代初实施了航线暂停令。为了应对航空公司运力过剩和行业利润下降的问题，民用航空委员会禁止任何公司进入现有航线。这导致新的公司无法进入这个行业，而现有的公司也不能增加其服务的航线数量。民用航空委员会担心航空公司的航线扩张会加剧竞争，降低行业利润，而这又可能危及行业安全，因为企业可能为了降低成本，在飞机维修和机队现代化方面压缩成本。

70 年代中期，改革航空业监管的压力不断增加。长期以来，学术界一直认为监管扼杀了竞争，并产生了相当大的福利损失，而且关于监管效率低下的经济研究不断涌现（Keeler 1972；Douglas and Miller, 1974）。在政界，1975 年参议员爱德华·肯尼迪（Edward Kennedy）举行参议院听证会认真探讨了监管改革的想法。交通部当时也在考虑监管改革，民用航空委员会也支持监管改革，甚至是完全解除管制。

民用航空委员会主席约翰·罗布森（John Robson）开启了放松管制的最初步骤。他取消了航线暂停令，并自 1960 年以来首次允许一些企业进入现有航线。阿尔弗雷德·卡恩（Alfred Kahn）在 1977 年 6 月被任命为新的民用航空委员会主席后，开始了大刀阔斧的去管制改革，他减少了对航线进入和票价设定的限制。随着航空公司开始争夺客户，票价随之降低。

民用航空委员会在 1978 年之前尝试的放松管制虽然降低了票价但提高了整个行业的利润，这种可喜的发展局面促使国会在 1978 年通过了《航空业解除管制法》，由卡特总统签署立法。该法案将分阶段放松对航空业的管制：民用航空委员会对航线结构的管理于 1981 年 12 月 31 日终止；民用航空委员会对票价的管制于 1983 年 1 月 1 日终止；最后民用航空委员会于 1985 年 1 月 1 日停止运作，整个委员会解散。在实际改革中，解除管制的节奏比法案所界定的要快得多。在法案颁布后的一年内，每家航空公司均可以自由地进入任何航线；到 1980 年 5 月，民用航空委员会允许票价有无限下调与上调的空间，票价的灵活性大幅上升。所以在 1983 年 1 月 1 日之前，即民用航空委员会结束对票价与航线进入的控制之前，航空公司已经在无管制的环境中展开竞争了。

总的来说，《航空业解除管制法》开启了美国民用航空业的去监管时代，免去了美国民用航空管理局的诸多权力，包括控制航空公司进入和退出航线、设定机票价格、给予乘客补贴、企业并购重组等。在该法案实施后，直到今天，那些有意愿、有能力且合适的航空公司可以在任何航线提供航班服务，并将票价设定为它们认为合适的水平。

二、枢纽—辐条式航空网络与城市分类

自从 1978 年航空业解除管制以来，枢纽—辐条式航空网络系统被广泛采用。尽管 1978 年之前的监管可能使得航空公司提高了服务质量，同时也降低了飞行频率。而美国消费者在航空业放松管制后，从大中小城市出发均有更多的出发时间可以选择，这主要得益于枢纽—辐条式航空网络系统的发展。

图 8.1 展示了一个简单的枢纽—辐条式航空网络系统。假设有城市 A、B、C、D，其中城市 B 和城市 C 被航空公司确定为两个大型目的地，城市 A 离 B 较近，D 离 C 较近。这四个目的地组成 6 个不同的航线市场组合，即 A－B、A－C、A－D、B－C、B－D 和 C－D。对于航空公司而言，一个可能的航线系统是开通 6 对直飞航班，如果 A 城的人想飞往 C 城，则可以乘坐 A－C 的直达航班。

图 8.1　枢纽—辐条式航空网络系统

另一种航线系统是将城市 B 和 C 设置为枢纽,让所有的乘客都经过这两个城市。如果有人想从 A 城飞往 C 城,首先要从 A 城飞到 B 城,然后再从 B 城飞到 C 城,从而集聚了交通流量。这样从 B 城到 C 城的航班将不只包括那些初始出发点和最终到达点分别为 B 城和 C 城的旅客,同时还包括那些从 A 城出发想去 C 城或 D 城的旅客。特别是使用大型飞机提供 B-C 之间的运输时,会实现成本节约,因为航空运输中每位乘客的成本随着飞机容量的增加而下降。与之对应的是在直达航班中,小型飞机具有较高的单位乘客成本。

　　这种交通流量的集中允许更多时间范围的航班飞行。如果从 A 城到 C 城的交通密度受限,可能每天只提供一个从 A 城到 C 城的直达航班是经济的。当从 A 城飞往 B 城、从 A 城飞往 D 城的旅客与从 A 城飞往 C 城的旅客被安排在同一架飞机上时,每天提供多个从 A 城到 B 城和从 A 城到 D 城的航班反而是经济的。此外,在 B 城和 C 城之间安排多个航班也将是经济的,因为两个枢纽之间的旅客密度极高。

　　图 8.2 展示了放松管制给西部航空公司的航线结构带来的巨大变化。解除管制前,盐湖城和洛杉矶是西部航空飞行航线系统中的枢纽。但是民用航空委员会限制现有航空公司进入航线的规定阻止了企业通过大规模航线重组向枢纽—辐条式网络转变。

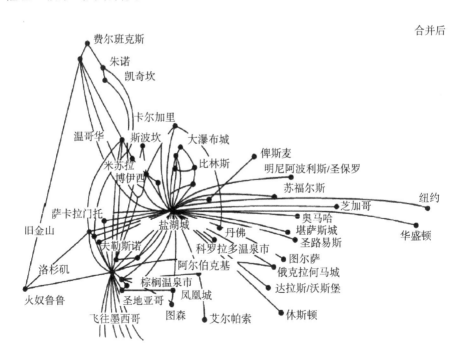

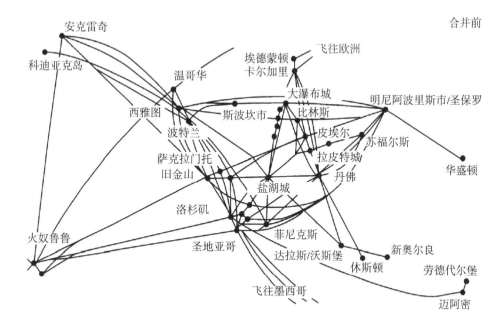

图 8.2 西部航空的枢纽—辐条式航空网络系统

资料来源:MORRISON S, WINSTON C. The economic effects of airline deregulation [M]. Washington DC: Brookings Institution Press, 1986.

虽然枢纽—辐条式航空网络系统提供了更多出发时间的选择,但往往会增加乘客的旅行时间,因为很多旅行至少需要一次中转。Morrison 和 Winston (1986)分析了在有监管和无监管的情况下 822 对城市航线,研究了枢纽—辐条式航空网络系统对消费者的总体影响。该研究首先基于 1977 年的票价和航班频率的实际数据建立一个监管基准,然后采用 1983 年的数据估计在没有监管的情况下 1977 年的票价和航班频率。如表 8.1 所示,该研究估计取消管制将使中型枢纽至大型枢纽航线和大型枢纽至大型枢纽航线的实际票价下降,但其他航线的票价上升。这一结论与受管制时,密集市场机票价格高于竞争水平,而非密集市场票价低于竞争水平的发现一致。同时,采用枢纽—辐条式航空网络系统使大多数航线增加了飞行频率,如非枢纽到非枢纽的航班和小型枢纽到小型枢纽的航班增加了约 1/3。总体而言,在枢纽—辐条式航空网络下的加权的平均航班频率增加了 9.2%。

表 8.1　去管制后票价与航班频率加权平均变化（1977 年）

线路类别	城市对数	经济舱票价（%）	折扣票价（%）	航班频率（%）
非枢纽—非枢纽	51	21.2	22.1	33.9
非枢纽—小型枢纽	52	22.5	12.3	1.4
非枢纽—中型枢纽	45	5.4	−0.4	24.3
非枢纽—大型枢纽	53	16.3	9.1	28.7
小型枢纽—小型枢纽	60	15.3	11.3	33.9
小型枢纽—中型枢纽	69	18.7	10.4	20.8
小型枢纽—大型枢纽	57	25	8.1	19.2
中型枢纽—中型枢纽	69	15.6	2	−4.3
中型枢纽—大型枢纽	161	17.4	−6.8	14.4
大型枢纽—大型枢纽	205	8.6	−17.6	−3.5

资料来源：MORRISON S, WINSTON C. The economic effects of airline deregulation [M]. Washington DC: Brookings Institution Press, 1986.

　　枢纽—辐条式航空网络系统的发展印证了经济监管中的一个重要教训，民用航空委员会前主席阿尔弗雷德·卡恩（Alfred Kahn）表述得非常清楚："竞争的本质是不可能预测其大部分的后果。竞争性市场的优越性在于其积极的刺激作用，从而不断提高效率、创新和为消费者提供多样化的选择。"

　　在放松管制之前，经济学家们普遍认为管制会产生过高的票价和过度的服务。不过，经济学家们并没有意识到限制进入的监管阻碍了航线系统的重组，而重组后的航线系统极大地降低了运营成本，增加了航班频率，并且实现了城市的市场分类，从而产生了航空枢纽城市与支线一般城市。

第二节　企业市场行为与城市分类

一、美国商务航空企业对城市的分类

　　自 1978 年放松管制完全市场化以来，美国航空业获得批准的兼并与收购案大约有 46 个。大规模的并购行为推动着美国商务航空业的发展，不仅使航空企业的数量急剧下降，也使航空业变成一个寡头垄断的行业。"四大"航空公司，即美航、达美、美联航和西南航，加上预算或低成本航空公司（low-cost carriers，LCCs），如前沿航空和勇气航空，共同构成了如今美国航空产业的市场竞争格局。

这些航空企业几乎都在一个由商务旅客和休闲旅客构成的市场里竞争。面对这两种客户组成的市场，一个企业需要权衡是提高价格从商务旅客那里获得更多利润（由于商务旅客对价格不敏感，更加注重时间成本，故而提价不会损失太多市场份额），还是降低价格以获得更多休闲旅客的市场份额。此外，还有可能存在另外两类乘客：品牌忠诚的乘客和价格敏感的乘客。当一家公司降低机票价格吸引价格敏感的客户时，其竞争对手可能也会降低机票价格以进行竞争，或者在客户份额上升时提高机票价格以从品牌忠诚的客户那里获取更多的收益。

市场进入理论研究的关注点是企业数量的增加如何影响在位者的定价策略，而企业在市场中采用的策略往往取决于不同弹性消费者份额的变化。一方面，在位者在新企业进入后所面临的新的剩余需求弹性增加，可能需要降价以留住对价格敏感的客户，这种情况被称为竞争效应（Perloff and Salop，1985；Klemperer，1987a）。另一方面，如果新企业进入导致在位者产品的剩余需求弹性下降，则有利于他们提高价格以获取利润，Rosenthal（1980）和 Hollander（1987）将此称为位移效应。在市场进入理论模型中，竞争效应和位移效应都会因为竞争的增加而发生。然而，并购使得企业数量减少，会带来竞争的减弱，也可能导致位移效应。

基于消费者类型的不同，或更准确地说基于消费者需求弹性的差异，我们可以把城市分为三类：休闲城市、大城市、并购企业枢纽。飞往休闲城市的主要是休闲游客，而飞往大城市的则主要是休闲和对价格不敏感的商务旅行者。对于商务航空企业设定的枢纽机场所在的城市来说，飞往这些枢纽城市的航线上至少有一个或两个该企业的枢纽机场。对于枢纽航线来说，由于企业一般在枢纽城市占据起飞与降落的大量航班和登机口数量，所以通常具有很强的竞争力。

对于休闲城市航线和大城市航线来说，不同的消费者构成会改变公司的定价行为。例如，当两家企业并购后，它们可能会通过提高价格来剥削大城市航线的商务旅行者，但这时降低休闲城市航线的机票价格会变得更加困难。因为这种有针对性的定价策略会鼓励商务旅行者像休闲游客一样购买便宜机票；而竞争对手则可以通过提高商务城市航线和休闲城市航线的机票价格来应对。

另外，休闲城市航线只有一种类型的消费者，因此可能存在位移效应。并购后的企业为这些航线的消费者设定较低的价格，而竞争对手则可以通过提高机票价格进行应对，即针对那些具有品牌忠诚度的休闲游客提高机票价格。

二、休闲城市与大城市

我们使用 Gerardi 和 Shapiro(2009)的方法来区分休闲城市航线和大城市航线。首先，计算 2009—2011 年每一个拥有机场的美国大都市区的住宿收入与非农收入总额的比率，然后对每年的比率取中位数[①]。其次，我们对比率中位数按降序排列。当一个都市区的该比率高于第 90 个百分点时，它就被称为休闲都市区。休闲城市航线被定义为其两个机场中的任意一个位于休闲都市区内。与 Gerardi 和 Shapiro(2009)类似，我们纳入了三个没有收入数据的都市区，即圣胡安、圣克罗伊和圣托马斯，这三个地区均是美国典型的度假胜地。

选择大城市航线的标准比选择休闲城市航线的标准要简单得多。根据美国 2010 年的人口普查数据，如果一条航线的出发地和目的地机场均位于全美 30 个最大的城市内，那么这条航线就被归类为大城市航线。基于这些标准和选择过程，我们选取了 112 条休闲城市航线、166 条大城市航线。

图 8.3 和图 8.4 显示了休闲城市航线和大城市航线的价格分布。休闲城市航线价格的分布呈现单峰和长右尾分布，表明大多数旅客购买了 90 美元左右的机票，这与大多数旅行者是休闲消费者的假设相一致。而大城市航线价格的柱状图呈现一个双峰分布，这表明有一群人购票价格约为 210 美元，而另一群人的购票价格约为 660 美元。大城市航线价格的分布特点意味着休闲旅行者和商务旅行者都是航空公司的目标客户群。

三、基于现实并购案例的理论假设

（一）联合航空—大陆航空并购案

表 8.2 梳理了美国联合航空和大陆航空这两家航空企业并购交易的六个阶段，即从虚拟交易到交易公告，到获得美国司法部批准，到交易完成，再到获得联邦航空管理局批准运营证书，最后两家企业完成系统整合。

---

① 数据来自美国经济分析局表 CA5N，按主要部分划分的个人收入和按 NAICS 行业划分的收入包含了全美所有大都会统计区的行业收入信息。

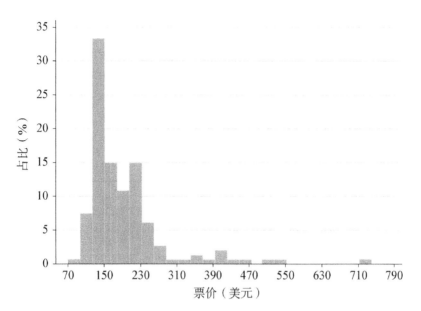

图 8.3　休闲城市航线价格分布直方图

注：票价是 2011 年第三季度由达美航空承运从匹兹堡到拉斯维加斯的直达航班经济舱的名义票价。

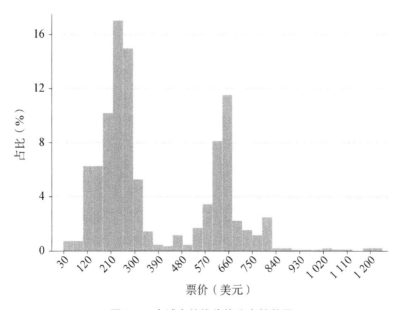

图 8.4　大城市航线价格分布柱状图

注：票价是 2011 年第三季度由美国联合航空承运从匹兹堡到休斯敦的直达航班经济舱的名义票价。

表8.2 联合—大陆航空并购交易的不同阶段

时间	交易阶段
2008 年初	虚拟并购
2010 年 5 月 3 日	交易公告
2010 年 8 月 27 日	美国司法部批准
2010 年 10 月 1 日	交易完成
2011 年 11 月 30 日	联邦航空管理局批准运营证书
2012 年 3 月 3 日	企业系统整合

2008 年 2 月，美国联合航空公司的控股公司 UAL(United Airlines Holdings)和美国大陆航空公司开始了后期阶段的并购谈判，并计划于竞争对手达美航空公司和西北航空公司达成最终并购协议后宣布其决定。但 4 月 27 日，大陆航空突然中断了与联合航空的并购谈判。尽管结束了并购谈判，但大陆航空还是宣布将加入联合航空的星空联盟。2008 年 6 月，联合航空和大陆航空的首席执行官签署了一项联盟协议，连接两家公司的国际网络、共享技术和乘客福利。该项协议不涉及企业实际的并购重组，但却包括许多并购才有的业务，故而被称为"虚拟并购协议"，是促成双方最终成功交易的重要一步。

2010 年 5 月，大陆航空和联合航空的董事会批准一项换股交易，将两家公司合并为全球乘客里程数最多的航空公司。新航空公司将沿用联合航空的名称和大陆航空的标识，总部设在联合航空的故乡芝加哥。新的联合航空由大陆航空首席执行官杰夫·斯米塞克(Jeff Smisek)管理，联合航空首席执行官格伦·蒂尔顿(Glenn Tilton)担任董事会非执行主席。这项交易于 2010 年夏天获得了美国司法部和欧洲监管机构的批准。两家航空公司的股东于 2010 年 9 月 17 日批准了这一交易。

2010 年 10 月 1 日，联合航空公司和大陆航空公司完成并购计划，更名为美国联合大陆控股公司。尽管在 2012 年年中完成运营整合之前，两家航空公司仍然是分开的，但从那天起，两家航空公司由同一管理层控制。2011 年 11 月 30 日，两家航空公司获得美国联邦航空局颁发的单一运营证书。当天，所有大陆航空公司的航班开始在空中交通管制通信中使用"联合航空"呼号，这标志着大陆航空公司的终结。2012 年 3 月 3 日，大陆航空的乘客预订系统和飞行常客计划并入联合航空。大陆航空最后一个起飞的航班是"大陆 1267 号"航班,从凤凰城飞往克利夫兰,抵达克利夫兰时是"联合航空 1267 号"航班。2013年 3 月 31 日,大陆航空公司成为存续的公司实体,并成为美国联合航空集团公司的全资子公司,大陆航空公司更名为联合航空公司。

该项并购在当时为全美航业最大的并购交易。就机队规模而言,新的联合航空是仅次于美国航空和达美航空的第三大航空公司。并购后的联合航空机队拥有 1280 多架飞机,包括空客 A319、空客 A320、波音 737、波音 757、波音 767、波音 777 和波音 787 梦想客机,并订购了空客 A350。按乘客飞行里数计算,大陆航空是美国第四大航空公司。按总载客量计算,大陆航空是美国第五大航空公司。

(二)理论假设

基于前述的美国商业航空企业行为和城市分类的理论,本部分对于不同类型航空公司如何在不同类型的城市市场中对联合—大陆两家航空企业并购做出反应进行理论推演。根据航空企业对起降城市的分类,并参考 Gerardi 和 Shapiro(2009)的研究方法,我们重点关注休闲城市市场(即目的地城市经济严重依赖住宿、餐饮等旅游收入)与大城市市场(即航线连接两个大城市,同时吸引商务和休闲旅客)。除这两类航线外,由于联合航空和大陆航空都是通过枢纽—辐条式航空网络系统运营,还存在两家企业设置枢纽机场的枢纽城市,形成以这两家企业的一个或两个终点机场为其枢纽机场的航线[①]。

基于这些城市市场由不同的消费者群体和不同类型企业组成的现实,整个行业的企业(包括并购公司与其竞争对手)需要对由价格敏感的休闲游客组成的休闲城市航线、同时存在价格不敏感的商务旅客和价格敏感的休闲游客的大城市航线以及并购企业所在的枢纽城市航线做出定价和运力的行为决策。

由于企业的定价行为是对消费者的弹性做出反应,市场权力效应和并购带来的效率提升可能会有所不同。此外,由于传统航空公司和低成本航空公司在商业模式和定价行为等方面存在差异,需要进行分类分析,因此航空企业被划分为三种类型:并购企业、与并购企业同样类型的传统型竞争对手和低成本型竞争对手。

综上,可以形成如下的理论假设:(a)在枢纽航线上,由于两家并购企业都

---

① 在本次并购时有两家并购企业共有九个枢纽机场,分别为:元帕特国际机场、芝加哥奥黑尔国际机场、丹佛国际机场、乔治布什洲际机场、克利夫兰霍普金斯国际机场、洛杉矶国际机场、纽瓦克自由国际机场、旧金山国际机场和华盛顿杜勒斯国际机场。

是通过枢纽—辐条式航空网络运作，两家企业的机场支配地位通过并购得到进一步加强，所以它们的提价能力也随之增强。这种枢纽溢价最早由 Borenstein (1989)发现。另外，Borenstein(1989)还发现，市场主导型企业并没有产生雨伞效应，即同一市场的其他航空公司没能同样收取更高的价格，所以我们预期竞争对手不会显著地调整自身的价格。(b)在休闲城市航线上，并购导致的竞争减少带来了所有企业总需求弹性的下降，并购企业可以提高、降低或不改变价格，而竞争对手则能够提高价格。(c)在大城市航线上，并购企业通过合并两家企业的飞行航线，产生网络优势，扩大了差异化产品的多样性。表现为商务旅客对产品质量的关心，即同一起飞机场能够到达多个目的地，而休闲消费者对此则不太关心。并购企业很有可能利用市场力量提高商务旅行者的机票价格，但不太会降低休闲游客的机票价格，原因是这种团体定价策略不能阻止商务旅行者以休闲消费者的身份购买机票。因此，并购企业要么提高休闲游客的机票价格，要么不调整价格。在这种情况下，竞争对手则可以通过提高商务和休闲旅行者的机票价格进行应对。

第三节 实际并购事件分析

一、数据来源

本节分析的主要数据来源为美国交通部发布的航空公司出发地和目的地调查(DB1B)以及美国交通部国内段数据库(T100)。DB1B 数据库是对美国国内航空公司出具的所有国内机票进行 10%的季度抽样调查，包含出发地、目的地和连接机场、营销公司、运营公司、年份、季度、票价和支付费用、乘客数量等信息[①]。T100 数据库是美国交通统计局发布的对于 DB1B 的补充，报告了所有客运航班的出发

---

① 此处采用航空经济学文献中常用的几个方法来清理数据并构建一个可比较的数据集，只包括国内直达航班，其中包括不经停的航班和有经停但不换飞机的航班。飞行路径方向性被忽略，例如，从亚特兰大到洛杉矶的航班与从洛杉矶到亚特兰大的航班被同等对待。一个往返的行程被分成两部分，票价除以 2。开放式行程(即往返乘客不返回出发城市)删除。观察到的有问题的票价被剔除，大宗票价也被剔除。高于交通部标准行业票价水平五倍的票价也被排除。还剔除了所有单程低于 25 美元的票价。只保留了经济舱的票价。表示外国承运人在美国国内城市之间飞行的观测被剔除。为了处理航空公司代码共享的问题，剔除了更换承运人的航班以及运营和承运人不同的航班观测。

地、目的地、承运人、飞机类型和运输乘客的服务等级、座位数、计划起飞时间、航空公司实现的起飞和机场对接段。这些数据被用来确定直达航班的载客量。

　　本部分的研究重点是 2008 年以来美国国内直达的经济舱机票，样本期为 2008 年第三季度至 2011 年第三季度。由于联合—大陆并购案于 2010 年 8 月 27 日(2010 年第三季度)被美国司法部批准，所以在实证分析中，这个季度被确定为 t_0。然而，这个 t_0 并不像之前的许多并购研究那样作为一个主观定义的切入点(Carltonet al.，2019;Kim and Singal，1993)。t_0 之前的八个季度和 t_0 之后的四个季度包括在分析框架内。排除期(即研究基准对比期)是 t_0 之前的第八到第五季度，即 t_0 的前两年至前一年。其余九个季度(即从 t_0 前四个季度到后四个季度)中的每一个季度都使用一个虚拟变量来捕捉价格或载客量相对于其在排除期的动态变化。表 8.3、表 8.4 和表 8.5 提供了价格、载客率和市场份额等变量的汇总统计。这些数据表明，在大城市的市场中，传统型航空公司和低成本型航空公司的第 10 个百分点的机票(低价票)价格没有差别，但第 90 个百分点的机票(高价票)价格有差别。并购公司的平均市场份额是传统型航空公司和低成本型竞争对手的两倍以上。

表 8.3　航线汇总统计

变量	航线类型			
	并购企业重叠	休闲城市	大城市	控制组
平均机票价格(美元)	222.804	231.992	226.313	232.020
	(75.667)	(99.343)	(70.052)	(132.467)
可用载客座位(个)	65 437.630	57 744.430	84 121.160	83 670.250
	(82 829.220)	(68 290.070)	(95 043.710)	(102 581.100)
载客率(%)	0.814	0.840	0.801	0.792
	(0.173)	(0.140)	(0.174)	(0.130)

注:括号内为标准偏差。

表 8.4　休闲城市航线汇总统计

变量	休闲城市航线		
	并购企业	传统型竞争对手公司	低成本型竞争对手
平均机票价格(美元)	239.261	247.121	183.186
	(95.280)	(103.130)	(47.260)

变量	休闲城市航线		
	并购企业	传统型竞争对手公司	低成本型竞争对手
可用载客座位(个)	70 881.600	61 769.800	43 627.900
	(79 812)	(79 105)	(28 991)
载客率	0.850	0.830	0.840
	(0.121)	(0.146)	(0.141)
市场份额	0.251	0.172	0.171
	(0.262)	(0.225)	(0.259)

注:括号内为标准偏差。

表 8.5　大城市航线汇总统计

变量	大城市航线		
	并购企业	传统型竞争对手公司	低成本型竞争对手
平均机票价格(美元)	235.120	234.620	191.870
	(55.740)	(67.060)	(49.570)
低价机票价格(10 分位数)(美元)	137.550	144.430	133.810
	(29.960)	(54.620)	(44.410)
高价机票价格(90 分位数)(美元)	425.990	384.430	291.190
	(155.950)	(145.710)	(83.640)
可用载客座位(个)	98 543.660	86 701.990	51 830.770
	(95 355.480)	(104 492.700)	(39 254.610)
载客率	0.827	0.790	0.788
	(0.120)	(0.188)	(0.205)
市场份额	0.351	0.156	0.123
	(0.327)	(0.234)	(0.178)

注:括号内为标准偏差。

二、航线类型和变量构建

涉及联合航空和大陆航空的两类主要航线一是两个并购公司均在提供航班的重叠航线,二是控制组别的航线。重叠航线是指在整个抽样期间,由并购后的联合航空与大陆航空持续提供服务的航线。控制航线则是在抽样期间的任何一个季度,联合航空或大陆航空都没有在这些航线上提供过任何航班飞行服务。为保证分析的科学性,任何航线的非并购公司如果出现在实验期,即批准季度之前和之后的四个季度以及批准季度,则也必须出现在排除期,即批准季度之前的第五到第八个季度。

两家并购公司均通过枢纽—辐条式航空网络系统运营,由于可能存在枢纽溢价和由并购导致的运力集中(Bilotkachet al., 2013),枢纽城市航线作为重叠航线的一个下级样本,需要被识别出来,包括那些有一个或两个端点城市机场是并购公司枢纽的航线。此外,依据机场城市的位置,将重叠航线和控制航线分解为两个子类别:休闲城市航线和大城市航线。通常来说,旅游目的地城市的机票主要由对价格敏感的休闲游客购买,而大城市目的地的机票则由对价格不敏感的商务旅行者和游客购买。由于消费者组成的差异,航空企业在这两个市场上可能采取不同的定价策略。

在数据被压缩到航空公司—航线—年份—季度水平之前,DB1B包括同一航空承运人在一年中特定季度的同一航班的多个票价。这种数据结构提供了同一航空承运人针对一个航班出售机票的价格分布。基于这些价格分布,我们构建了以下变量:平均机票价格、第15百分位机票价格、第85百分位机票价格。平均机票价格是一个乘客数量加权的平均价格。百分位数的票价则是对每个季度每个航空公司的同一航班的票价进行排序后,得到第10和第15百分位数的机票价格以及第85和第90百分位数的机票价格,分别表征折扣价格(或低价)和全额价格(或高价)。另外,将DB1B样本合并T100的数据,我们可以构建运力变量,即同一航空承运人在某一季度航班上的可用座位数、载客率。

三、实证模型

已有的并购案例研究偏向于定义一个主观的价格变化时间,如美国司法部批准并购的季度[①]。基于 Goolsbee 和 Syverson(2008)以及 Whinston 和 Collins(1992)的研究,本部分使用了一个类似的基准模型,以衡量不同公司在

[①] Prince and Simon(2017)、Carlton et al. (2019)、Hüschelrath and Müller(2015)、Luo(2014)、Kwoka and Shumilkina(2010)、Kim and Singal(1993).

不同城市航线上定价策略的变化。

$$y_{crt} = \sum_{\tau=-4}^{4} \beta_{M,\,t_0+\tau} \left[\text{Approval}_{t_0+\tau} \times \text{I(Merge)} \right] +$$

$$\sum_{\tau=-4}^{4} \beta_{LY,\,t_0+\tau} \left[\text{Approval}_{t_0+\tau} \times \text{I(Legacy)} \right] +$$

$$\sum_{\tau=-4}^{4} \beta_{LC,\,t_0+\tau} \left[\text{Approval}_{t_0+\tau} \times \text{I(LCC)} \right] + \mu_{cr} + \gamma_t + X_{rt}\theta + \varepsilon_{crt}$$

其中，y_{crt} 为因变量，代表航空承运人 c 在时间 t 城市航线 r 的乘客加权平均机票价格、第 10、15、20、80、85 和 90 分位数的机票价格、可用座位数量、航班数量和载客率。$\text{Approval}_{t_0+\tau}$ 表示并购核准季度 t_0 附近 9 个季度的虚拟变量。I(Merge)、I(Legacy) 和 I(LCC) 分别代表并购企业、传统型竞争对手和低成本型竞争对手。季度虚拟变量和公司类型虚拟变量的交互项的系数相互排斥，所以这些系数对因变量的隐含影响不是叠加的。μ_{cr} 表示航空承运人—航线固定效应。γ_t 为时间固定效应，由三部分组成：并购公司—样本季度固定效应，传统型竞争对手—样本季度固定效应，低成本型竞争对手—样本季度固定效应。X_{rt} 控制了航线特征和成本影响因素，包括非并购企业的进入和退出、非直达距离、航空燃油价格、是否是机位控制机场、来自西南航空（最成功的低成本型航空企业）的竞争、由 Herfindahl-Hirschman 指数代表的城市航线市场力量以及并购公司在本次交易中的 9 个枢纽机场。标准误差在航空承运人—航线层面进行了分组，以考虑特定航空承运人—航线组合在一段时间内的异方差和相关度。

在机票回归分析中，利用某条航线上航空承运人在排除期的平均收入，为该承运人构建一个恒定的权重。对于航空运力回归，采用类似的方法构建某条航线上承运人的交通权重。使用这两种权重的原因是，承运人对那些能够产生高收入或有大流量的航线会给予更多关注。休闲城市航线的机票回归的控制组是休闲控制组，大城市航线的机票回归的控制组是大城市控制组。对于休闲城市航线或大城市航线的运力回归，控制组是至少有两家传统对手航空公司的航线（即美航、达美和全美航空）且至少有一家低成本型竞争对手存在。表 8.6 是并购前城市航线同趋势的检验结果，时间×实验组的系数统计不显著意味着实验组和控制组航线具有事件前共同的线性时间趋势。

表8.6　并购前城市航线同趋势检验

	并购企业重叠航线	枢纽航线		休闲城市航线		大城市航线	
	ln 票价	ln 票价	ln 票价	ln 座位数	ln 票价	ln 座位数	
时间	−0.0413	−0.0577*	−0.116***	0.0722*	0.0404	0.0956*	
	(0.0225)	(0.0243)	(0.027)	(0.0338)	(0.0369)	(0.0373)	
时间×实验组	−0.00949	0.000518	0.00989	−0.0288	−0.0213	−0.0497	
	(0.018)	(0.0204)	(0.018)	(0.0283)	(0.0373)	(0.0258)	
观测量	19809	15328	5210	589	3581	1111	

注：固定效应包括航线—承运人的固定效应、合并公司—样本季度的固定效应、传统型竞争对手—样本季度的固定效应，以及低成本型竞争对手—样本季度的固定效应。票价回归和运力回归分别按排除期的平均承运人收入和平均承运人乘客数进行加权，并控制航线特征。括号内为按航线—承运人分类的稳健标准误差。* $p < 0.05$，* * $p < 0.01$，* * * $p < 0.001$。

为确定并购企业、传统型对手和低成本型对手在并购事件中的反应，需要关注的协变量是 $\beta_{M, t_0 + \tau}$、$\beta_{LY, t_0 + \tau}$ 和 $\beta_{LC, t_0 + \tau}$，这些系数包括批准前的四个季度、批准后的四个季度以及批准季度。之所以采用这样的分析窗口，是因为联合—大陆航空并购是在 t_0 宣布且在 t_0 获得批准，并在 $t_0 + 1$ 完成。同时，联合—大陆航空之间在 2008 年签订虚拟并购协议，竞争对手企业预计交易获得司法部批准的可能性很大。此外，这些系数还可以解释并购企业、传统型对手、低成本型对手对并购的反应是否与它们在排除期相对于控制组的平均值有显著差异。

如前所述，关于并购价格影响的传统观点侧重于市场平均价格或并购公司及其竞争对手的平均价格，而没有考虑城市的类型或不同的消费者类型。我们的分析目标是评估企业在休闲城市航线市场和大城市航线市场的定价策略，并将休闲市场的机票视为主要由休闲旅游者购买。在大城市市场，航空公司在一条航线上的第80、85和90分位数的机票价格代表商务旅客的购买价格，而第10、15和20分位数的机票价格代表休闲旅客的购买价格。除了观测价格行为之外，我们还分析了不同类型城市市场中企业的运力行为，以确定企业是否调整运力以维持其定价行为。

四、实证结果

（一）价格行为分析

借鉴 Carlton 等（2019）的研究方法，分析并购交易获得司法部批准的前后两年的情况，同时以批准前的两年为排除期，结果显示两家并购企业均在的重合城市航线的平均票价有所下降（见表8.7）。这与Carlton等（2016）的结论一致，即传统航空公司并购没有反竞争效应。然而，如果将航线层面的价格分解为公司层面的价格后，表8.8的结果显示了不同的情况。并购公司和传统竞争对手都在预期并购获得批准时大幅提高票价，且票价保持在较高的水平。相比之下，低成本型竞争对手呈现出票价变化的嘈杂模式。这些结果意味着Carlton等（2019）的分析可能是不完整的。在司法部批准并购时，相较于控制路线组，并购公司在联合—大陆航空重合航线上的票价比控制航线高出15%，类似的传统型竞争对手则高出19%。

表8.7　并购企业重合航线的价格效应

	联合—大陆航空并购效应	观测数据量	R^2
log平均票价	−0.064 8***	55 060	0.289
	(0.015 8)		
log90分位票价	−0.065 1***	55 060	0.223
	(0.018 1)		

注：按照Carlton等（2019）的设定，批准前的两年为排除期，批准后的两年为包含期。观察值是在城市航线层面，因变量包括每个季度的平均票价和第90百分位数的票价。固定效应包括航线固定效应和样本季度固定效应。票价回归按排除期的平均航线收入加权计算。括号内为按航线分类的稳健标准误差，* $p<0.05$，** $p<0.01$，*** $p<0.001$。

表8.8　重合航线上不同类型企业对并购的反应

ln票价	并购企业	传统型竞争对手	低成本型竞争对手
t_0-4	0.006 83	0.056 6	−0.161 0***
	(0.011 0)	(0.029 2)	(0.048 1)
t_0-3	0.009 13	0.131 0**	−0.122 0**
	(0.013 9)	(0.048 7)	(0.044 6)
t_0-2	0.057 2**	0.110 0**	−0.126 0**
	(0.018 2)	(0.036 9)	(0.045 6)
t_0-1	0.108 0***	0.130 0	−0.092 9
	(0.020 9)	(0.073 8)	(0.047 8)
t_0	0.142 0***	0.174 0***	−0.085 3
	(0.021 8)	(0.038 1)	(0.049 1)
t_0+1	0.068 8**	0.119 0***	−0.116 0*
	(0.022 0)	(0.030 1)	(0.047 2)

续　表

ln 票价	并购企业	传统型竞争对手	低成本型竞争对手
$t_0 + 2$	0.1140***	0.1640***	−0.1530**
	(0.0303)	(0.0479)	(0.0469)
$t_0 + 3$	0.0824*	0.1320**	−0.1670***
	(0.0348)	(0.0415)	(0.0437)
$t_0 + 4$	0.0937*	0.0806	−0.1400**
	(0.0383)	(0.0817)	(0.0485)
样本量	62 107	62 107	62 107

注：固定效应包括航线承运人的固定效应、并购公司的样本季度固定效应、传统型竞争对手的样本季度固定效应，以及低成本型竞争对手的样本季度固定效应。因变量是航线运营商在该季度的乘客加权平均对数票价。票价回归以排除期的承运人平均收入进行加权。括号内为按航线承运人分类的稳健标准误差，$* p < 0.05$，$** p < 0.01$，$*** p < 0.001$。

　　表 8.8—表 8.11 列出了在不同类型城市航线市场和不同因变量下估计的结果。为了方便比较系数，把并购企业、传统型竞争对手和低成本型竞争对手的系数放在三栏中。

　　进一步对航线进行城市分类的分析，在枢纽城市航线上，并购公司和传统型竞争对手都对交易做出了反应，大幅提高机票价格，但低成本型竞争对手未有明显表征（见表 8.9）。在批准的季度 t_0，并购公司将价格提升 16%，以获取之前研究中发现的枢纽溢价，传统型竞争对手提价也不甘落后，达 13%。

表 8.9　枢纽城市航线上不同类型企业对并购的反应

ln 票价	并购企业	传统型竞争对手	低成本型竞争对手
$t_0 - 4$	0.0130	0.0805***	−0.2680***
	(0.0128)	(0.0221)	(0.0567)
$t_0 - 3$	0.0108	0.0168	−0.2240***
	(0.0164)	(0.0216)	(0.0518)
$t_0 - 2$	0.0634**	0.0124	−0.2510***
	(0.0215)	(0.0284)	(0.0538)
$t_0 - 1$	0.1180***	0.0758*	−0.2260***
	(0.0237)	(0.0338)	(0.0565)
t_0	0.1530***	0.1190***	−0.2140***
	(0.0249)	(0.0307)	(0.0615)

续 表

ln 票价	并购企业	传统型竞争对手	低成本型竞争对手
t_0+1	0.0710^{**}	0.0766^{*}	-0.2460^{***}
	(0.0254)	(0.0335)	(0.0587)
t_0+2	0.1280^{***}	0.0830^{*}	-0.2890^{***}
	(0.0344)	(0.0388)	(0.0571)
t_0+3	0.0902^{*}	0.0588	-0.3040^{***}
	(0.0406)	(0.0338)	(0.0565)
t_0+4	0.1090^{*}	0.0694^{*}	-0.2630^{***}
	(0.0454)	(0.0316)	(0.0633)
样本量	44835	44835	44835

注：固定效应包括航线承运人的固定效应、并购公司的样本季度固定效应、传统型竞争对手的样本季度
固定效应，以及低成本型竞争对手的样本季度固定效应。因变量是航线运营商在该季度的乘客加权
平均对数票价。票价回归以排除期的承运人平均收入进行加权。括号内为按航线承运人分类的稳
健标准误差，$*p<0.05$，$**p<0.01$，$***p<0.001$。

休闲城市航线的分析结果与假设（b）一致（见表 8.10）。并购企业在批准
后开始降低票价。值得注意的是，t_0+1 代表了交易完成的季度，表明当联合
航空和大陆航空都由同一个管理层进行公司化运作，并购公司可能在完成期后
实现效率的提升。Kim 和 Singal（1993）在 20 世纪 80 年代对 14 家并购企业的
研究中发现了类似的结果。相反，传统型竞争对手的反应是在交易宣布开始期
间 t_0-1 提高票价，且相对于控制组，票价比排除期高出约 13%。低成本型竞
争对手没有显示出提高或降低票价的显著证据，它们独立于并购的原因将在下
一节进一步探讨。这些模式似乎意味着，两家传统型航空公司之间的产品替代
性要比一家传统型航空公司和一家低成本型航空公司之间的产品替代性大。
也许并购公司的低价策略主要是从休闲城市航线市场的传统型对手那里挖走
对价格敏感的乘客。通过提高票价，传统型竞争对手"榨取"具有品牌偏好的休
闲旅客，从而实现利润最大化。休闲城市航线的实证结果表明在公司数量减少
的情况下位移效应的存在。

表 8.10　休闲城市航线上不同类型企业对并购的反应

ln 票价	并购企业	传统型竞争对手	低成本型竞争对手
t_0-4	-0.0487^{*}	0.0627	-0.0182
	(0.0192)	(0.0327)	(0.0951)

续　表

ln 票价	并购企业	传统型竞争对手	低成本型竞争对手
t_0-3	−0.047 5**	0.051 9	−0.006 8
	(0.018 1)	(0.033 8)	(0.090 9)
t_0-2	−0.039 3	0.047 3	0.014 2
	(0.021 0)	(0.039 3)	(0.092 1)
t_0-1	−0.020 0	0.150 0***	0.072 6
	(0.029 7)	(0.040 6)	(0.097 1)
t_0	−0.018 6	0.156 0***	0.088 1
	(0.032 0)	(0.035 9)	(0.103 0)
t_0+1	−0.062 4*	0.126 0**	0.060 1
	(0.027 9)	(0.046 0)	(0.099 8)
t_0+2	−0.082 5*	0.136 0**	0.012 4
	(0.040 8)	(0.052 0)	(0.098 7)
t_0+3	−0.082 2	0.129 0**	−0.002 7
	(0.044 7)	(0.042 4)	(0.083 3)
t_0+4	−0.116 0**	0.255 0	0.050 3
	(0.043 0)	(0.130 0)	(0.094 6)
样本量	16 328	16 328	16 328

注:固定效应包括航线承运人的固定效应、并购公司的样本季度固定效应、传统型竞争对手的样本季度固定效应,以及低成本型竞争对手的样本季度固定效应。因变量是航线运营商在该季度的乘客加权平均对数票价。票价回归以排除期的承运人平均收入进行加权。括号内为按航线承运人分类的稳健标准误差。* $p<0.05$,** $p<0.01$,*** $p<0.001$。

表 8.11 汇集了大城市航线的两大消费群体,即商务旅行者和休闲旅游者,列出了平均对数票价、第 15 百分位票价和第 85 百分位票价的估计结果。

结果表明并购公司在公告期前一个季度 t_0-1 开始提高平均票价,传统型竞争对手通过与并购公司"串谋"进行应对,而低成本型竞争对手的系数则稳定在−40%左右。为了分析企业在大城市航线上对休闲和商务旅客的定价策略,用第 15 百分位的价格代表低价休闲游客的机票价格,第 85 百分位的价格代表高价商务旅客的机票价格。需要注意的是,在我们的分析中,使用第 10、15 和 20 百分位数机票价格表征休闲游客的回归结果非常相似,使用第 80、85 和 90 百分位数机票价格表征商务旅客的回归结果也类似。因此,表 8.11 中只报告了第 15 和 85 百分位数机票价格回归结果。

表8.11　大城市航线上不同类型企业对并购的反应

	ln票价			ln(p15)			ln(p85)		
	并购企业	传统竞争对手	低成本型竞争对手	并购企业	传统型竞争对手	低成本型竞争对手	并购企业	传统型竞争对手	低成本型竞争对手
t_0-4	0.0129 (0.0129)	-0.0218 (0.0758)	-0.4320*** (0.0968)	-0.0049 (0.0144)	-0.315 0*** (0.0815)	-0.3780*** (0.0819)	0.0039 (0.0081)	0.4090*** (0.0302)	-0.5370*** (0.1320)
t_0-3	0.0055 (0.0170)	0.2660*** (0.0625)	-0.3690*** (0.0896)	-0.0071 (0.0199)	-0.0353 (0.0683)	-0.2970** (0.0698)	-0.0037 (0.0136)	0.6840*** (0.1210)	-0.4480*** (0.1190)
t_0-2	0.0607** (0.0221)	0.2210* (0.1040)	-0.3990*** (0.0911)	-0.0419 (0.0248)	-0.1750 (0.1080)	-0.2980*** (0.0724)	0.0794*** (0.0206)	0.6320*** (0.1150)	-0.4600*** (0.1200)
t_0-1	0.1210*** (0.0235)	0.1340 (0.2060)	-0.3690*** (0.0986)	0.049 9* (0.0236)	-0.1190 (0.2050)	-0.2850*** (0.0792)	0.1210*** (0.0212)	0.5830* (0.2590)	-0.4340*** (0.1290)
t_0	0.1720*** (0.0234)	0.2640*** (0.0719)	-0.3590*** (0.0960)	0.1220*** (0.0252)	0.0116 (0.0540)	-0.2690*** (0.0738)	0.1470*** (0.0222)	0.5970*** (0.1360)	-0.4430*** (0.1290)
t_0+1	0.0745** (0.0253)	0.1510*** (0.0423)	-0.3840*** (0.0930)	0.0098 (0.0276)	-0.1130* (0.0560)	-0.3180*** (0.0696)	0.1030*** (0.0249)	0.5600*** (0.0687)	-0.4430*** (0.1290)
t_0+2	0.1270*** (0.0337)	0.1980*** (0.0686)	-0.4120*** (0.0955)	-0.0271 (0.0369)	0.0214 (0.0618)	-0.3420*** (0.0722)	0.1710*** (0.0299)	0.3520*** (0.1110)	-0.4660*** (0.1320)
t_0+3	0.0755 (0.0403)	0.2200*** (0.0622)	-0.4260*** (0.0884)	-0.0337 (0.0435)	0.0283 (0.0497)	-0.4110*** (0.0757)	0.1010*** (0.0324)	0.5360*** (0.1950)	-0.4900*** (0.1310)
t_0+4	0.105 0* (0.0453)	-0.0784 (0.1440)	-0.4300*** (0.0912)	-0.0410 (0.0464)	-0.3300 (0.1820)	-0.3150*** (0.0695)	0.1220*** (0.0359)	0.3800* (0.1500)	-0.5490*** (0.1220)
样本量	12324	12324	12324	12324	12324	12324	12324	12324	12324

注：固定效应包括航线承运人的固定效应，并购公司的样本季度固定效应。传统型竞争对手的样本季度固定效应，以及低成本型竞争对手的样本季度固定效应。固变量是航线运营商在该季度的乘客加权平均对数票价。累价回归以排除期初乘客加权人平均收入进行加权。括号内为按航线承运人分类的稳健标准误差。
* $p<0.05$，** $p<0.01$，*** $p<0.001$。

表 8.11 的中间三栏是大城市航线上休闲旅游者的机票价格回归结果。并购企业只在交易宣布季度和批准季度提高休闲旅游者的票价，之后季度提价的效果迅速回归到零，这意味着并购企业并没有采用稳定的定价来针对休闲旅游者。同样，无论是传统型竞争对手还是低成本型竞争对手，都没有明显的定价行为模式。然而，从最后三列可以看出，并购企业在 t_0-2 季度开始提高商务旅客的票价，其系数在较高的百分比上保持稳定。传统型竞争对手大幅提高商务旅客的机票价格，在整个时间窗口中，大多数系数都在 60% 左右。低成本型竞争对手的系数在 -0.45 上下波动，没有明显的定价模式。大城市航线的并购企业的实证结果与假设（c）一致，即并购企业提高商务旅客的票价，而没有调整休闲游客的票价，两类竞争对手在商务旅客和休闲游客的机票价格上均未表现出显著的变化。两类企业没有明显反应的原因可能是，该并购交易没有给它们带来网络优势收益，而且与并购企业相比，它们的航线网络甚至可能显得不利。此外，并购企业主要针对的是传统型竞争对手的客户群，与低成本型对手没有正面竞争，所以低成本型对手在一定程度上可以保持其对并购反应的独立性。

（二）运力行为分析

表 8.12—表 8.14 显示了使用 T100 数据得到的运力回归分析结果。这些回归分析检验企业是否采取特定的运力策略维持其定价行为以应对并购。回归采用三个因变量：可用座位数量、飞行的航班量、载客率。同样对三类航线市场进行分析，分别是枢纽城市航线、休闲城市航线和大城市航线。作为对公司定价策略分析的补充，T100 数据集按照航段、航空公司、月份对乘客人数、航班量、可用座位数进行划分，所以我们先将数据按照航线、航空公司、季度进行汇总，然后与 DB1B 观测值进行匹配。值得注意的是，回归结果的一些系数在传统统计学意义上并不显著，特别是在可用座位数和已飞行航班量上，原因是 DB1B 数据与 T100 数据之间的低匹配率以及 T100 数据对乘客数量少的航段的覆盖率较低。类似于 Goolsbee 和 Syverson（2008）的发现，匹配率低的部分主要集中在最短的路线。此外，运力行为回归按客流量加权计算，所以能够进一步消解这种匹配差距的影响。

表 8.12 考察企业在枢纽城市航线上的运力策略反应。从独立变量可用座位数和飞行航班量来看，并购企业的点估计值表明，航空企业呈现出在批准期前后运力上升的相同趋势。这样的判断主要基于点估计和系数的精确性。此

171

表 8.12　枢纽城市航线上不同类型企业对并购的运力反应

	ln 座位数			ln 航班量			ln 载客率		
	并购企业	传统型竞争对手	低成本型竞争对手	并购企业	传统型竞争对手	低成本型竞争对手	并购企业	传统型竞争对手	低成本型竞争对手
t_0-4	0.1050 (0.0673)	−0.0159 (0.0383)	0.0767 (0.0536)	0.0964 (0.0673)	−0.0498 (0.0369)	0.0653 (0.0530)	−0.0111 (0.0092)	0.0133 (0.0173)	0.0385** (0.0135)
t_0-3	0.1040 (0.0985)	−0.0354 (0.0574)	0.0201 (0.0559)	0.0900 (0.0982)	−0.0640 (0.0569)	0.0201 (0.0554)	−0.0600*** (0.0123)	−0.0201 (0.0149)	−0.0194 (0.0170)
t_0-2	0.0711 (0.1160)	−0.0400 (0.0594)	−0.0796 (0.0704)	0.0625 (0.1160)	−0.0573 (0.0573)	−0.0840 (0.0691)	−0.0989*** (0.0137)	−0.0897*** (0.0247)	−0.0253 (0.0212)
t_0-1	0.1560 (0.1320)	0.0625 (0.0685)	−0.0506 (0.0846)	0.1430 (0.1320)	0.0234 (0.0689)	−0.0607 (0.0815)	−0.0366* (0.0165)	−0.0275 (0.0155)	−0.0100 (0.0167)
t_0	0.1480 (0.1250)	0.0189 (0.1100)	−0.0231 (0.1280)	0.1330 (0.1250)	−0.0205 (0.1080)	−0.0417 (0.1260)	−0.0412* (0.0164)	−0.0146 (0.0176)	0.0178 (0.0156)
t_0+1	0.2050 (0.1620)	0.0655 (0.0582)	−0.0265 (0.1610)	0.1810 (0.1620)	0.0285 (0.0556)	−0.0365 (0.1610)	−0.0850** (0.0189)	0.0457* (0.0169)	−0.0423* (0.0203)
t_0+2	0.2670 (0.2310)	−0.0185 (0.1030)	−0.0786 (0.1470)	0.2450 (0.2310)	−0.0448 (0.1010)	−0.0925 (0.1460)	−0.1500*** (0.0272)	−0.0808*** (0.0234)	−0.0099 (0.0242)
t_0+3	0.4300 (0.2750)	−0.0267 (0.1170)	0.0403 (0.1090)	0.4110 (0.2750)	−0.0590 (0.1170)	0.0143 (0.1090)	−0.0901** (0.0321)	0.0075 (0.0252)	0.0126 (0.0175)
t_0+4	0.3900 (0.2600)	−0.0248 (0.0994)	−0.0801 (0.2040)	0.3730 (0.2600)	−0.0568 (0.1020)	−0.1090 (0.2020)	−0.0742* (0.0304)	−0.0192 (0.0214)	0.0187 (0.0344)
样本量	9968	9968	9968	9968	9968	9968	9916	9916	9916

注：固定效应应包括航线承运人的固定效应，并购企业的固定效应，传统型竞争对手的样本季度固定效应，低成本型竞争对手的样本季度固定效应。因变量包括每个季度航线上的可用座位数量、飞行航班数量和载客率。运力反应变量进行加权。括号内为对接航线承运人分组的稳健标准差。*$p<0.05$，**$p<0.01$，***$p<0.001$。

表 8.13　休闲城市航线上不同类型企业对并购的运力反应

	ln 座位数			ln 航班量			ln 载客率		
	并购企业	传统型竞争对手	低成本型竞争对手	并购企业	传统型竞争对手	低成本型竞争对手	并购企业	传统型竞争对手	低成本型竞争对手
t_0-4	0.1330 (0.2520)	-0.0476 (0.0756)	0.0803 (0.0672)	0.1450 (0.2360)	-0.1080 (0.0784)	0.0832 (0.0647)	0.1270*** (0.0367)	-0.0255 (0.0215)	-0.0588 (0.0418)
t_0-3	0.2940 (0.3620)	0.0114 (0.1680)	0.0338 (0.0801)	0.2910 (0.3330)	-0.0023 (0.1550)	0.0575 (0.0788)	0.2040*** (0.0563)	0.0144 (0.0234)	0.0405 (0.0267)
t_0-2	0.4420 (0.4180)	-0.1430 (0.1450)	0.1430 (0.0898)	0.4220 (0.3840)	-0.1460 (0.1410)	0.1910* (0.0869)	0.2420*** (0.0667)	-0.0169 (0.0380)	0.1080*** (0.0321)
t_0-1	0.5260 (0.4840)	0.0297 (0.2320)	0.1660 (0.1070)	0.5070 (0.4460)	-0.0258 (0.2440)	0.1820 (0.1070)	0.2910*** (0.0752)	-0.0345 (0.0254)	-0.0087 (0.0433)
t_0	0.3850 (0.4570)	-0.0415 (0.2270)	0.1010 (0.0778)	0.3840 (0.4230)	-0.1140 (0.2340)	0.1140 (0.0795)	0.2490*** (0.0743)	-0.0806 (0.0447)	-0.0566 (0.0526)
t_0+1	0.5600 (0.5980)	-0.0988 (0.2160)	0.1430 (0.0815)	0.5330 (0.5510)	-0.1230 (0.2120)	0.1460 (0.0808)	0.3550*** (0.0946)	-0.0537 (0.0416)	-0.0259 (0.0554)
t_0+2	0.9880 (0.8500)	-0.0914 (0.2770)	0.1750 (0.0987)	0.9470 (0.7810)	-0.1050 (0.2630)	0.1660 (0.0979)	0.5180*** (0.1340)	-0.0081 (0.0329)	0.0979* (0.0473)
t_0+3	1.2360 (1.0220)	-0.2090 (0.1760)	0.1480 (0.0975)	1.2050 (0.9390)	-0.2110 (0.1820)	0.1360 (0.0975)	0.6590*** (0.1600)	-0.0381 (0.0248)	-0.0461 (0.0410)
t_0+4	1.0540 (0.9630)	-0.1350 (0.1620)	0.0795 (0.1020)	1.0430 (0.8850)	-0.1480 (0.1670)	0.0798 (0.1040)	0.6160*** (0.1510)	-0.0392 (0.0264)	-0.0668 (0.0495)
样本量	1991	1991	1991	1991	1991	1991	1987	1987	1987

注：固定效应包括航线承运人的固定效应，并购公司的样本季度固定效应，传统型竞争对手的样本季度固定效应，低成本型竞争对手的样本季度固定效应。运力回归因变量为飞行航班数量、飞行航班量和载客率。载客率由被排除在外的航线运营商的平均运量进行加权。括号内为按航线运人分组的稳健标准误差。* $p<0.05$，** $p<0.01$，*** $p<0.001$。

表 8.14　大城市航线上不同类型企业对并购的运力反应

	ln 座位数			ln 航班量			ln 载客率		
	并购企业	传统型竞争对手	低成本型竞争对手	并购企业	传统型竞争对手	低成本型竞争对手	并购企业	传统型竞争对手	低成本型竞争对手
t_0-4	-0.0363 (0.0746)	0.0844 (0.0679)	0.1670** (0.0634)	-0.0573 (0.0689)	-0.0023 (0.0714)	0.1450* (0.0621)	-0.0033 (0.0109)	0.0079 (0.0210)	-0.0274 (0.0419)
t_0-3	-0.1960 (0.1180)	0.0408 (0.1700)	-0.0529 (0.0654)	-0.2260* (0.1100)	-0.0001 (0.1580)	-0.0448 (0.0651)	-0.0685*** (0.0162)	0.0270 (0.0219)	0.0232 (0.0278)
t_0-2	-0.3370* (0.1410)	-0.1350 (0.1170)	-0.0517 (0.0827)	-0.3570** (0.1310)	-0.1530 (0.1130)	-0.0307 (0.0803)	-0.1200*** (0.0184)	-0.0149 (0.0242)	0.0179 (0.0354)
t_0-1	-0.2730 (0.1590)	0.0979 (0.2290)	0.0719 (0.1160)	-0.3070* (0.1480)	0.0275 (0.2410)	0.0625 (0.1140)	-0.0376 (0.0215)	-0.0054 (0.0243)	0.0015 (0.0408)
t_0	-0.1980 (0.1490)	0.1690 (0.2110)	0.0171 (0.1340)	-0.2360 (0.1390)	0.0821 (0.2190)	0.0000 (0.1310)	-0.0347 (0.0203)	-0.0010 (0.0364)	-0.0084 (0.0526)
t_0+1	-0.2880 (0.1930)	0.0817 (0.197)	-0.0323 (0.1540)	-0.3310 (0.1790)	0.0402 (0.1930)	-0.0396 (0.1540)	-0.0962*** (0.0253)	-0.0247 (0.0394)	-0.0479 (0.0547)
t_0+2	-0.5200 (0.2770)	0.0307 (0.2540)	-0.0944 (0.1470)	-0.5690* (0.2570)	-0.0140 (0.2390)	-0.1060 (0.1450)	-0.1890*** (0.0370)	-0.0343 (0.0303)	0.0483 (0.0495)
t_0+3	-0.4650 (0.3310)	-0.0092 (0.1430)	0.1140 (0.1040)	-0.5260 (0.3070)	-0.0508 (0.1500)	0.0848 (0.1030)	-0.1160** (0.0439)	-0.0203 (0.0231)	-0.0395 (0.0400)
t_0+4	-0.4150 (0.3150)	0.0815 (0.1220)	0.1540 (0.1100)	-0.4730 (0.2920)	0.0155 (0.1320)	0.1240 (0.107)	-0.0983* (0.0416)	0.0167 (0.0246)	-0.0126 (0.0504)
样本量	3603	3603	3603	3603	3603	3603	3589	3589	3589

注：固定效应包括航线承运人的固定效应，并购公司的样本季度固定效应，传统型竞争对手的样本季度固定效应，低成本型竞争对手的样本季度固定效应。因变量包括每个季度航线的可用座位数量，飞行航班数量和载客量。运力回归中被排除在外的航线运营商的平均运量进行加权。括号内为按航线承运人分组的稳健标准误差。* $p<0.05$，** $p<0.01$，*** $p<0.001$。

外，通过观察并购企业的载客率，具有统计学意义的下降模式表明，在批准并购交易后，每单位运力的乘客数量在减少。这与 Bilotkach 等（2013）在达美航空与西北航空并购案中未发现枢纽城市航线运力集中的观点一致。此外，对传统型竞争对手的点估计可以说明它们在司法部批准交易后开始削减运力，但具有统计学意义的负系数为这种策略提供了矛盾的证据。对于低成本型竞争对手，其点估计结果无法表征明确的趋势。

在表 8.13 中，并购企业和传统型竞争对手的可用座位数和飞行航班量都显示出类似的模式。在交易批准期间，并购公司有可能在休闲城市航线的可用座位数量和航班量方面扩大供给。传统型竞争对手从并购交易公布的季度 t_0-1 开始减少运力。然而，有别于并购企业和传统型航空公司，没有证据支持低成本型航空公司有明确而稳定的运力策略。最后三列显示了载客率的动态变化。虽然并购企业扩大了运力，但载客率却明显上升了。这种上升的趋势意味着并购公司采用低价策略收获的乘客的增加超过了运力的增加。对于传统型竞争对手来说，载客率在运力削减后似乎开始下降，这也许暗示休闲乘客数量的下降超过运力的缩减。该结果回应了之前的价格回归部分所显示的趋势，并购企业降低票价，而传统型竞争对手在休闲市场上提高价格。

大城市航线运力变化结果见表 8.14。与休闲市场不同，并购公司在此采取了不同的运力策略。它们在大城市航线上的运力趋于萎缩，这与它们对商务旅客提高票价而不对休闲旅客调整票价的定价策略是一致的。传统型竞争对手和低成本型竞争对手没有表现出关于运力变化的明显线索，主要因为这些航空企业在大城市航线上没有稳定和显著的定价反应策略。从最后三栏可以看出，并购企业的载客率呈现出具有统计学意义的递减模式，这意味着高票价策略导致购买并购公司机票的商务旅客的减少程度要大于运力削减的程度。传统型和低成本型对手仍然没有显示出明显的模式。

综合来看，企业在枢纽城市航线、休闲城市航线和大城市航线上的定价和运力行为表明，联合—大陆航空的并购效应可在两个维度进行解释。一方面，由于并购企业在枢纽城市航线终点机场的主导地位，并购交易为两家并购公司创造了枢纽溢价。然而，并购公司的加价行为并没有因为削减运力供应而得到加强，相反，并购导致了枢纽航线的运力集中。对于枢纽城市航线上的传统型和低成本型竞争对手来说，并购企业的枢纽溢价似乎产生了一种雨伞效应，传统型竞争对手而非低成本型竞争对手可以从中受益。

另一方面，针对休闲城市航线和大城市航线的分析表明，并购公司会选择内部调整，以维持不同市场的定价策略。并购公司在休闲城市市场采取低价策略以吸引对价格敏感的消费者，而在大城市市场只对商务旅客提价而不对休闲游客降价。通过削减大城市市场的运力以增加休闲市场的运力，并购公司倾向于增强大城市市场的市场力量，同时成为休闲市场上更积极的竞争者。因此，与其说是并购获得效率增益，不如说并购公司在休闲市场降低机票价格的原因主要是它们想在大城市市场上努力推动反竞争结果的外溢效应。

传统型和低成本型竞争对手对并购的反应在不同的城市市场有所不同。在休闲城市航线上，面对并购企业咄咄逼人的定价策略，传统型竞争对手通过提高票价和减少航班供应来应对，而它们在大城市航线上并没有表现出明显的模式。由于并购公司在大城市航线上对商务旅客收取更高的价格，但对休闲游客却未降价，这主要是针对传统型竞争对手的客户群，所以这并没有给低成本型竞争对手带来直接竞争。在此情况下，低成本型竞争对手可以保持对并购的独立性。在休闲城市市场，低成本型竞争对手设法采取类似的策略，它们不考虑并购公司的定价和数量决策。

（三）休闲城市航线价格变化的潜在原因

传统观点认为并购能够减少竞争进而带来价格上升。但是我们对休闲城市航线的分析结果显示，并购企业通过降低票价和扩大运力从竞争对手那里获取客户，而传统型竞争对手则通过大幅提高票价来回应。并购企业、传统型竞争对手和低成本型竞争对手的不同反应策略似乎具有不同的潜在原因。

在市场化的竞争中，美国航空公司在许多方面都有差异，包括企业品牌、机场份额、票价、服务质量、航空网络和飞行常客计划等。在这样一个差异化产品的市场中，价格的上升或下降取决于消费者的偏好和替代模式。而偏好的特点是异质的消费者群体：既有参加常旅客计划的品牌忠诚乘客，又有对价格敏感的乘客。在价格竞争中，每个公司的最优价格随着自身具有品牌忠诚度的消费者份额和其竞争对手具有品牌忠诚度的消费者份额的增加而提高，但是随着非品牌忠诚的消费者份额上升而下降（Klemperer，1987b；Hastings，2004）。

由于来自低成本型航空公司的激烈价格竞争，在传统型航空企业主导的市场中，具有品牌忠诚度的客户的份额有可能高于低成本型航空企业主导的市场。以低成本型企业的市场份额为标准，将休闲城市航线分为两类，即低成本型航空企业的市场份额高于 50% 的航线和低于 50% 的航线[①]，从而一定程度上区分出品牌忠诚的消费者和非品牌忠诚的消费者。

表 8.15 显示了两类休闲城市航线的变量统计结果。在低成本型航空企业主导的航线上的并购企业、传统型对手及低成本型对手的平均机票价格和在传统型航空企业主导的航线上的低成本型对手的平均机票价格非常接近，甚至它们的标准差都在同一水平。然而，并购企业和传统型对手在传统型航空企业主导的航线上的平均票价都远远高于上述四种类似的平均票价。该统计数据表明，在低成本型航空企业份额较高的市场上，可能存在一类对价格敏感的消费者，而在低成本型航空企业占比较低的市场上，可能存在两类消费者，即品牌忠诚的消费者和对价格敏感的消费者。航空企业根据目的地城市类型对休闲城市进行细分，企业的市场进入行为也由此而定。根据上述理论推测，假设低成本型航空企业的大多数消费者是价格敏感型乘客，当两家传统型航空企业并购时，低成本型占比较低的市场的均衡价格将比低成本型占比较高的市场的均衡价格增长更多。

表 8.15　休闲城市航线上低成本型航空企业不同市场份额的变量统计

休闲城市航线	变量	并购企业	传统型竞争对手	低成本型竞争对手
传统型航空企业主导的市场（LCC<0.5）	市场份额	0.2978 (0.2706)	0.5760 (0.2800)	0.1077 (0.1415)
	平均票价	253.3680 (100.4250)	260.7450 (108.9360)	184.6250 (48.6970)
低成本型航空企业主导的市场（LCC>0.5）	市场份额	0.0651 (0.0850)	0.1250 (0.1050)	0.8060 (0.1380)
	平均票价	183.9760 (36.0480)	194.2190 (47.3700)	173.3180 (36.7860)

注：括号内为标准偏差。LCC<0.5(>0.5)表示低成本型企业在休闲城市航线上的总市场份额小于(大于)0.5 的市场类型。

表 8.16 列出了这两类休闲城市航线的回归分析结果，这些结果基于对基准模型的估计，使用的是平均数票价对数。比较这两个回归结果可以看出，传

① 50%阈值不是唯一关键区分点，因为汇总统计（表 8.15）和价格回归（表 8.16）对其均不敏感。本研究还尝试了低成本型企业市场份额大于 60%（70%）或小于 40%（30%）的航线，未有显著不同结果。

表 8.16　低成本型航空企业不同市场份额的休闲城市航线上企业对并购的反应

ln 票价	低成本型航空企业市场份额>0.5			低成本型航空企业市场份额<0.5		
	并购企业	传统型竞争对手	低成本型竞争对手	并购企业	传统型竞争对手	低成本型竞争对手
t_0-4	0.0020	−0.0711	−0.1010	0.0057	0.0312	−0.0884
	(0.0433)	(0.0895)	(0.0684)	(0.0196)	(0.0251)	(0.1980)
t_0-3	0.0785	0.0115	−0.0720	−0.0084	0.0190	−0.0131
	(0.0630)	(0.0206)	(0.0678)	(0.0218)	(0.0193)	(0.0791)
t_0-2	0.1360	−0.0087	−0.0595	−0.0376	0.0242	0.0304
	(0.0748)	(0.0220)	(0.0670)	(0.0334)	(0.0280)	(0.0747)
t_0-1	0.1760	0.1630**	−0.0073	−0.0184	0.1160***	0.1410
	(0.0924)	(0.0405)	(0.0704)	(0.0348)	(0.0300)	(0.0801)
t_0	0.1530	0.1240**	0.0045	−0.0156	0.1080*	0.1830*
	(0.0905)	(0.0399)	(0.0785)	(0.0310)	(0.0316)	(0.0774)
t_0+1	0.1980	0.0252	−0.0278	−0.0858**	0.1030***	0.1500
	(0.1080)	(0.0491)	(0.0782)	(0.0323)	(0.0273)	(0.0806)
t_0+2	0.2850	−0.0179	−0.0752	−0.0985*	0.1070**	0.0667
	(0.1560)	(0.0650)	(0.0786)	(0.0434)	(0.0332)	(0.0861)
t_0+3	0.3620*	0.0365	−0.0926	−0.0660	0.1090***	−0.1580
	(0.1820)	(0.0724)	(0.0648)	(0.0484)	(0.0260)	(0.1370)
t_0+4	0.2510	−0.0688	−0.0337	−0.0801	0.1160***	−0.0252
	(0.1700)	(0.0645)	(0.0747)	(0.0443)	(0.0287)	(0.1740)
样本量	4439	4439	4439	11590	11590	11590

注：固定效应包括航线承运人的固定效应，并购公司的样本季度固定效应，传统型竞争对手的样本季度固定效应，低成本型竞争对手的样本季度固定效应。因变量包括每个季度航线承运人的可用座位数量，飞行航班数量和载客量。运力回归由被排除在外航线运营量的平均运营量进行加权。括号内为按航线承运人分组的稳健标准误差。* $p<0.05$，** $p<0.01$，*** $p<0.001$。

统型竞争对手在传统型航空企业主导的市场上显著提高价格,但在低成本型航空企业主导的市场上却没有。此外,并购公司在传统型航空企业主导航线上的结果与表8.10中把低成本型高份额和低份额的市场混合在一起的分析结果相似,即并购公司在 $t_0 + 1$ 期间降低票价以吸引对价格敏感性乘客。考虑到并购企业扩大市场的潜在动机,传统型竞争对手将票价提高到相对于控制组而言比排除期高出大约11%;而低成本型竞争对手没有显示出价格上升或下降的模式,而只有在批准的季度才提高票价。这与大城市航线上的低成本型竞争对手的反应一致。在不与两家并购企业正面竞争的情况下,低成本型竞争对手可以保持对并购的独立性。然而,在以低成本型航空企业为主的市场中,却很难由三类承运人的点估计值得出清晰的结论。

这些分析结果表明,并购企业的行为模式提供了某些证据,证明它们倾向于在传统型承运人份额较高的市场上"挖走"传统型竞争对手的非品牌忠诚客户。但在低成本型承运人主导的市场中,并购公司却没有明显的行为模式。并购企业的定价策略是试图在传统型主导的市场中主要针对传统型对手的消费群体。此外,在传统型承运人主导的市场上,并购企业和竞争对手之间的产品差异比在低成本型承运人主导的市场要小。因此,当品牌忠诚消费者的份额增加时,并购企业通过积极的定价策略吸引那些对价格敏感的非品牌忠诚消费者,导致传统型竞争对手的最优价格上升。这种位移效应与消费者品牌忠诚度差异化产品模型的分析结论是一致的。

五、总结

本章针对美国商务航空业企业行为与城市分类,探索了三种不同类型的企业(并购公司、传统型竞争对手和低成本型竞争对手)对2010年美国联合航空与大陆航空并购案在不同类型城市市场的行为反应,考察三种类型的航空公司在司法部批准并购交易的九个季度中的应对策略。传统型承运人和低成本型承运人在网络和运营模式上的差异意味着,当航线层面的机票价格被分解为承运人层面的机票价格时,它们对并购的反应会有所不同。

更重要的是,城市类型的划分带来不同的分析结果。正如假设所预测的那样,价格行为的分析结果表明,在定义的三种城市市场,枢纽城市市场、休闲城市市场和大城市市场中,并购公司和竞争对手对并购的反应是不同的。在枢纽城市市场中,并购公司通过加强其在终端城市机场的主导地位,为并购公司创造枢纽溢价，从而创造一种保护伞效应，使传统型竞争对手而不是低成本型竞争对手受益，受益方可以收取更高的价格。

休闲城市和大城市市场包含不同的消费群体组合。在休闲城市市场上主要为一个消费者群体，即对价格敏感的休闲旅游者，而大城市市场则由异质性的消费者群体组成，即对价格不敏感的商务旅客和对价格敏感的休闲旅游者。在休闲城市市场中，并购公司在交易完成的季度降低票价，以"挖走"其竞争对手的非品牌忠诚客户，而传统型竞争对手则通过提高票价来应对。在大城市市场中，并购公司提高商旅人士的票价但不降低休闲旅游者的票价。它们的对手却没有采取显著的反制行为。

除了这些定价行为外，还有证据表明企业为什么要保持这样的定价策略。具体来说，并购公司将资产从大城市航线重新部署到休闲城市航线。通过扩大休闲城市航线的运力，减少大城市航线的运力，并购公司可以维持其在不同类型城市的定价策略。传统型竞争对手削减在休闲城市市场上的运力，以便对并购公司的激进战略做出适应性调整，但它们在大城市市场上的运力没有表现出稳定变化的趋势。低成本型竞争对手对并购的独立性可以解释为没有面临与并购公司的正面竞争，因为在休闲城市和大城市市场，并购公司主要针对传统型竞争对手的客户群。

对载客率的分析揭示了企业定价行为背后的动机。休闲城市航线载客率的明显上升趋势意味着并购各方在低价行为的基础上获得了市场份额。然而，传统型竞争对手在削减休闲城市市场的运力后，其载客率开始下降。这意味着，传统型竞争对手放弃了一部分对价格敏感的非品牌忠诚的休闲旅客，通过"榨取"剩余的品牌忠诚客户，以较低的成本获得更多的收入。在大城市市场，并购公司的载客率呈现出具有统计学意义的递减模式，这意味着能够接受并购公司高票价行为的商务旅客的减少程度要大于运力削减的程度[①]。

从这些研究所印证的理论来看，在竞争减少的情况下，可能会出现位移效应。在休闲城市市场上，当并购公司降低机票价格时，传统型竞争对手会提高价格。这种反应与具有消费者品牌忠诚度的差异化产品模型预测的结果是一致的。此外，Kim 和 Singal（1993）假设，对于所有类型的重叠市场，市场力量效

---

① 商务旅客能够接受并购企业在大城市市场的高票价，除了源于他们对于价格的敏感度较低以外，还源于他们更关注产品质量，如并购企业从纽约起飞的航班几乎能直飞或是转机一次到达全美其他的大城市。

应在交易宣布期间占主导地位,而在并购交易完成期间,市场力量和效率收益的抵消效应会起作用。相比之下,本研究的结果显示,并购企业降低休闲城市市场的机票价格,本质上可能是它们在大城市市场建立市场力量的溢出效应,而非市场力量和效率收益的相互抵消。

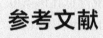

参考文献

［1］ 本·格林. 足够智慧的城市［M］. 李丽梅,译. 上海:上海交通大学出版社,2020.

［2］ 德勤. 超级智能城市 2.0:人工智能引领新风向［R/OL］. ［2023 - 05 - 01］. https://www2. deloitte. com/cn/zh/pages/public-sector/articles/super-smart-city-2-0. html.

［3］ 丁义涛. 大型公立医院推行医联体的创新与实践——南京鼓楼医院宿迁模式十年经验总结［J］. 中国医院,2014,18(1):4 - 8.

［4］ 樊豪斌,蒋励. 旧金山湾区共建共享的智慧交通生态圈研究［J］. 全球城市研究,2022,2(1):34 - 51.

［5］ 冯浩,汪江平. 日本智慧城市建设的现状与挑战［J］. 建筑与文化,2014(12):111 - 112.

［6］ 耿辉,徐安定,王晓艳,等. 基于 SEIR 模型分析相关干预措施在新型冠状病毒肺炎疫情中的作用［J］暨南大学学报(自然科学与医学版),2020,41(2):175 - 180.

［7］ 顾朝林,段学军,于涛方,等. 论"数字城市"及其三维再现关键技术［J］. 地理研究,2002(1):14 - 24.

［8］ 李博雅,肖金成,马燕坤. 城市群协同发展与城市间合作研究［J］. 经济研究参考,2020(4):32 - 40.

［9］ 李灿强. 美国智慧城市政策述评［J］. 电子政务,2016(7):101 - 112.

［10］ 李琦,刘纯波,承继成. 数字城市若干理论问题探讨［J］. 地理与地理信息科学,2003(1):32 - 36.

［11］ 李卫忠.利用遥感技术发展智慧产业建设智慧城市——专访中国工程院院士、中国科学院院士、立得空间首席科学家李德仁教授［J］.中国信息界，2014(7)：14－19.

［12］ 李湛，张彦.长三角一体化的演进及其高质量发展逻辑［J］.华东师范大学学报(哲学社会科学版)，2020，52(5)：146－156，187－188.

［13］ 李遵先，苟长义.具扩散 SIR 传染病模型的平衡态的稳定性分析［J］.福州大学学报(自然科学版)48(4)：420－424.

［14］ 刘小凤.日本从 e-Japan 向 u-Japan 战略转变［J］.全球科技经济瞭望，2005(7)：18－22.

［15］ 刘雅姝，吴琪俊，陆一涵，等.新型冠状病毒肺炎(COVID－19)预测模型分析［J］.公共卫生与预防医学，2020，31(3)：10－13.

［16］ 刘亦师.19 世纪中叶英国卫生改革与伦敦市政建设(1838—1875)：兼论西方现代城市规划之起源(上)［J］.北京规划建设，2021(4)：176－181.

［17］ 刘亦师.19 世纪中叶英国卫生改革与伦敦市政建设(1838—1875)：兼论西方现代城市规划之起源(下)［J］.北京规划建设，2021(5)：179－184.

［18］ 卢锋.产品内分工［J］.经济学(季刊)，2004(4)：55－82.

［19］ Lu P.国际智慧城市安全治理比较研究——以东京、新加坡、上海为例［D］.上海：上海外国语大学，2021.

［20］ 倪鹏飞.中国城市竞争力报告［R］.北京：中国社会科学院，2016.

［21］ 宁越敏，石崧.从劳动空间分工到大都市区空间组织［M］.北京：科学出版社，2010.

［22］ 仇保兴.智慧地推进我国新型城镇化［J］.城市发展研究，2013，20(5)：1－12.

［23］ 石晶，王虹，李思琪.当前公众关于保持经济增长的信心、期待与建议调查报告［J］.国家治理，2020(Z3)：4－15.

［24］ 石崧.全球城市区域：缘起、内涵及对中国的启示［D］.上海：华东师范大学，2007.

［25］ 宋刚，邬伦.创新 2.0 视野下的智慧城市［J］.城市发展研究，2012，19(9)：53－60.

［26］ 苏黎馨，冯长春.京津冀区域协同治理与国外大都市区比较研究［J］.地理科学进展，2019(1)：15－25.

[27] 帅才.理不顺 下不去 接不住 联不通:医联体发展四大难题待破解[N/OL].经济参考报,2018-01-26[2023-07-05]. http://industry.people.com.cn/n1/2018/0126/c413883-29788346.html.

[28] 屠启宇,余全明.长三角区域战略空间的内涵特征、运行逻辑与规划策略[J].城市规划学刊,2022(4):71-77.

[29] 王广斌,张雷,刘洪磊.国内外智慧城市理论研究与实践思考[J].科技进步与对策,2013,30(19):153-160.

[30] 王缉慈,等.创新的空间:企业集群与区域发展[M].北京:北京大学出版社,2001.

[31] 王家耀,刘嵘,成毅,等.让城市更智慧[J].测绘科学技术学报,2011,28(2):79-83.

[32] 王兰.建构"公共健康单元"为核心的健康城市治理系统——应对2020新型冠状病毒肺炎突发事件笔谈会[J].城市规划,2020(2):123-124.

[33] 王志心,刘治,刘兆军.基于机器学习的新型冠状病毒(COVID-19)疫情分析及预测[J].生物医学工程研究,2020,39(1):5.

[34] 魏永越,卢珍珍,杜志成,等.基于改进的SEIR+CAQ传染病动力学模型进行新型冠状病毒肺炎疫情趋势分析[J].中华流行病学杂志,2020,41(4):470-475.

[35] 吴鸣然,黄卫东.智慧城市建设对城市绿色创新效率的直接影响与扩散效应——基于173个城市的"准自然实验"[J].软科学,2023(5):1-14.

[36] 吴越,温晓岳.城市大脑[M].北京:中信出版社,2019.

[37] 吴志强,李德华.城市规划原理[M].北京:中国建筑工业出版社,2010.

[38] 武文韬,李达宁,李莉,等.基于SIR模型分析不同强度防控手段在当前武汉市新型冠状病毒(2019-nCoV)感染的肺炎疫情中的作用[J].医学新知,2020(1):78-82.

[39] 武英涛,付洪涛.全球城市数字化转型的典型案例分析及对上海的启示[J].全球城市研究(中英文),2021,2(3):1-12.

[40] 谢丹.日本的e-Japan战略[J].政策与管理,2001(7):12-14.

[41] 熊易寒,等.城市治理的范式创新:上海城市运行"一网统管"[M].北京:中信出版社,2023.

[42] 徐振强.中国的智慧城市建设与智慧雄安的有效创新[J].区域经济评论,

2017(4):69 - 74.

[43] 严涵,聂梦遥,沈璐.大巴黎区域规划和空间治理研究[J].上海城市规划,2014(6):65 - 69.

[44] 严阅,陈瑜,刘可伋,等.基于一类时滞动力学系统对新型冠状病毒肺炎疫情的建模和预测[J].中国科学:数学,2020(3):8.

[45] 杨凯瑞.智慧城市评价研究:投入—产出视角[D].武汉:华中科技大学,2015.

[46] 于风霞.i-Japan 战略 2015[J].中国信息化,2016(4):13 - 22.

[47] 中华人民共和国外交部.日本国家概况[R/OL].[2023 - 05 - 01].https://www.mfa.gov.cn/gjhdq_676201/gj_676203/yz_676205/1206_676836/1206x0_676838/.

[48] 周岱霖,吴丽娟.芝加哥 2040 战略规划的经验与启示[R/OL].(2018 - 11 - 01)[2023 - 05 - 01].https://mp.weixin.qq.com/s/SM60QHtfL7uC-He3SduRtA? scene=25♯wechat_redirect.

[49] 朱维政.智慧城市——能源服务[M].北京:中国电力出版社,2019.

[50] ABDEL-RAHMAN, HESHAM M, MASAHISA F. Specialization and diversification in a system of cities [J]. Journal of Urban Economics, 1993,33(2):189 - 222.

[51] ACEMOGLU D. Training and innovation in an imperfect labour market [J]. The Review of Economic Studies, 1997,64(3):445 - 464.

[52] AHMAD A, FARMAN M, GHAFAR A, et al. Analysis and simulation of fractional order smoking epidemic model [J]. Computational and Mathematical Methods in Medicine, 2022(5),20:9683187.

[53] ALAWADHI S, ALDAMA-NALDA A, CHOURABI H, et al. Building understanding of smart city initiatives [M]. Heidelberg: Springer, 2012.

[54] AL-SADDIQUE A. Integrated Delivery Systems (IDSs) as a means of reducing costs and improving healthcare delivery [J]. Journal of Healthcare Communications, 2018(3):19.

[55] ANGELIDOU M. Smart city policies: A spatial approach [J]. Cities, 2014(41):3 - 11.

[56] ANGIELLO G, CARPENTIERI G, MAZZEO G, et al. Review pages: smart city: research, 105 projects and good practices for the city [J]. Tema Journal of Land Use Mobility & Environment, 2013,6(1): 553 - 585.

[57] ANTHOPOULOS L. Understanding smart cities: a tool for smart government or an industrial trick?[M]. Cham: Springer, 2017.

[58] AUERBACH F. Das gesetz der bevölkerungskonzentration [J]. Petermann's Geogr. Mitteilungen, 1913(59):73 - 76.

[59] BACK A. IBM Launches a "smart city" project in China [N]. Wall Street Journal, 2009 - 09 - 17.

[60] BAIROCH P. Cities and economic development: from the dawn of history to the present [M]. Chicago: University of Chicago Press, 1988.

[61] BATTY M, FERGUSON P. Defining city size [J]. Environment and Planning B: Planning and Design, 2011(38):753 - 756.

[62] BATTY M. The New science of cities [M]. Cambridge: MIT Press, 2013.

[63] BATTY M. Inventing future cities [M]. Cambridge: MIT Press, 2018.

[64] BATTY M. On the confusion of terminologies [J]. Environment and Planning B: Urban Analytics and City Science, 2019(46):997 - 998.

[65] BEGG I. Cities and competitiveness [J]. Urban Studies, 1999,36(5 - 6):795 - 809.

[66] BEHAR C. A neighborhood in Ottoman Istanbul: fruit vendors and civil servants in the Kasap Ilyas Mahalle [M]. Albany:State University of New York Press, 2003.

[67] BERRY B J L. Cities as systems within systems of cities [J]. Papers of the Regional Science Association, 1964(13):147 - 164.

[68] BETTENCOURT L M A. The origins of scaling in cities [J]. Science, 2013(340):1438 - 1441.

[69] BETTENCOURT L M A, LOBO J. Urban scaling in Europe [J]. Journal of the Royal Society Interface, 2016(13):1 - 14.

[70] BILOTKACH V, FAGEDA X, FLORES-FILLOL R. Airline consolidation and the distribution of traffic between primary and secondary hubs [J].

Regional Science and Urban Economics, 2013,43(6):951 - 963.

[71] BLACK D, MCKINNISH T, SANDERS S. The economic impact of the coal boom and bust [J]. The Economic Journal, 2005,115(4):449 - 476.

[72] BLACK D, HENDERSON V. Spatial evolution of population and industry in the United States [J]. American Economic Review, 1999, 89(2):321 - 327.

[73] BLACK D, HENDERSON V. Urban evolution in the USA [J]. Journal of economic geography, 2003,3(4):343 - 372.

[74] BORENSTEIN S. Hubs and high fares: dominance and market power in the US airline industry [J]. The Rand Journal of Economics, 1989, 20(3):344 - 365.

[75] BORENSTEIN S. Airline mergers, airport dominance, and market power [J]. American Economic Review, 1990,80(2):400 - 404.

[76] BROWER S N. Neighbors and neighborhoods: elements of successful community design [M]. Chicago: APA Planners Press, 2011.

[77] CAI R, MAO Y. Specialization and diversification in cities: the evidence from China [J]. Innovation Management and Industrial Engineering, 2013(1):158 - 163.

[78] CALZADA I. Smart city citizenship [M]. Cambridge:Elsevier, 2020.

[79] CANUTO M A, ESTRADA-BELLI F, GARRISON T G, et al. Ancient lowland Maya complexity as revealed by airborne laser scanning of northern Guatemala [J]. Science, 2018(361):6409.

[80] CARLTON D W, ISRAEL M A, MACSWAIN I, ORLOV E. Are legacy airline mergers pro-or anti-competitive? evidence from recent US airline mergers [J]. International Journal of Industrial Organization, 2019(62):58 - 95.

[81] CARNEIRO R L. The transition from quantity to quality: a neglected causal mechanism in accounting for social evolution [J]. Proceedings of the National Academy of Sciences of the USA, 2000 (97): 12926 - 12931.

[82] CARRINGTON W J. The Alaskan labor market during the pipeline era [J]. Journal of Political Economy, 1996,104(1):186 - 218.

[83] CHASKIN R J. Perspectives on neighborhood and community: a review of the literature [J]. Social Service Review, 1997,71(4):521 - 547.

[84] CHEN Z. Launch of the health-care reform plan in China [J]. Lancet, 2009(373):1322 - 1324.

[85] CHESHIRE P C. Explaining the recent performance of the major urban regions of the European community [J]. Urban Studies, 1990,27(3): 311 - 333.

[86] CHRISTALLER W. Central places in southern Germany [M]. Englewood Cliffs (NJ):Prentice-Hall, 1966.

[87] COLES M G, ERIC S. Marketplaces and matching [J]. International Economic Review, 1998(39):239 - 254.

[88] COLES M G, et al., Understanding the matching function: the role of newspapers and job agencies [C]. Technical Report CEPR Discussion Papers, 1994.

[89] CÔTÉ S, ALAN M S, JELENA Z. Trait affect and job search outcomes [J]. Journal of Vocational Behavior, 2006,68(2):233 - 252.

[90] COOPER I, MONDAL A, ANTONOPOULOS C G. A SIR model assumption for the spread of COVID - 19 in different communities [J]. Chaos, Solitons & Fractals, 2020(139):110057.

[91] D'AUNNO T, HEARLD L, ALEXANDER J A. Sustaining multistakeholder alliances [J]. Health Care Management Review, 2019(44): 183 - 194.

[92] DAMERI R P. Searching for smart city definition: a comprehensive proposal [J]. International Journal of Computers & Technology, 2013, 11(5):25 - 44.

[93] DAVOUDI S. Conceptions of the city-region: a critical review [J]. Proceedings of the Institution of Civil Engineers: Urban Design and Planning, 2008(161):51 - 60.

[94] DE LIGT L. Urban Systems and the Political and Economic Structures

of Early-Imperial Italy [J]. Revista de Storia Economica, 2016(32): 17 – 71.

[95] DEAR M J. The postmodern urban condition [M]. Oxford: Wiley-Blackwell, 2001.

[96] DIRKS S, GURDGIEV C, KEELING M. Smarter cities for smarter growth: how cities can optimize their systems for the talent-based economy [J]. Social Science Electronic Publishing, 2010(24):1 – 25.

[97] DOUGLAS G W, MILLER J C. Economic regulation of domestic air transport: theory and policy (studies in the regulation of economic activity) [M]. Washington DC: Brookings Institution Press, 1974.

[98] DRENNAN R D, PETERSON C E. Comparing archaeological settlement systems with rank-size graphs: a measure of shape and statistical confidence [J]. Journal of Archaeological Science, 2004 (31):533 – 549.

[99] DURANTON G, PUGA D. Diversity and specialisation in cities: why, where and when does it matter? [J]. Urban Studies, 2000, 37 (3):533 – 555.

[100] DURANTON G, PUGA D. Micro-foundation of urban agglomeration economies [M]//HENDERSON J V, THISSE J F (eds.) Handbook of regional and urban economics. Amsterdam: Elsevier, 2004.

[101] EASLEY D, KLEINBERG J. Networks, crowds, and markets: reasoning about a highly connected world [M]. New York: Cambridge University Press, 2010.

[102] EECKHOUT J. Gibrat's Law for (all) cities [J]. The American Economic Review, 2004(94):1429 – 1451.

[103] ELLISON G, GLAESER L E, KERR W R. What causes industry agglomeration? evidence from coagglomeration patterns [J]. American Economic Review, 2010,100(3):1195 – 1213.

[104] FANG C. Scientifically selecting and hierarchically nurturing China's urban agglomerations for the new normal [J]. Bulletin of the Chinese Academy of Sciences, 2015,30(2):127 – 136.

[105] FANG C, YU D. Urban agglomeration: an evolving concept of an emerging phenomenon [J]. Landscape and Urban Planning, 2017 (162):126 – 136.

[106] FANG C, MAO Q, NI P. Debates and explorations of scientifically selecting and hierarchically developing China's urban agglomerations [J]. Acta Geographica Sinica, 2015,70(4):515 – 527.

[107] FANG C, SONG J, LIN X. Theories and practices of China's urban agglomeration sustainable development [M]. Beijing: Science Press, 2010.

[108] FANG C, SONG J, ZHANG Q, et al. The formation development and spatial heterogeneity patterns for the structures system of urban agglomerations in China [J]. Acta Geographica Sinica, 2005,60(5):827 – 840.

[109] FANG C, YAO S, LIU S. The 2010 report of China's urban agglomeration development [M]. Beijing: Science Press, 2011.

[110] FEINMAN G M. Size, complexity, and organizational variation: a comparative approach [J]. Cross-Cultural Research, 2011 (45):37 – 58.

[111] FLETCHER R. The limits of settlement growth: a theoretical outline [M]. Cambridge: Cambridge University Press, 1995.

[112] FLORIDA R. The rise of the creative class [M]. New York: Basic Books, 2002.

[113] FLORIDA R. The economic geography of talent [J]. Annals of the Association of American Geographers, 2002(92):743 – 755.

[114] FLORIDA R, MELLANDER C, STOLARICK K. Inside the black box of regional development—human capital, the creative class and tolerance [J]. Journal of Economic geography, 2008(8):615 – 649.

[115] FUJITA M, KRUGMAN P, VENABLES A J. The spatial economy: cities, regions, and international trade [J]. Cambridge: The MIT Press, 1999.

[116] GAN L, LI Q. Efficiency of thin and thick markets [J]. Journal of

Econometrics, 2016,192(1):40 - 54.

[117] GARAU C, PAVAN V. Evaluating urban quality: indicators and assessment tools for smart sustainable cities [J]. Sustainability, 2018, 10(3):575 - 579.

[118] GASCO-HERNANDEZ M. Building a smart city: lessons from Barcelona [J]. Communications of the ACM, 2018,61(4):50 - 57.

[119] GERARDI K S, SHAPIRO A H. Does competition reduce price dispersion? new evidence from the airline industry [J]. Journal of Political Economics, 2009,117(1):1 - 37.

[120] GIBRAT R. Les inégalités économiques: applications: aux inégalités des richesses, à la concentration des entreprises, aux populations des villes, aux statistiques des familles, etc., d'une loi nouvelle, la loi de l'effect proportionnel [M]. Paris: Recueil Sirey, 1931.

[121] GIFFINGER R, FERTNER C, KRAMAR H, et al. Smart cities-ranking of European medium-sized cities [EB/OL]. [2023 - 05 - 05]. https://www. academia. edu/13915221/Smart _ cities _ Ranking_of_ European_medium_sized_cities.

[122] GIFFINGER R. Smart city concepts: chances and risks of energy efficient urban development [EB/OL]. (2016 - 01 - 07)[2023 - 05 - 05]. https:// link. springer. com/chapter/10.1007/978-3-319-27753-0_1.

[123] GLAESER E L, KALLAL H D, SCHEINKMAN J A, et al. Growth in cities [J]. Journal of political economy, 1992,100(6):1126 - 1152.

[124] GLAESER, E L. Triumph of the city: how our greatest invention makes us richer, smarter, greener, healthier, and happier [M]. New York: Penguin Press, 2011.

[125] GLAESER E L, KOHLHASE J E. Cities, regions, and the decline of transport costs [J]. Papers in Regional Science, 2004(83):197 - 228.

[126] GONG P, LIANG S, CARLTON E J. Urbanization and health in China [J]. Lancet, 2012(379):843 - 852.

[127] GOOLSBEE A, SYVERSON C. How do incumbents respond to the threat of entry? evidence from the major airlines [J]. The Quarterly

Journal of Economics, 2008,123(4):1611－1633.

[128] GRANOVETTER M S. The strength of weak ties [J]. American Journal of Sociology, 1973(78):1360－1380.

[129] GREENSTONE M, HORNBECK R, MORETTI E. Identifying agglomeration spillovers: evidence from winners and losers of large plant openings [J]. Journal of political economy, 2010,118(3):536－598.

[130] HALL P, PAIN K. The polycentric metropolis: learning from mega-city regions in Europe [M]. London: Routledge, 2012.

[131] HALL P. Global city-regions in the twenty-first century [M]. Oxford: Oxford University Press, 2001.

[132] HANSON S, LAKE R. Towards a comprehensive geographical perspective on urban sustainability [R]. Rutgers: the State University of New Jersey, 2000.

[133] HARRISON C, DONNELLY I. A theory of smart cities [C]. 55th Annual Meeting of the International Society for the Systems Sciences, 2011.

[134] HARRISON C, ECKMAN B, HAMILTON R, et al. Foundations for smarter cities [J]. IBM Journal of Research and Development, 2010, 54(4):1－16.

[135] HASTINGS J S. Vertical relationships and competition in retail gasoline markets: empirical evidence from contract changes in southern California [J]. American Economic Review, 2004,94(1):317－328.

[136] HE H, CHEN Y, HE J, et al. Research on the current situation of medical consortium in China [J]. The Journal of Practical Medicine, 2017(33):4193－4196.

[137] HELSLEY R W, STRANGE W C. Matching and agglomeration economies in a system of cities [J]. Regional Science and Urban Economics, 1990,20(2):189－212.

[138] HENDERSON J V. Marshall's scale economies [J]. Journal of urban

economics, 2003,53(1):1-28.

[139] HENDERSON J V. Efficiency of resource usage and city size [J]. Journal of Urban Economics, 1986(19):47-70.

[140] HENDERSON J V, KUNCORO A, TURNER M. Industrial development in cities [J]. Journal of political economy, 1995,103(5):1067-1090.

[141] HENRICH J. The secret of our success: how learning from others drove human evolution, domesticated our species and made us smart [M]. Princeton: Princeton University Press, 2015.

[142] HOLLANDER A. On price-increasing entry [J]. Economica, 1987,54 (125):317-324.

[143] HOLLANDS R G. Critical interventions into the corporate smart city [J]. Cambridge Journal of Regions, Economy, and Society, 2015,8 (1):61-77.

[144] HOLLANDS R G. Will the real smart city please stand up? intelligent, progressive or entrepreneurial?[J]. City, 2008,12(3):303-320.

[145] HOYT H. The structure and growth of residential neighborhoods in American cities [R]. Washington, DC: Federal Housing Administration, US Government Printing Office, 1939.

[146] HU X, ZHOU Y, GU C. Study on the spatial concentration and diffusion of China's coastal concentrated urban areas [M]. Beijing: Science Press, 2000.

[147] HUANG Q, HU M. Health alliance mode analysis and reference from foreign countries [J]. Chinese Hospitals, 2015(19):56-59.

[148] HUMBER LOCAL ENTERPIRSE PARTNERSHIP. Humber clean growth local white paper [R/OL]. [2023-08-10]. https://cp. catapult. org. uk/wp-content/uploads/2021/01/Humber-Clean-Growth-Local-White-Paper. pdf.

[149] HÜSCHELRATH K, MÜLLER K. Market power, efficiencies, and entry evidence from an airline merger [J]. Managerial and Decision Economics, 2015,36(4):239-255.

[150] ISARD W. Location and space economy [M]. Cambridge: The MIT Press, 1956.

[151] JACKSON M O. Networks in the understanding of economic behaviors [J]. Journal of Economic Perspectives, 2014(28):3 - 22.

[152] JACOBS J. The death and life of great American cities [M]. New York: Random House, 1961.

[153] JACOBS J. The economy of cities [M]. New York: Vintage, 1969.

[154] JACOBS J. Cities and the wealth of nations [M]. New York: Vintage, 1984.

[155] JOHNSON A W, EARLE T K. The evolution of human societies: from foraging group to agrarian state [M]. Stanford: Stanford University Press, 2000.

[156] JONES C I, ROMER P M. The new Kaldor Facts: ideas, institutions, population, and human capital [J]. American Economic Journal (Macroeconomics), 2010(2):224 - 245.

[157] KAHN A E. Deregulation and vested interests: the case of airlines [M]// ROGER G N, BRUCE M O. The political economy of deregulation. Washington DC: American Enterprise Institute, 1983.

[158] KEARNS A, PARKINSON M. The significance of neighbourhood [J]. Urban Studies, 2001(38):2103 - 2110.

[159] KEELER T E. Airline regulation and market performance [J]. Bell Journal of Economics and Management Science, 1972(3):399 - 424.

[160] KIM E H, SINGAL V. Mergers and market power: evidence from the airline industry [J]. American Economic Review, 1993, 83(3):549 - 569.

[161] KIM S. Labor heterogeneity, wage bargaining, and agglomeration economies [J]. Journal of Urban Economics, 1990, 28(2):160 - 177.

[162] KLEMPERER P. Markets with consumer switching costs [J]. The Quarterly Journal of Economics, 1987a, 102(2):375 - 394.

[163] KLEMPERER P. The competitiveness of markets with switching costs [J]. The Rand Journal of Economics, 1987b, 102(2):138 - 150.

[164] KLOOSTERMAN R C, MUSTERD S. The polycentric urban region: towards a research agenda [J]. Urban Studies, 2001, 38(4):623 -

633.

[165] KOHLER T A, SMITH M E. Ten thousand years of inequality: the archaeology of wealth differences [M]. Tucson: University of Arizona Press, 2018.

[166] KOSTOF S. The city shaped: urban patterns and their meanings through history [Z]. Boston: Little, Brown and Company, 1991.

[167] KWOKA J, SHUMILKINA E. The price effect of eliminating potential competition: evidence from an airline merger [J]. Journal of Industrial Economics, 2010,58(4):767 - 793.

[168] LAQUIAN A A. The planning and governance of Asia's mega-urban regions, population distribution, urbanization, internal migration and development [C]. New York: United Nations, 2011.

[169] LEE R D. Induced population growth and induced technological progress: their interaction in the accelerating stage [J]. Mathematical Population Studies, 1988,1(3):265 - 288.

[170] LEVIN N, KYBA C C, ZHANG Q, et al. Remote sensing of night lights: a review and an outlook for the future [J]. Remote Sensing of Environment, 2020(237):111 - 443.

[171] LI X, LU J, HU S, et al. The primary health-care system in China [J]. The Lancet, 2017,390(10112):2584 - 2594.

[172] LIANG J, ZHENG X, CHEN Z, et al. The experience and challenges of healthcare-reform-driven medical consortia and regional health information technologies in China: a longitudinal study [J]. International Journal of Medical Informatics, 2019, 131 (103954): 1 - 8.

[173] LOBO J, BETTENCOURT L M, SMITH M E, et al. Settlement scaling theory: bridging the study of ancient and contemporary urban systems [J]. Urban Studies, 2020,57(4):731 - 747.

[174] LUCAS JR R E. On the mechanics of economic development [J]. Journal of Monetary Economics, 1988,22(1):3 - 42.

[175] LUO D. The price effects of the delta/northwest airline merger

[J]. Review of Industrial Organization, 2014,44(1):27 - 48.

[176] LÜTHI S, GOEBEL V, THIERSTEIN A. Spatial development on the quiet in the mega-city-region of Munich [J]. European Regional Science Association (ERSA):2007(9):1 - 8.

[177] MARSHALL A. Principles of economics [M]. London: Macmillan and Company, 1890.

[178] MARSHALL A. "Some aspects of competition." The address of the president of section F — Economic Science and Statistics — of the British Association, at the Sixtieth Meeting, held at Leeds, in September, 1890[J]. Journal of the Royal Statistical Society, 1890,53 (4):612 - 643.

[179] MASSEY D. Spatial divisions of labour: social structures and the geography of production [M]. New York: Routledge, 1995.

[180] MASSEY D S, DENTON N A. Hypersegregation in US metropolitan areas: black and hispanic segregation along five dimensions [J]. Demography, 1989(26):373 - 391.

[181] MELLANDER C, STOLARICK K, LOBO J. Distinguishing neighborhood and workplace network effects on individual income: evidence from Sweden [J]. Regional Studies, 2017,51(11):1652 - 1664.

[182] MONZON A. Smart cities concept and challenges: bases for the assessment of smart city projects; proceedings of the 2015 international conference on smart cities and green ICT systems (SMARTGREENS)[C]. IEEE, 2015.

[183] MORETTI E. Local multipliers [J]. American Economic Review, 2010,100(2):373 - 377.

[184] MORETTI E. Local labor markets [M]. Amsterdam: Elsevier. 2011.

[185] MORRISON S, WINSTON C. The economic effects of airline deregulation [M]. Washington DC: Brookings Institution Press, 1986.

[186] MUMFORD L. What is a City?[J]. Architectural Record, 1937(11): 91 - 96.

[187] MUMFORD L. The neighborhood and the neighborhood unit [J]. The Town Planning Review, 1954,24(4):256 – 270.

[188] MUMFORD L. The city in history: its origins, its transformations, and its prospects [M]. Boston: Houghton Mifflin Harcourt, 1961.

[189] MYEONG S, JUNG Y, LEE E. A study on determinant factors in smart city development: an analytic hierarchy process analysis [J]. Sustainability, 2018,10(8):2606.

[190] NAKAMURA R. Agglomeration economies in urban manufacturing industries: a case of Japanese cities [J]. Journal of Urban economics, 1985,17(1):108 – 124.

[191] NAM T, PARDO T A. Conceptualizing smart city with dimensions of technology, people, and institutions [C]. Maryland, 2011

[192] NAM T, PARDO T A. Smart city as urban innovation: focusing on management, policy, and context [C]. Tallinn, 2011.

[193] NATIONAL LEAGUE OF CITIES. State of the cities 2020 [EB/ OL]. [2023 – 06 – 01]. https://www. nlc. org/resource/state-of-the-cities-2020/.

[194] NIU D, SUN W, ZHENG S. The role of informal housing in lowering China's urbanization costs [J]. Regional Science and Urban Economics, 2021(91):103638.

[195] NI P. Report of Chinese cities' competitiveness [M]. Beijing: Social Science Literature Press, 2008.

[196] NORDBECK S. Urban allometric growth [J]. Geografiska Annaler: Series B, Human Geography, 1971,53(1):54 – 67.

[197] O'SULLIVAN A. Urban economics [M]. Chicago: Irwin Press, 1996.

[198] OMAE K I. The end of the nation state: the rise of regional economies [M]. New York: Simon and Schuster, 1995.

[199] OSTROM E. A general framework for analyzing sustainability of social-ecological systems [J]. Science, 2009,325(5939):419 – 422.

[200] PAIN K. The Strategic planning protagonist: unveiling the global mega-city region in Sir Peter Hall: Pioneer in regional planning,

transport and urban geography [M]. Switzerland: Springer, 2016.

[201] PARK R E. The city: suggestions for the investigation of human behavior in the city environment [J]. American Journal of Sociology, 1915,20(5):577 − 612.

[202] PARK R E, BURGESS E W. The city [M]. Chicago: University of Chicago Press, 2019.

[203] PERLOFF J M, SALOP S C. Equilibrium with product differentiation [J]. Review of Economic Studies, 1985,52(1):107 − 120.

[204] PICON A. Urban infrastructure, imagination, and politics: from the networked metropolis to the smart city [J]. International Journal of Urban and Regional Research, 2018,42(2):263 − 275.

[205] PIETERSE D E. City futures: confronting the crisis of urban development [M]. London: Bloomsbury Publishing, 2008.

[206] PIKETTY T. Capital in the twenty-first century [M]. Cambridge: Harvard University Press, 2014.

[207] PORTNOV B A, ERELL E. Urban clustering: the benefits and drawbacks of location [M]. Alder shot: Ashgate, 2001.

[208] PRINCE J T, SIMON D H. The impact of mergers on quality provision: evidence from the airline industry [J]. Journal of Industrial Economics, 2017,65(2):336 − 362.

[209] REPETTE P, SABATINI-MARQUES J, YIGITCANLAR T, et al. The evolution of city-as-a-platform: smart urban development governance with collective knowledge-based platform urbanism [J]. Land, 2021,10(1):33.

[210] ROMER P. The city as unit of analysis [EB/OL]. (2013 − 02 − 13) [2023 − 06 − 05]. https://paulromer. net/the-city-as-unit-ofanalysis/.

[211] ROSENTHAL R W. A model in which an increase in the number of sellers leads to a higher price [J]. Econometrica: Journal of the Econometric Society, 1980,48(6):1575 − 1579.

[212] ROSENTHAL S S, ROSS S L. Change and persistence in the economic status of neighborhoods and cities [J]. Handbook of

Regional and Urban Economics, 2015(5):1047 - 1120.

[213] ROSENTHAL S S, STRANGE W C. Geography, industrial organization, and agglomeration [J]. Review of Economics and Statistics, 2003, 85(2): 377 - 393.

[214] ROTEMBERG J J, SALONER G. Competition and human capital accumulation: a theory of interregional specialization and trade [J]. Regional Science and Urban Economics, 2000, 30(4):373 - 404.

[215] RSHP. 巴黎未来聚居区设计[EB/OL]. [2023 - 06 - 02]. https:// rshp. com/assets/uploads/5500_GrandParis_JS_zh_1. pdf.

[216] SAMPSON R J. Great American city: Chicago and the enduring neighborhood effect [M]. Chicago: University of Chicago Press, 2012.

[217] SAN FRANCISCO MUNICIPAL TRANSPORTATION AGENCY (SFMTA). City of San Francisco: meeting the smart city challenge volume 1[R/OL]. (2016 - 11 - 15) [2021 - 08 - 30]. https://www. sfmta. com/sites/default/files/projects/2016/SF%20Smart%20City% 20Challenge_Final. pdf.

[218] SAN FRANCISCO MUNICIPAL TRANSPORTATION AGENCY. Vision zero in 2015: why safer streets are more important than ever [EB/OL]. (2016 - 06 - 02)[2023 - 08 - 20]. https://www. sfmta. com/blog/vision-zero-2015-why-safer-streets-are-more-important-ever.

[219] SASSEN S. Global financial centers [J]. Foreign Aff, 1999(78):75.

[220] SASSEN S. Global cities and global city-regions: a comparison in global city-regions: trends, theory, policy [M]. Oxford (UK): Oxford University Press, 2001.

[221] SCOTT A J. Global city-regions: trends, theory, policy [M]. Oxford: Oxford University Press, 2001.

[222] SCOTT A J. City-regions reconsidered [J]. Environment and planning a: economy and space, 2019, 51(3):554 - 580.

[223] SCOTT A J, AGNEW J, SOJA E W, et al. Global city-regions: an overview [M]. Oxford: Oxford University Press, 2001.

[224] SENE N. SIR epidemic model with mittag-leffler fractional derivative

[J]. Chaos, Solitons & Fractals, 2020(137):109833.

[225] SENEL K, OZDINC M, OZTURKCAN S. Single parameter estimation approach for robust estimation of sir model with limited and noisy data: the case for covid-19 [J]. Disaster Medicine and Public Health Preparedness, 2021,15(3):8 − 22.

[226] SENNETT R. The fall of public man [J]. Capital & Class, 1987,11 (1):132 − 134.

[227] SEUNGHWAN M, YUSEOK J, EUNUK L. A Study on determinant factors in smart city development: an analytic hierarchy process analysis [J]. Sustainability, 2018,10(8):2606.

[228] SHEN M, PENG Z, XIAO Y, et al. Modeling the epidemic trend of the 2019 novel coronavirus outbreak in China [J]. The Innovation, 2020,1(3):2.

[229] SIMON J L. Theory of population and economic growth [M]. Oxford: Basil Blackwell Publisher, 1986.

[230] SMALDINO P. Better methods can't make up for mediocre theory [J]. Nature, 2019,575(7783):9 − 10.

[231] SMALL M L. Unanticipated gains: origins of network inequality in everyday life [M]. Oxford: Oxford University Press, 2009.

[232] SMITH A. An inquiry into the nature and causes of the wealth of nations: volume one [M]. Chicago: University of Chicago Press, 1776.

[233] SMITH M E. The archaeological study of neighborhoods and districts in ancient cities [J]. Journal of Anthropological Archaeology, 2010,29 (2):137 − 154.

[234] SMITH M E, ENGQUIST A, CARVAJAL C, et al. Neighborhood formation in semi-urban settlements [J]. Journal of Urbanism: International Research on Placemaking and Urban Sustainability, 2015,8(2):173 − 198.

[235] SÖDERSTRÖM O, PAASCHE T, KLAUSER F. Smart cities as corporate storytelling [J]. City, 2014,18(3):307 − 320.

[236] SOJA E W. Regional urbanization and the end of the metropolis era, The

5th International Conference of the International Forum on Urbanism (IFoU), 2011[C]. National University of Singapore, 2011.

[237] SOLECKI W, SETO K C, MARCOTULLIO P J. It's time for an urbanization science [J]. Environment: Science and Policy for Sustainable Development, 2013,55(1):12 - 17.

[238] SOUTH YORKSHIRE. South Yorkshire mayoral combined authority [EB/OL]. [2023 - 07 - 03]. https://www. scrgrowthhub. co. uk/areas-we-cover/.

[239] SPUR. Grand reductions:10 diagrams that changed city planning [EB/OL]. (2012 - 11 - 09) [2023 - 05 - 06]. https://www. spur. org/publications/urbanist-article/2012 - 11 - 09/grand-reductions-10-diagrams-changed-city-planning.

[240] STEWART J Q. Suggested principles of "social physics" [J]. Science, 1947,106(2748):179 - 180.

[241] STIER A J, BERMAN M G, BETTENCOURT L. COVID - 19 attack rate increases with city size [J]. arXiv preprint arXiv, 2020(2003):10376.

[242] STORPER M. The resurgence of regional economies, ten years later: the region as a nexus of untraded interdependencies [J]. European urban and regional studies, 1995,2(3):191 - 221.

[243] STORPER M. Keys to the city: how economics, institutions, social interaction, and politics shape development [M]. Princeton: Princeton University Press, 2013.

[244] STORPER M, VENABLES A J. Buzz: face-to-face contact and the urban economy [J]. Journal of economic geography, 2004,4(4):351 - 370.

[245] SUTTLES G D. The social construction of communities [M]. Chicago: University of Chicago Press, 1972.

[246] TAO S, MEI G, BAI Z, et al. Thoughts on the construction of county medical community based on social network theory [J]. Health Economics Research, 2018(5):21 - 23.

[247] TAYLOR P J. World city network: a global urban analysis [M].

London: Routledge, 2004.

[248] TAYLOR P J. On city cooperation and city competition in International handbook of globalization and world cities [M]. Cheltenham: Edward Elgar Publishing Limited, 2012.

[249] TEAFORD J C. The metropolitan revolution: the rise of post-urban America [M]. New York: Columbia University Press, 2006.

[250] TELLMAN B, BAUSCH J, EAKIN H, et al. Adaptive pathways and coupled infrastructure: seven centuries of adaptation to water risk and the production of vulnerability in Mexico City [J]. Ecology and Society, 2018,23(1):1 - 19.

[251] THIERSTEIN A, LÜTHI S, KRUSE C, et al. Changing value chain of the Swiss knowledge economy: spatial impact of intra-firm and inter-firm networks within the emerging mega-city region of Northern Switzerland [J]. Regional Studies, 2008,42(8):1113 - 1131.

[252] THOMPSON G. Between hierarchies and markets: the logic and limits of network forms of organization [M]. Oxford: Oxford University Press, 2003.

[253] TUKEY J W. The future of data analysis [J]. The Annals of Mathematical Statistics, 1962,33(1):1 - 67.

[254] UNITED NATIONS, DEPARTMENT OF ECONOMIC AND SOCIAL AFFAIRS, POPULATION DIVISION. The world's cities in 2018—data booklet (ST/ESA/SER. A/417) [R/OL]. [2023 - 01 - 02]. https://www.un.org/en/events/citiesday/assets/pdf/the_worlds_cities_in_2018_data_booklet.pdf.

[255] U. S. EXECUTIVE OFFICE OF THE PRESIDENT PRESIDENT'S COUNCIL OF ADVISORS ON SCIENCE AND TECHNOLOGY. REPORT TO THE PRESIDENT: Technology and the future of cities [R/OL]. [2023 - 04 - 23]. https://obamawhitehouse. archives. gov/sites/default/files/microsites/ostp/PCAST/pcast_cities_report_final_3_2016.pdf.

[256] WANG X P. Metropolitanization: new trend in China's urbanization

［J］. Journal of Urban Planning Forum, 2002(4):56 – 59.

[257] WASHBURN U S. Helping CIOs understand "smart city" initiatives
［J］. Growth, 2009,17(2):1 – 17.

[258] WATTS D J. The "new" science of networks ［J］. Annu Rev Sociol,
2004(30):243 – 270.

[259] WEST G. Scale: the universal laws of growth, innovation, sustainability,
and the pace of life in organisms, cities, economies, and companies
(Reprint edition)［M］. London: Penguin Books, 2018

[260] WHEATON W C, LEWIS M J. Urban wages and labor market
agglomeration ［J］. Journal of Urban economics, 2002,51(3):542 –
562.

[261] WHINSTON M D, COLLINS S C. Entry and competitive structure in
deregulated airline markets: an event study analysis of people express
［J］. The Rand Journal of Economics, 1992,23(4)4:445 – 462.

[262] XIAO J, WU S, SU J, et al. The comparative analysis of four medical
union model ［J］. Research on Chinese Health Management, 2017(3):
58 – 72.

[263] WILSON A. The science of cities and regions: lectures on mathematical
model design ［M］. Berlin: Springer Science & Business Media, 2012.

[264] WILSON W J. The truly disadvantaged: the inner city, the underclass, and
public policy ［M］. Chicago: University of Chicago Press, 2012.

[265] WIRTH L. Urbanism as a way of Life ［J］. American Journal of
Sociology, 1938,44(1):1 – 24.

[266] YANG Z, ZENG Z, WANG K, et al. Modified SEIR and AI
prediction of the epidemics trend of COVID – 19 in China under public
health interventions ［J］. Journal of Thoracic Disease, 2020, 12(3):
165 – 174.

[267] YIP W, FU H, CHEN A T, et al. 10 years of health-care reform in
China: progress and gaps in universal health coverage ［J］. The
Lancet, 2019,394(10204):1192 – 1204.

[268] YANG Z, ZENG Z, WANG K, et al. Modified SEIR and AI

prediction of the epidemics trend of COVID－19 in China under public health interventions [J]. Journal of Thoracicac Disease，2020，12（3）：165－174.

索　引